e-fellows.net
wissen

inkl. E-Book

„Startschuss Abi 2017/2018" kostenlos als E-Book herunterladen:
www.e-fellows.net/startschussabibuch

Das E-Book steht kostenlos auf unserer Webseite zum Download – auch für deine Freunde. Gib ihnen gerne den Link weiter, damit auch sie von unseren Informationen zu Studium und Ausbildung profitieren können.

Auf welchen Geräten kann man das E-Book lesen?

- iPad/iPhone: EPUB-Datei mit iBooks öffnen und lesen
- Laptop/Notebook/PC/Tablet: EPUB z. B. mit Adobe Digital Editions lesen, kostenloser Download unter: www.adobe.com/products/digital-editions/download.html
- E-Reader (außer Kindle): EPUB-Datei öffnen und lesen
- Kindle: MOBI-Datei öffnen und lesen. Auch EPUBs kann man z. B. mit dem Freeware-Tool Calibre in eine MOBI-Datei umwandeln.

ISBN 978-3-946706-10-6   Preis 9,90 Euro

Startschuss Abi 2017/2018

Tipps zu Studium, Ausbildung, Finanzierung, Praktika und Ausland

e-fellows.net
wissen

Stand: August 2017

Verlag: e-fellows.net GmbH & Co. KG

Reihenherausgeber: Dr. Michael Hies

Bandherausgeber: Julia Wassermann, julia.wassermann@e-fellows.net

Layout: Punkt 8 | Braunwald + Walter GbR, www.punkt8-berlin.de

Satz und Illustration: Lesotre®/Conceptual Brand Creation, www.lesotre.de

Druck und Bindung: Neografia, 03655 Martin, Slowakei

Printed in Slovakia
September 2017

Bildnachweis: Titelbild: pressmaster – Fotolia.com; S. 11: Fotos stammen von den Autoren, außer Autorenbild Theresa Eitel: Linkel 2008; S. 13: Galina Barskaya – Fotolia.com; S. 16: lev dolgachov – Fotolia.com; S. 20: Nolight – Fotolia.com; S. 25: creative studio – Fotolia.com; S. 27: Scanrail – Fotolia.com; S. 31: ra2 studio – Fotolia.com; S. 43: Andres Roriguez – Fotolia.com; S. 45, S. 77: DIE ZEIT; S. 49: Robert Kneschke – Fotolia.com; S. 57: Crashoran – Fotolia.com; S. 60: shootingankauf - Fotolia.com; S. 61: e-fellows.net; S. 63: Gina Sanders – Fotolia.com; S. 67: Picture-Factory – Fotolia.com; S. 69: Natalia Guseva – Fotolia.com; S. 70: poco_bw – Fotolia.com; S. 73: vepar5 – Fotolia.com; S. 75: Yuri Arcurs – Fotolia.com; S. 79: chris74 – Fotolia.com; S. 80: godfer – Fotolia.com; S. 83: Nmedia – Fotolia.com; S. 84: Gina Sanders – Fotolia.com; S. 87: sinuswelle – Fotolia.com; S. 90: kk-artworks – Fotolia.com; S. 93: keki – Fotolia.com; S. 96: OutStyle – Fotolia.com; S. 99: TastyBytes – Fotolia.com; S. 102: Gernot Krautberger – Fotolia.com; S. 105: Thorsten Ulbricht – Fotolia.com; S. 108: shotsstudio – Fotolia.com; S. 111: ulistx – Fotolia.com; S. 114, S. 126: Julien Eichinger – Fotolia.com; S. 117: hfng – Fotolia.com; S. 120: Vasilius – Fotolia.com; S. 123: tiero – Fotolia.com; S. 129: arahan – Fotolia.com; S. 132: alibaba – Fotolia.com; S. 134: liveostockimages – Fotolia.com; S. 139: CandyBoxPhoto – Fotolia.com. Fotos von den Erfahrungsberichten auf S. 22, S. 40 und S. 88–137 stammen von den jeweiligen Autoren. Fotos, Logos und Anzeigen auf S. 23, S. 41 und ab S. 140 stammen von den entsprechenden Unternehmen und Hochschulen, außer S. 174, S. 177: T. Schwerdt; sämtliche Grafiken und Illustrationen wurden umgesetzt von Yvonne Hagenbach (Lesotre® / Conceptual Brand Creation).

Dieses Werk einschließlich aller seiner Teile ist urheberrechtlich geschützt. Jede Verwertung außerhalb der engen Grenzen des Urheberrechtsgesetzes ist ohne Zustimmung des Herausgebers unzulässig und strafbar. Das gilt insbesondere für Vervielfältigungen, Übersetzungen, Mikroverfilmungen sowie die Einspeicherung und Verarbeitung in elektronischen Systemen.

Die Inhalte dieses Buchs wurden mit Sorgfalt recherchiert. Gleichwohl übernimmt der Herausgeber keine Gewähr für die Richtigkeit und Vollständigkeit der in diesem Buch befindlichen Informationen.

ISBN-13: 978-3-946706-10-6

© 2017 e-fellows.net GmbH Co. KG
Sattlerstraße 1, 80331 München
Telefon: +49 89 23232-300, Fax: +49 89 23232-222
www.e-fellows.net

Inhalt

13	**1. Nützliche Infos rund um Ausbildung und Studium**
15	Ausbildung – Der Start ins Berufsleben
24	Studieren – Wie geht das überhaupt?
26	Grundsatzfragen: Was muss ich bei der Studienwahl bedenken?
30	Die Entscheidung: Wie finde ich den richtigen Studiengang?
32	Charakterfrage: Welcher Hochschultyp passt zu mir?
34	Duales Studium – Studium und Beruf im Doppelpack
42	Die Qual der Wahl: An welcher Hochschule soll ich studieren?
46	Bachelor, Master, Diplom, Magister – Wie baue ich mein Studium auf?
50	Ohne Moos…: Wie finanziere ich mein Studium?
56	Studieren ohne Geldsorgen – Stipendien machen's möglich
60	e-fellows.net – das Schüler-Stipendium
61	Studieninfotag Startschuss Abi
62	Hindernisparcours Bewerbung: Wie komme ich an meinen Studienplatz?
64	Wer nicht klagt, der nicht gewinnt – Mit dem Anwalt zum Studienplatz
66	Der Weg zum eigenen Zuhause: Die Wohnungssuche
68	Studieren, wo andere Urlaub machen: Ab ins Ausland
72	Geldlos in Seattle – So bekommst du Unterstützung fürs Auslandsstudium
74	Übung macht den Meister: Was bringen Praktika?
78	Gap Year – dein freies Jahr zwischen Schule und Studium
83	**2. Schwerpunkt Wirtschaft, Technik und Recht**
84	Wirtschaftswissenschaftliche Studiengänge
87	Betriebswirtschaftslehre mit internationaler Komponente
90	Betriebswirtschaftslehre mit Schwerpunkt Finance
93	Betriebswirtschaftslehre mit Schwerpunkt Management
96	Betriebswirtschaftslehre mit Schwerpunkt Marketing
99	Volkswirtschaftslehre
102	Wirtschaftswissenschaften/Ökonomie
105	Technische Studiengänge
108	Chemie
111	Elektrotechnik
114	Informatik
117	Maschinenbau
120	Mathematik
123	Physik
126	Wirtschaftsinformatik
129	Wirtschaftsingenieurwesen
132	Rechtswissenschaftliche Studiengänge
134	Rechtswissenschaften/Jura
137	Dein Studiengang war nicht dabei?

139	3. Ausgewählte Unternehmen und Hochschulen im Porträt
140	Unternehmensgruppe ALDI SÜD
144	Bayerische Landesbank (BayernLB)
146	Católica Lisbon School of Business & Economics
150	EBS Universität für Wirtschaft und Recht
154	ESB Business School Hochschule Reutlingen
158	ESCP Europe Berlin
162	Fachhochschule Wedel
166	Fachhochschule Westküste
170	Freie Universität Bozen
174	Hochschule für Life Sciences FHNW
178	Hochschule für Technik Stuttgart
182	Hochschule für Wirtschaft und Umwelt Nürtingen-Geislingen, Fakultät Wirtschaft und Recht
186	Hochschule Karlsruhe Technik und Wirtschaft
190	IE University
194	ISM International School of Management
198	Kühne Logistics University – KLU
202	Rechtswissenschaftliche Fakultät der Universität zu Köln
206	WHU – Otto Beisheim School of Management
210	Weitere Titel der Reihe e-fellows.net wissen

e-fellows.net
Das Online-Stipendium und Karrierenetzwerk

Seit mehr als 15 Jahren unterstützt e-fellows.net Studierende und Doktoranden mit einem Stipendium und bringt sie ihrem Traumjob näher. Mentorenprogramme, Karriereveranstaltungen sowie Angebote für Praktika und Einstiegsjobs bieten einen direkten Draht in die Wirtschaft und garantieren den mühelosen Karrierestart. Zudem sind e-fellows.net-Stipendiaten dank kostenfreier Abos von Zeitungen und Zeitschriften, Zugriff auf fachspezifische Datenbanken und Fachbücher frei Haus immer einen Schritt voraus. In der exklusiven Online-Community und bei regelmäßigen Treffen in zahlreichen Uni-Städten tauschen sich Studierende untereinander aus. Jetzt informieren: www.e-fellows.net/Stipendiat-werden

e-fellows.net wissen
Die Buchreihe von e-fellows.net

Mit dieser Buchreihe informiert e-fellows.net über attraktive Berufsbilder und interessante Weiterbildungen, darunter das LL.M.-Studium, Berufsperspektiven für Juristen, Trainee-Programme sowie die Tätigkeit in einer Unternehmensberatung, im Investment Banking oder im Asset Management. Die Bücher bieten wertvolle Expertentipps und einen fundierten Überblick über die jeweilige Branche. Persönliche Erfahrungsberichte und ausführliche Unternehmensporträts potenzieller Arbeitgeber helfen bei der eigenen Entscheidungsfindung. Weitere Informationen zu den einzelnen Titeln der Reihe **e-fellows.net wissen** findest du auf den Seiten 210–211.

Um die Lesbarkeit zu verbessern, wird in diesem Buch auf geschlechtsspezifische Personenbezeichnungen verzichtet. Alle Angaben beziehen sich jedoch immer auf Frauen und Männer gleichermaßen.

Vorwort

Das Abi steht vor der Tür und bald hast du die Schulzeit hinter dir! Jetzt steht dir die Welt offen und ein neuer, aufregender Lebensabschnitt beginnt.

Die große Freiheit kann dich aber auch unter Druck setzen: Die Entscheidungen, die du jetzt triffst, bilden schließlich die Basis für dein Berufsleben. Und bei der Vielzahl an Möglichkeiten ist es gar nicht so leicht, den Überblick zu behalten: Über 8.000 Bachelor-Studiengänge und fast 550.000 Ausbildungsstellen stehen zur Wahl.

Wie findest du da den richtigen Weg für dich? Informiere dich rechtzeitig und mach dir bewusst, wo deine Interessen und Stärken liegen. Im zweiten Schritt überlegst du, welches Studienfach oder welcher Beruf sie am ehesten abdeckt.

Startschuss Abi 2017/2018 hilft dir bei der Orientierung und beantwortet die wichtigen Fragen nach dem Abitur: Du erfährst zum Beispiel, welcher Hochschultyp zu dir passt, was dich in einem dualen Studium erwartet und welche Möglichkeiten es gibt, ins Ausland zu gehen. Außerdem lernst du Studiengänge aus Wirtschaft, Technik und Recht kennen.

Studenten und Absolventen erklären, warum sie sich für ihren Studiengang entschieden haben und berichten von ihren persönlichen Erfahrungen im Studium und im Beruf. Zuletzt stellen ausgewählte Hochschulen und Unternehmen ihre Studien- und Ausbildungsprogramme vor.

Zusätzlich zur gedruckten Ausgabe kannst du Startschuss Abi 2017/2018 kostenlos als E-Book herunterladen. Du findest es auf www.e-fellows.net/startschussabibuch.

Tipps zur Studien- und Ausbildungswahl bieten wir dir auch auf unseren Startschuss Abi-Veranstaltungen. Dort triffst du Hochschulen und Unternehmen und kannst deine Fragen direkt stellen. Weitere Infos dazu findest du auf Seite 61.

Ich wünsche dir viel Erfolg bei deinen Abiturprüfungen und viel Spaß beim Lesen unseres Buchs!

Julia Wassermann
e-fellows.net

Die Autoren

Theresa Eitel, Jahrgang 1981. Sie studierte Sprachen, Wirtschafts- und Kulturraumstudien auf Diplom an der Universität Passau und absolvierte nach ihrem Abschluss ein Praktikum in der Redaktion von e-fellows.net. Die ehemalige e-fellows.net-Stipendiatin arbeitet heute als Projektmanagerin für den Executive MBA an der TU München.

Maximilian Fleschhut, Jahrgang 1983. Während und nach seinem Studium der Neueren Deutschen Literatur an der Ludwig-Maximilians-Universität in München war er in verschiedenen Redaktionen und Verlagen tätig. Von 2010 bis 2016 arbeitete er im Team Content & Community von e-fellows.net, zeitweise auch als freier Redakteur und Buchautor.

Julia Schmidpeter, Jahrgang 1987. Sie studierte Europastudien (B.A.) an der KU Eichstätt-Ingolstadt und Kommunikationswissenschaft (M.A.) an der Universität Bamberg. Nach ihrem Abschluss absolvierte sie ein Volontariat im Personalmarketing eines Versandhändlers und arbeitet seit Juli 2013 als Online-Redakteurin bei e-fellows.net.

Julia Jung, Jahrgang 1991. Sie hat Politik- und Verwaltungswissenschaften an der Universität Konstanz studiert. Zwischen Schule und Studium absolvierte sie ein Praktikum in der Redaktion von e-fellows.net und ist dort seit Oktober 2011 als freie Mitarbeiterin tätig.

Victoria Mrosek, Jahrgang 1993. Sie studierte Kulturwirtschaft (B.A.) an der Universität Mannheim. 2015 absolvierte sie ein Praktikum in der Redaktion von e-fellows.net. Seit September 2016 macht sie ihren Master in Journalism, Media & Globalisation an der University of Aarhus und der Danish School of Media and Journalism.

Katharina Schlotthauer, Jahrgang 1994. Sie absolvierte nach ihrem Abitur ein Freiwilliges Kulturelles Jahr und von Juni 2014 bis März 2015 ein Praktikum in der Redaktion von e-fellows.net. Aktuell macht sie ein Gap Year in England und auf den Philippinen. Anschließend möchte sie Geographie in Leipzig studieren.

Kay Szantyr, Jahrgang 1980. Sie studierte Politologie an der Ludwig-Maximilians-Universität München. 2007/08 war sie freie Mitarbeiterin bei e-fellows.net mit den Schwerpunkten Arbeitgeber-PR und Finanzen. Inzwischen arbeitet sie als Buchautorin und freie Redakteurin, insbesondere in den Bereichen Lektorat und Online-Redaktion.

Judith Weigl, Jahrgang 1991. Sie studiert Text- und Kultursemiotik an der Universität Passau. Von Juli bis Oktober 2013 absolvierte sie ein Praktikum im Team Content & Community von e-fellows.net. Während ihres Bachelor-Studiums arbeitete sie in der Redaktion einer Tageszeitung sowie in der Marketingabteilung eines global agierenden Technologiekonzerns.

12

1. Nützliche Infos rund um Ausbildung und Studium

15   Ausbildung – Der Start ins Berufsleben
24   Studieren – Wie geht das überhaupt?
26   Grundsatzfragen: Was muss ich bei der Studienwahl bedenken?
30   Die Entscheidung: Wie finde ich den richtigen Studiengang?
32   Charakterfrage: Welcher Hochschultyp passt zu mir?
34   Duales Studium – Studium und Beruf im Doppelpack
42   Die Qual der Wahl: An welcher Hochschule soll ich studieren?
46   Bachelor, Master, Diplom, Magister – Wie baue ich mein Studium auf?
50   Ohne Moos…: Wie finanziere ich mein Studium?
56   Studieren ohne Geldsorgen – Stipendien machen's möglich
60   Online-Stipendium von e-fellows.net und Veranstaltung Startschuss Abi
62   Hindernisparcours Bewerbung: Wie komme ich an meinen Studienplatz?
64   Wer nicht klagt, der nicht gewinnt – Mit Anwalt zum Studienplatz
66   Der Weg zum eigenen Zuhause: Die Wohnungssuche
68   Studieren, wo andere Urlaub machen: Ab ins Ausland
72   Geldlos in Seattle – So bekommst du Unterstützung fürs Auslandsstudium
74   Übung macht den Meister: Was bringen Praktika?
78   Gap Year – dein freies Jahr zwischen Schule und Studium

Nützliche Infos rund um Ausbildung und Studium

Studium oder Ausbildung – beides ist eine kluge Wahl
Mit dem Abi in der Tasche stehen dir unzählige Türen für deine Zukunft offen. Du kannst zwischen verschiedenen Hochschultypen, Unis und Studienfächern wählen. Aber: Dass du studieren darfst, heißt nicht, dass du studieren musst – auch eine Ausbildung ist eine Möglichkeit. Sowohl für ein Studium als auch für eine Ausbildung gibt es gute Gründe. Mit welchen du dich eher identifizieren kannst, sollte ganz allein deine Entscheidung sein.

Akademische Weihen und Forschergeist
531.508 Studienanfänger gab es im Studienjahr 2016 – 531.508 junge Menschen, die ihren Forschergeist ausleben wollen. Wenn dich nicht nur interessiert, dass etwas funktioniert, sondern auch das Warum, bist du an einer Hochschule gut aufgehoben. Selbst eigene Theorien kannst du während des Studiums oder spätestens in deiner Doktorarbeit entwerfen. Und promovieren darf in Deutschland derzeit nur, wer auf einer Hochschule war.

Gute Zukunftsaussichten mit dem Studium
Natürlich ist auch ein Hochschulbesuch kein Karrieregarant. Die Arbeitslosenquote unter Akademikern liegt aber deutlich unter dem Durchschnitt. Zwar hängen die Jobchancen immer auch vom Studienfach und dem Arbeitsmarkt ab: Als Wirtschaftswissenschaftler oder Ingenieur hast du generell gute bis sehr gute Aussichten auf einen zügigen Jobeinstieg; für Geisteswissenschaftler kann das schon etwas schwieriger werden. Wer allerdings nach dem Studium einen Job findet, darf mit einem höheren Einstiegsgehalt rechnen und gelangt leichter in eine Führungsposition.

Gut ausgebildet ist auch nicht verkehrt
Im Jahr 2016 haben sich 520.332 Jugendliche für eine Ausbildung entschieden. Auch dieser Weg hat unleugbar Vorteile: Du lernst und verdienst gleichzeitig Geld. Das geht natürlich auch in einem dualen Studium (siehe Seite 34) – aber mit einer Ausbildung kannst du noch schneller in den Job starten. Zudem übernehmen viele Ausbildungsbetriebe ihre Lehrlinge gerne, schließlich haben sie viel Zeit und Geld in deren Ausbildung gesteckt. Ein Wechsel des Arbeitgebers wird dagegen schon schwieriger. Auf viele Stellen können sich Akademiker ebenso bewerben und werden dann oft bevorzugt, weil man ihnen mehr Flexibilität zutraut und sie für geeigneter hält, Mitarbeiter zu führen.

Eine schwierige Entscheidung
Letztendlich kann dir keiner raten, was für dich der geeignete Weg in den Beruf ist. Wenn du dir unsicher bist, schnuppere über Praktika in ein, zwei Betriebe hinein und setze dich in der nächstgelegenen Uni in Vorlesungen. Wenn du dir gar nicht vorstellen kannst, noch einmal drei Jahre über Büchern zu verbringen, dann solltest du die praxisorientierte Lehre wählen (siehe Seite 15). Wenn du aber weiterlernen, forschen und entdecken willst, und wenn dich das Studentenleben interessiert, dann findest du ab Seite 24 alles, was du als zukünftiger Student wissen musst.

Ausbildung – Der Start ins Berufsleben

> **In diesem Kapitel erfährst du,**
> - was eine staatlich anerkannte Ausbildung ist,
> - welche Ausbildungsformen es gibt,
> - wie viel du in der Ausbildung verdienst,
> - welche Ausbildungen exklusiv Abiturienten offenstehen,
> - wie du während deiner Ausbildung die weite Welt erkunden kannst.

Ausbildung ist nicht gleich Ausbildung. Auf den ersten Blick wirkt das deutsche Ausbildungssystem ein wenig wie ein Dschungel. Du stößt auf Begriffe wie betriebliche, schulische und duale Ausbildung, Sonderausbildung, Vorbereitungsdienst, Berufsschule und Berufsfachschule. Aber was verbirgt sich eigentlich dahinter? Dieses Kapitel soll dir helfen, Licht ins Dunkel zu bringen.

Was bedeutet „staatlich anerkannt"?

Derzeit gibt es in Deutschland rund 330 staatlich anerkannte Ausbildungsberufe. Sie alle haben eine Ausbildungsordnung, die entweder auf dem Berufsbildungsgesetz oder der Handwerksordnung beruht. Darin sind bestimmte Rechte festgelegt, die jeder Auszubildende hat: Du darfst (bis auf einige Ausnahmen, zum Beispiel in der Gastronomie) nicht an Sonn- und Feiertagen arbeiten, brauchst keine Arbeiten zu verrichten, die nicht dem Ausbildungsziel dienen, bekommst deine Ausbildungsmittel vom Betrieb bezahlt und erhältst am Ende deiner Ausbildung ein Zeugnis. Eine nicht anerkannte Ausbildung muss das alles nicht gewährleisten, und ohne Zeugnis giltst du selbst als Experte deines Fachs als „ungelernt". Aber keine Sorge: Unter diese Kategorie fallen nur die wenigsten Ausbildungen und keine, über die du hier liest.

Betrieblich, praktisch, gut: die duale Ausbildung

Hinter dem Begriff „Ausbildung" stecken verschiedene Ausbildungsformen. Die betriebliche bzw. duale Ausbildung ist in Deutschland die mit Abstand häufigste Ausbildungsart und findet auf der ganzen Welt Nachahmer. In ihr arbeitest du zwei bis dreieinhalb Jahre in einem Betrieb und lernst dort alles, was du praktisch können musst. Damit alle Azubis innerhalb einer Branche und eines Fachgebiets dasselbe Know-how mitbekommen, sind die Lehrinhalte bundesweit geregelt. Sollte sich dein Betrieb zu sehr spezialisiert haben, schnupperst du in zusätzlichen, außerbetrieblichen Lehrgängen auch in andere Bereiche hinein.

Für die Theorie ist die Berufsschule zuständig, in der du an ein bis zwei Tagen in der Woche oder im Blockunterricht Fachwissen und Allgemeinbildung vermittelt bekommst. Die meisten Ausbildungen starten zum 1. August oder 1. September, was jedoch nicht heißt, dass du in den Monaten zwischen Abi und Lehrjahresbeginn noch schnell auf Ausbildungsplatzsuche gehen kannst. Damit solltest du mindestens ein Jahr vorher anfangen – bei großen Unternehmen solltest du dich sogar eineinhalb Jahre vorher bewerben. Für eine Ausbildung bewirbst du dich jeweils bei den Unternehmen direkt. Welche freien Plätze es gibt, erfährst du beispielsweise bei der Arbeitsagentur oder über den Internetauftritt des jeweiligen Betriebs.

Wie viel verdienst du während einer Ausbildung?

Einer der größten Vorteile einer betrieblichen Ausbildung gegenüber einem Studium oder einer schulischen Ausbildung ist ganz klar das Gehalt. Es wird als „Ausbildungsvergütung" bezeichnet, und die Höhe ist in deinem Ausbildungsvertrag festgelegt. Wie viel du verdienst, hängt stark von Branche und Region ab und außerdem davon, ob dein Betrieb tariflich gebunden ist. Doch selbst wenn er das nicht ist, muss er mindestens 80 Prozent des Tariflohns zahlen. Da du mit zunehmender Erfahrung mehr und schwierigere Aufgaben übernehmen kannst, steigt die Ausbildungsvergütung mit jedem Lehrjahr an: Durchschnittlich liegen zwischen dem ersten und dem vierten Jahr 200 Euro.

Wenn dir dein Arbeitgeber Wohnraum bereitstellt oder dich mit anderen Sachleistungen unterstützt, kann er diese von deinem Gehalt abziehen – 25 Prozent deines Nettolohns bekommst du aber auf jeden Fall. Weitere Abzüge werden ab bestimmten Einkommensgrenzen fällig: Ab 325 Euro brutto musst du Sozialabgaben zahlen und ab 946 Euro kommen Steuern hinzu.

Anspruch auf Berufsausbildungsbeihilfe (BAB) hast du dann, wenn du von zu Hause ausziehen musst, weil deine Ausbildungsstelle zu weit weg ist und dich deine Eltern nicht ausreichend unterstützen können.

Ausbildungsberuf	Durchschnittliche Vergütung pro Monat
Bankkaufmann	948 Euro
Beamtenanwärter (mittlerer Dienst)	1.104 Euro
Buchhändler	839 Euro
Bürokaufmann	695 Euro (Handwerk), 873 Euro (Öffentlicher Dienst), 898 Euro (Industrie und Handel)
Einzelhandelskaufmann	784 Euro
Fachinformatiker	907 Euro
Groß- und Außenhandelskaufmann	835 Euro
Immobilienkaufmann	885 Euro
Industriekaufmann	931 Euro
Mechatroniker	987 Euro
Medienkaufmann Digital und Print	849 Euro
Versicherungskaufmann	961 Euro

Gewusst wie: viel Know-how in der schulischen Ausbildung

Alternativ gibt es die schulische Ausbildung. Sie überwiegt vor allem in Gesundheitsberufen, Pädagogik, Gestaltung und Fremdsprachen; sie kommt aber auch in kaufmännischen und technischen Berufen vor. Hier verbringst du den überwiegenden Teil deiner ein- bis dreieinhalbjährigen Ausbildungszeit in einer Berufsfachschule. Da Schulen den einzelnen Ländern und nicht dem Bund unterstellt sind, kann sich eine Ausbildung von Bundesland zu Bundesland stark unterscheiden. Bei deiner Entscheidung für eine bestimmte Einrichtung solltest du deshalb unbedingt darauf achten, dass der Abschluss auch in anderen Bundesländern anerkannt ist.

Praxiskenntnisse erhältst du entweder in Praktikumsphasen oder ebenfalls an deiner Schule. Im Gegensatz zur betrieblichen Ausbildung bekommst du hierfür kein Gehalt – es sei denn, du hast einen besonders hohen Praxisanteil, wie beispielsweise in der Alten- und Krankenpflege. Eine weitere Rolle für deinen Geldbeutel spielt der Träger deiner Berufsfachschule: Während du für Privatschulen zahlen musst, sind staatliche Einrichtungen kostenlos. Bewerben oder zumindest informieren solltest du dich ein Jahr vor Ausbildungsbeginn.

> **Beispiele für schulische Ausbildungen**
> - **für Techniker:** Assistent für Maschinenbautechnik, Umweltschutztechnischer Assistent
> - **für Naturwissenschaftler:** medizinisch-technischer Assistent (MTA), veterinär-medizinisch-technischer Assistent, physikalisch-technischer Assistent (PTA), chemisch-technischer Assistent (CTA), biologisch-technischer Assistent (BTA)
> - **für Computerfreaks:** Assistent für Informatik (Fachrichtungen: allgemeine Informatik, Medieninformatik, technische Informatik, Softwaretechnik)
> - **für Kreative:** Grafikdesigner, Assistent für Produktdesign, Assistent für Innenarchitektur
> - **für die Sozialen:** Erzieher, Sozialassistent, Heilerziehungspfleger
> - **für heilende Hände:** Krankenpfleger, Altenpfleger, Ergotherapeut, Physiotherapeut, Masseur, Logopäde, Atem-, Sprech- und Stimmlehrer

Aus eins mach zwei: die Abiturientenausbildung
Eine Sonderausbildung für Abiturienten, auch doppelt qualifizierte Erstausbildung oder Abiturientenausbildung genannt, ist speziell für Schulabgänger mit Hochschulreife konzipiert. Sie wird von deinem Betrieb bezahlt, dauert meist drei Jahre und läuft zweistufig ab. Deinen ersten Abschluss hast du nach eineinhalb bis zwei Jahren in der Tasche. Danach absolvierst du eine Weiterbildung, die dich fit macht für komplexere Aufgaben und Führungspositionen. Viele dieser Ausbildungsstufen können zwar auch Azubis ohne Abitur erlangen; ihr Weg dorthin ist aber um einiges steiniger. Sie müssen erst eine dreijährige Ausbildung absolvieren, anschließend Berufserfahrung sammeln und ihre eineinhalbjährige Weiterbildung aus eigener Tasche bezahlen.

Leider sind Abiturientenausbildungen nicht bundeseinheitlich geregelt, sondern werden nur in bestimmten Bundesländern angeboten. Daher musst du unter Umständen zu einem Umzug bereit sein.

Sonderausbildungen, die für dich interessant sein könnten:

Geschäftssinn gefragt: Handelsfachwirt, Handelsassistent, Betriebswirt
Gemeinsam ist allen drei Berufen, dass du zuerst eine kaufmännische Lehre absolvierst und danach vertiefende BWL-Kenntnisse sowie Management-Skills erwirbst. Als angehender Handelsfachwirt und -assistent lernst du Einzelhandels- und in manchen Fällen auch Groß- oder Außenhandelskaufmann. In deiner Fachwirtausbildung konzentrierst du dich auf das Hintergrundgeschehen in einem Betrieb, also auf Einkauf, Marketing und Logistik. Handelsassistenten spezialisieren sich auf den klassischen Verkauf: Sie beschäftigen sich mit Kundenorientierung, Vertriebssteuerung und Personalmanagement sowie -führung. Auch als Betriebswirt bist du in der Planung, Organisation und Verwaltung eines Unternehmens tätig. Der theoretische Teil deiner Ausbildung zum Betriebswirt findet meist an einer Verwaltungs- und Wirtschaftsakademie (VWA) statt und bewegt sich auf Hochschulniveau. Die Art deines Erstabschlusses hängt davon ab, ob du dich für eine Ausbildung zum Betriebswirt für Außenhandel, allgemeine Betriebswirtschaft, Textil oder Verkehr und Logistik entscheidest. Bei der ersten startest du zum Beispiel als Außenhandelskaufmann, bei letzterer als Kaufmann für Spedition und Logistikdienstleistung.

Retter in der Not statt Nerd:
Fachberater für integrierte Systeme/für Softwaretechnik
Für Computerfreaks, die lieber programmieren als schnöde Theorie an der Uni zu büffeln, bieten sich die Ausbildungen zum Fachberater für integrierte Systeme oder für Softwaretechnik an. Bereits in deiner Ausbildung zum Fachinformatiker entscheidest du dich für einen der beiden Arbeitsschwerpunkte, in den du anschließend in deiner Zusatzausbildung noch tiefer einsteigst. Als Experte für integrierte Systeme kennst du dich vor allem mit Rechnersystemen und -netzen sowie mit Fest- oder Funknetzen aus. Neben der technischen Planung bist du für Service und Support zuständig und verbringst deshalb einen Teil deiner Zeit beim Kunden vor Ort. In der Softwaretechnik kommt der Kundenkontakt ebenfalls nicht zu kurz. Du entwickelst Programme, die die perfekte Antwort auf ein konkretes Problem sind: beispielsweise Datenbanken, benutzerfreundliche Bedienoberflächen oder Internetseiten.

Für Sprachtalente: Eurokaufmann
Als Eurokaufmann bist du für die Kommunikation mit ausländischen Kunden und Geschäftspartnern zuständig – dein Arbeitsbereich ist daher meist der Import und Export. Du übersetzt Verträge, Briefe und andere kaufmännische Texte, bist für Zollformalitäten zuständig und wirkst bei der Planung und Umsetzung von Projekten mit. In der Regel legst du nach 18 bis 24 Monaten deine Prüfung zum Büro- oder Industriekaufmann ab und spezialisierst dich während der übrigen 12 bis 18 Monate auf eine Fremdsprache.

> **Abgehoben und doch am Boden geblieben: Fluglotse**
> Fluglotsen tragen jede Menge Verantwortung: Vom Tower aus hilfst du Piloten bei Start und Landung, hältst Kontakt zum Wetterdienst und sorgst dafür, dass die Flugzeuge nicht kollidieren. Das Abitur und ein normales Bewerbungsgespräch reichen leider nicht aus, um Lotse zu werden. Du musst darüber hinaus in verschiedenen Test deine intellektuelle, psychische und körperliche Eignung unter Beweis stellen.

Darf's ein bisschen mehr sein? – Zusatzqualifikationen

Nicht in jeder Fachrichtung gibt es eine Abiturientenausbildung. Wenn du trotzdem auch in einer normalen betrieblichen Ausbildung das gewisse bisschen Mehr willst, kannst du Zusatzqualifikationen erwerben. Dazu zählen Spezialisierungen auf ein bestimmtes Fachgebiet deines Berufs, Computerkenntnisse, Fremdsprachen und betriebswirtschaftliche Kenntnisse. Da sie alle berufsbegleitend erworben werden, solltest du ein hohes Maß an Motivation und Leistungsbereitschaft mitbringen. Für Abiturienten bietet es sich an, Zusatzqualifikationen mit einer Ausbildungszeitverkürzung zu kombinieren: Du beendest deine Lehre bis zu zwölf Monate früher und konzentrierst dich im Anschluss ganz auf die Zusatzqualifikationen deiner Wahl.

Auf Nummer sicher: die Beamtenausbildung

Wenn du dir vorstellen kannst, Beamter im mittleren öffentlichen Dienst zu werden, absolvierst du keine Ausbildung, sondern einen sogenannten Vorbereitungsdienst. Du bist auch kein Azubi, sondern „Anwärter". Dein Ausbildungsbetrieb und späterer Arbeitgeber ist eine Behörde oder Verwaltung in Bund, von einem der Länder oder einer Kommune. Hier reicht das Spektrum vom Rathaus über Gerichte, den Wetterdienst und das Sozialamt bis hin zum Bundesnachrichtendienst oder zum Auswärtigen Amt. Wie in jeder anderen Beamtenlaufbahn wird im mittleren Dienst zwischen dem technischen und nichttechnischen Dienst unterschieden. Zum technischen Dienst zählen die Feuerwehr, das Vermessungswesen und die Fernmelde- und elektronische Aufklärung. Im nichttechnischen Dienst sind Verwaltungs- und Sachbearbeitungsaufgaben angesiedelt, zum Beispiel die Steuerverwaltung, der Archivdienst, die Deutsche Bundesbank und Sozialversicherungen, Zoll und Polizei.

Da der Beamtenberuf viele Sicherheiten bietet und du bereits im Vorbereitungsdienst deutlich mehr verdienst als ein Durchschnittsazubi, sind die Ausbildungsplätze begehrt. Dementsprechend aufwändig ist das Auswahlverfahren: Du musst dich bereits ein Jahr im Voraus bewerben und anspruchsvolle Auswahltests durchlaufen. Die Fähigkeiten, die du aus dem Gymnasium oder der FOS mitbringst, geben dir hier aber einen Vorsprung gegenüber deinen Mitbewerbern mit mittlerer Reife.

Auf und davon: Ausbildung im Ausland

Für Auszubildende gilt nicht weniger als für Studenten, dass derjenige, der Fremdsprachen spricht und mit fremden Kulturen umgehen kann, sich auf dem Arbeitsmarkt leichter tut. Das Berufsbildungsgesetz legt fest, dass du bis zu einem Viertel deiner Ausbildungszeit im Ausland verbringen kannst und währenddessen weiterhin Gehalt von deinem Betrieb bekommst. Allerdings musst du Reise- und Unterbringungskosten selbst zahlen und den verpassten Unterrichtsstoff eigenständig nachholen. Bisher wagen allerdings nur etwa vier Prozent der deutschen Azubis den Schritt über die Bundesgrenzen hinaus. Daher hat sich die Regierung zum Ziel gesetzt, diesen Prozentsatz bis 2020 auf zehn zu erhöhen und unterstützt verschiedene Projekte wie Lift, Let's go oder Berufsbildung ohne Grenzen.

Wenn du deine Chancen auf einen Auslandsaufenthalt steigern und dir die Organisation erleichtern möchtest, solltest du dich für eine Ausbildung bei einem international tätigen Unternehmen entscheiden. Dies kann dir helfen, ein Praktikum in einer Niederlassung in einem anderen Land zu absolvieren; manchmal gibt es auch eigene Auslandsprogramme für die Azubis. Bei schulischen Ausbildungen ist es zwar oft nicht möglich, einen Abstecher in ein anderes Land zu machen, aber auch hier bieten vereinzelte Berufsfachschulen eigene Projekte an.

In Berufen, in denen interkulturelle Kompetenz das A und O ist, sind Auslandspraktika häufig von vornherein in der Ausbildung vorgesehen, so beispielsweise in der Ausbildung zum Eurokaufmann, Fremdsprachenkorrespondenten oder kaufmännischen Assistenten. Sollte dein Fernweh so groß sein, dass du deine Ausbildung komplett im Ausland machen möchtest, ist die jeweilige Außenhandelskammer deines Wunschlandes die richtige Anlaufstelle. Sie stellt den Kontakt zu Firmen her, die eine in Deutschland anerkannte Ausbildung anbieten.

(Duales) Studium oder Ausbildung – Was ist die bessere Wahl?

Bei der Wahl zwischen Studium und Ausbildung kommt es vor allem darauf an, ob du eher praxisnah oder theoretisch lernen möchtest. Die Inhalte im klassischen Studium sind oft sehr theoretisch und abstrakt, außerdem studierst du den Stoff mit einem großen Maß an Eigenverantwortung. Eine Ausbildung ist dagegen meist verschulter, du lernst in kleinen Klassen und wirst intensiver betreut – du hast aber auch weniger Flexibilität. Dafür ist der Stoff oft an praxisnahe und relevante Themen gebunden, die du direkt im praktischen Teil deiner Ausbildung nutzen kannst. Allgemein wirst du weniger Zeit mit Lernen verbringen als im Studium – in der Regel bist du nur ein bis zwei Tage pro Woche in der Berufsschule oder hast in regelmäßigen Abständen Blockunterricht von ein bis zwei Wochen. Alternativ zur Ausbildung kannst du auch ein duales Studium absolvieren. Die finanziellen Vorteile sowie Praxisnähe und Übernahmechancen sind ähnlich wie in der Ausbildung. Zusätzlich erwirbst du durch ein duales Studium in der Regel einen Doppelabschluss, bestehend aus Studien- und Berufsabschluss. Allerdings ist ein duales Studium zeitintensiver und anstrengender. Die Doppelbelastung aus Studium und Arbeit bringt einen gewissen Druck mit sich. Mehr dazu erfährst du ab Seite 34.

LINK-TIPPS:

- ausführliche Profile zu Ausbildungsberufen: www.berufenet.arbeitsagentur.de/berufe
- Ausbildungsplatz finden: www.jobboerse.arbeitsagentur.de
- Datenbank mit schulischen Ausbildungsberufen: efn.me/kursnet
- Gesetze, Fakten und Zahlen zur Ausbildungsvergütung: www.bibb.de/ausbildungsverguetung
- Wie viel Beraufsausbildungsbeihilfe erhältst du: www.babrechner.arbeitsagentur.de
- Überblick über Zusatzqualifikationen: www.ausbildungplus.de
- Stipendien für Auslandspraktika in Industrie und Handel: www.lift-stipendien.de
- Stipendienprogramm für Auslandspraktika im Handwerk: www.letsgoazubi.de
- Beratung für Azubis und Betriebe rund ums Ausland: www.mobilitaetscoach.de

Linda Laubmeyer
Jahrgang 1996
Veranstaltungskauffrau
e-fellows.net
GmbH & Co. KG

Warum hast du dich für eine Ausbildung entschieden?

Nach meinem Abitur fühlte ich mich nicht sofort bereit, in ein Studium zu starten und wollte durch die Ausbildung meinen Blickwinkel verändern. In der Schule hatte ich schon viele Inhalte aus den Bereichen Technik und Sozialwesen kennengelernt. Da mich aber auch Fächer wie Rechnungswesen und BWL interessieren, kam für mich eine kaufmännische Ausbildung infrage. In meiner Freizeit hat mir das Planen und Organisieren von Veranstaltungen schon immer große Freude bereitet. Deshalb habe ich mich für die Ausbildung als Veranstaltungskauffrau entschieden.

Die Stelle bei e-fellows.net habe ich durch das Jobportal der Bundesagentur für Arbeit gefunden. Neben den klassischen Büroaufgaben konnte ich von Anfang an eigenverantwortlich Projekte übernehmen. Außerdem gibt es konkrete Ziele, die ich während meiner Ausbildungszeit erreichen soll. Dabei sind vor allem mein Engagement und meine Kreativität gefragt.

Wie läuft deine Ausbildung ab?

Zweimal wöchentlich besuche ich die Berufsschule, wo ich alles rund um Veranstaltungskonzeption und -organisation lerne. Aber auch Rechnungswesen, rechtliche Rahmenbedingungen, Marketing und Personalwirtschaft werden behandelt. In der Schule lerne ich auch andere Veranstaltungsarten und -konzepte kennen, die es bei e-fellows.net nicht gibt, und bekomme so einen guten Überblick über die gesamte Branche. Außerdem schreiben wir regelmäßig Schulaufgaben und werden auf die IHK-Abschlussprüfung vorbereitet. Durch mein Abitur kann ich die Ausbildungszeit von drei auf zwei Jahre verkürzen.

Wenn ich nicht in der Schule bin, arbeite ich im Team Projektmanagement bei e-fellows.net mit meinen Kollegen an unseren Veranstaltungen für Studenten und Schüler. Direkt vor den Events kann es schon mal hoch hergehen und man wird sehr gefordert, aber spätestens das tolle Feedback von den Teilnehmern der Veranstaltungen lässt einen den Trubel vergessen und hochmotiviert in das nächste Projekt starten.

Wem würdest du eine Ausbildung empfehlen?

Für mich war die Ausbildung die richtige Entscheidung. Neben den Erfahrungen in der Veranstaltungsorganisation kann ich auch meine Persönlichkeit und meine Soft Skills ständig weiterentwickeln. Vor allem bei Telefonaten mit Kunden und im Umgang mit Budgets bin ich schon viel sicherer geworden. Auch im Hinblick auf Zeitmanagement und eigenverantwortliches Arbeiten habe ich schon viel gelernt und werde weiterhin versuchen, so viel wie möglich mitzunehmen. Die Ausbildung empfehle ich jedem, der gleich in der Praxis mit anpacken und gerne etwas dazulernen will.

Warum bieten Sie Ausbildungsplätze gezielt für Abiturienten an?

Die Unternehmensgruppe ALDI SÜD bietet seit drei Jahren das Abiturientenprogramm zum Geprüften Handelsfachwirt an. Grund für die Einführung war die zunehmende Zahl an Abiturienten, die nach einer abwechslungsreichen Ausbildung mit guten Entwicklungsmöglichkeiten und Karriereperspektiven streben. Genau diese zielstrebige und motivierte Zielgruppe möchten wir mit unserem Abiturientenprogramm ansprechen und fördern.

Wem empfehlen Sie eine Abiturientenausbildung?

Für einige Abiturienten oder auch für Studienabbrecher ist die praktische Arbeit innerhalb ihrer Ausbildung von besonderer Bedeutung, sodass sich ihre Interessen oftmals eher in den Inhalten einer (dualen) Ausbildung wiederfinden lassen. Wer sich gegen ein Studium entscheidet, findet im Abiturientenprogramm eine praxisnahe Alternative mit besten Zukunftsaussichten. Im Laufe des Programms machen die Abiturienten zunächst eine Ausbildung zum Kaufmann im Einzelhandel. Anschließend übernehmen sie bereits während der Weiterbildung zum Geprüften Handelsfachwirt Führungsaufgaben und runden das Programm mit der Fortbildung im Bereich Berufs- und Arbeitspädagogik – der Ausbildung der Ausbilder – ab. Alle acht bis zehn Wochen finden interne Seminare statt, in denen die nötige Theorie in den Bereichen Betriebswirtschaftslehre und Führungskompetenzen wie Unternehmens- und Mitarbeiterführung vermittelt werden.

Wie sind die Perspektiven für Auszubildende nach der Ausbildung?

Nach 36 Monaten erwerben die Teilnehmer des Abiturientenprogramms gleich drei Abschlüsse und sammeln intensive Praxiserfahrung – dadurch warten attraktive Weiterentwicklungsmöglichkeiten in der Unternehmensgruppe ALDI SÜD auf sie. Wir stellen den Handelsfachwirten bei Eignung und Bedarf die Position der Filialleitung in Aussicht. Auf die Filialverantwortlichen warten dann viele spannende und verantwortungsvolle Tätigkeiten, zum Beispiel die Disposition der Waren und das Aktionsartikelmanagement. Wer als Abiturient also gerne Praxiserfahrung sammeln möchte, ist in unserem Abiturientenprogramm bestens aufgehoben. Für alle, die an einem Studium interessiert sind, bieten wir unser duales Bachelor-Studium in den Bereichen BWL, Business Administration und Wirtschaftsingenieurwesen an.

Anja Kappertz

Manager
HR Marketing

ALDI SÜD

Ausbildungsangebot für Abiturienten:
Abiturientenprogramm zum Geprüften Handelsfachwirt, Duales Bachelor-Studium

Studieren – Wie geht das überhaupt?

In diesem Kapitel erfährst du,
- welche Unterschiede es zwischen Schule und Hochschule gibt,
- wie der Unterricht an einer Hochschule aussieht,
- ob es auch im Studium Stegreifaufgaben gibt.

Fakultät, Lehrstuhl, Tutorium – erscheinen über deinem Kopf Fragezeichen, wenn du diese Begriffe hörst? Keine Angst, Studieren hört sich komplizierter an, als es ist. Dennoch ist an einer Hochschule (also zum Beispiel einer Universität) vieles anders als in der Schule. Statt Schuljahren gibt es Semester, statt Lehrern Dozenten und statt eines Stundenplans ein Vorlesungsverzeichnis. Du darfst also ruhig ein paar „naive" Fragen stellen:

Wie läuft der Unterricht an der Hochschule ab?
In der Schule gibt es nur eine Form der Wissensvermittlung: die Schulstunden – die mal mit mehr, mal mit weniger Beteiligung der Schüler ablaufen. An der Uni gibt es verschiedene Arten von Veranstaltungen:
- Eine Vorlesung ist Frontalunterricht: Einer spricht, viele hören zu. Vorlesungen finden in Hörsälen statt, in denen mal 50, mal 1.000 Studenten und mehr sitzen, zuhören und mitschreiben. Für manche Vorlesungen gibt es auch ein Skript, also ein Heft mit Texten, die die vorgetragenen Inhalte zusammenfassen und ergänzen.
- Oft gibt es zu einer Vorlesung ein Tutorium, eine Arbeitsgemeinschaft oder eine Übung, in der die Inhalte in kleinen Gruppen wiederholt und diskutiert werden.
- Unabhängig von Vorlesungen finden Seminare statt. Hier werden die Inhalte vom „Lehrer" und den Studenten gemeinsam erarbeitet, zum Beispiel durch Diskussionen, Referate und Hausarbeiten.
- In naturwissenschaftlichen oder technischen Studiengängen gibt es außerdem Praktika: Hier wendest du in Versuchen dein Wissen praktisch an.

Gibt es eine Einteilung in Klassen?
Nein. Ähnlich wie in der Oberstufe des Gymnasiums haben nicht alle denselben Unterricht, sondern besuchen einzelne Veranstaltungen.

Wer unterrichtet mich an der Hochschule?
Die Lehrer an einer Hochschule nennt man Dozenten. Weil viele von ihnen auch den Titel eines Professors tragen, nennt man im alltäglichen Sprachgebrauch oft alle Dozenten Professoren oder „Profs". Übungen und Tutorien werden von sogenannten Tutoren geleitet, die oft selbst noch Studenten sind.

Wie lange dauert ein „Schuljahr" an der Hochschule?
Statt Schuljahren gibt es Semester (zwei pro Jahr). Nach jedem Semester hast du Ferien, in denen in der Regel keine Veranstaltungen stattfinden, aber oft Prüfungen, Klausuren oder Hausarbeiten auf dem Programm stehen.

Gibt es einen Stundenplan? Welche Veranstaltungen muss ich besuchen?

Es gibt keinen Stundenplan, aber einen Studienplan, der dir sagt, welche Veranstaltungen du in welchem Semester besuchen musst. An welchem Wochentag, um wie viel Uhr und in welchem Raum die Veranstaltung stattfindet, steht in einer Art Veranstaltungskalender, dem Vorlesungsverzeichnis, das jedes Semester neu erscheint. Mithilfe des Studienplans und des Vorlesungsverzeichnisses stellst du dir deinen „Stundenplan" jedes Semester neu zusammen. Siehe dazu auch das Kapitel „Bachelor, Master, Diplom, Magister – Wie baue ich mein Studium auf?" ab Seite 46.

Gibt es Stegreifaufgaben, Mitarbeitsnoten und mündliche Abfragen?

Die meisten Veranstaltungen werden am Ende des Semesters mit einer schriftlichen Prüfung abgeschlossen, manche auch mit einer mündlichen. Auf diese Prüfungen bekommst du Noten. Das Notensystem ist von Hochschule zu Hochschule verschieden und wird in der Prüfungsordnung jedes Studiengangs festgelegt, die du auf der Website der Hochschule findest. Stegreifaufgaben und Abfragen gibt es keine, Mitarbeitsnoten ebenso wenig. Allerdings solltest du dich in Seminaren und Tutorien schon einbringen, da der Stoff von allen Studenten gemeinsam erarbeitet wird. In vielen Seminaren ist es selbstverständlich, dass jeder Student ein Referat hält.

Was ist eine Fakultät?

Eine Fakultät ist eine Lehr- und Forschungseinheit an einer Hochschule. So gibt es an einer Uni zum Beispiel je eine Fakultät für Jura, eine für Physik, eine für Wirtschaftswissenschaften und so weiter. Jede Fakultät hat im Normalfall eine eigene Studienberatung, an die du dich wenden kannst, wenn du Fragen zu deinem Fach hast. Für allgemeine organisatorische Fragen kannst du die zentrale Studienberatung aufsuchen. Viele Fakultäten haben auch ein eigenes Prüfungsamt, bei dem du dich für Prüfungen anmelden musst, und eigene Räume wie eine Bibliothek oder ein Labor.

Was ist ein Lehrstuhl?

Damit ist kein Stuhl im wörtlichen Sinn gemeint, sondern ein eigener Fachbereich innerhalb der Fakultät. Jeder Lehrstuhl hat einen Lehrstuhlinhaber: Das ist der Professor, der diesen Fachbereich leitet. So gibt es an einer juristischen Fakultät zum Beispiel einen Lehrstuhl für öffentliches Recht, einen für bürgerliches Recht, einen für Strafrecht und so weiter.

LINK-TIPP:
- ein Glossar mit weiteren Begriffen rund ums Studium: www.studium-ratgeber.de/studium-glossar.php

Grundsatzfragen: Was muss ich bei der Studienwahl bedenken?

> **In diesem Kapitel erfährst du,**
> - wie du das richtige Studienfach findest,
> - welche Aspekte außer Interesse und Können eine Rolle spielen,
> - wie du herausfindest, ob deine Wahl richtig ist,
> - wie du den Start ins erste Semester möglichst stressfrei gestaltest.

Die Entscheidung steht also: Du wirst studieren. Schließlich darfst du jetzt endlich selbst auswählen, was du lernst – bisher musstest du dich mit Mathe oder Religion, Deutsch oder Chemie rumärgern. Nach dem Abitur wirst du dich nur noch in dem weiterbilden, wofür du wirklich Talent hast und was dich begeistert. Um herauszufinden, was genau das ist, solltest du dir ein paar konkrete Fragen stellen.

Die drei wichtigsten Fragen auf dem Weg zum Traumstudium
Wenn du beim Abi noch nicht sicher weißt, was du studieren willst, stehst du keineswegs allein da. Bis auf die, die bereits seit der dritten Klasse wissen, dass sie Tierarzt werden wollen, fühlen sich die meisten Abiturienten von der Vielzahl der Möglichkeiten erst einmal überfordert. Entweder wollten sie seit Kindertagen Rennfahrer werden und müssen jetzt einsehen, dass man das nicht studieren kann, oder sie interessieren sich für Computer und wissen nicht, ob ihnen Informatik, Wirtschaftsinformatik oder Technologiemanagement mehr liegt. Folgende Fragen helfen dir dabei, deinen Studienwunsch zu konkretisieren:

1. Was macht mir Spaß?
Mit gerade mal 17 oder 18 sind die Interessen breit gefächert – es ist nicht einfach, da einen Schwerpunkt zu finden. Beantworte die Frage möglichst frei, ohne Gedanken an Jobchancen und Verdienst. Das Einzige, was du berücksichtigen solltest: Nicht alles, was man vier, fünf Stunden die Woche mit Leidenschaft betreibt, macht auch bei vierzig oder fünfzig Stunden pro Woche noch Spaß. Daher solltest du dir gut überlegen, welche Arbeit auf Dauer zu dir passt.

2. Was genau interessiert mich?
Üblicherweise sind Interessen, die aus Hobbys resultieren, relativ ungenau. Du interessierst dich für neue Entwicklungen in der IT-Branche und den Aufbau von Software-Programmen, aber du willst dich in deinem Berufsleben nicht nur mit Programmiersprachen und Java-Codes herumschlagen? Leichter fällt eine Entscheidung, wenn du zwei Fachbereiche kombinierst: zum Beispiel bist du mit einem Studium der Wirtschaftsinformatik vielseitiger aufgestellt und kannst in deinem Studium auch später noch deine eigenen Schwerpunkte setzen, wenn du dir über deine Ziele und Wünsche genauer im Klaren bist.

3. Worin bin ich gut?

Fußball ist großes Kino – aber die meisten sind doch realistisch genug, um zu wissen, dass sie nie als Fußballprofi Millionen verdienen werden. Dagegen denken manche, dass eine tiefsitzende Abneigung gegen Mathematik überwunden werden kann, wenn man wirklich seinen Bachelor in Informatik absolvieren will. Manchmal funktioniert das – aber wer versucht, mit Begeisterung verbundenes Talent durch stures Pauken zu ersetzen, sollte zumindest damit rechnen, dass er auch scheitern kann.

Weitere Fragen zur Studienwahl
Zulassungsbeschränkungen: Was kann ich studieren?

Bei vielen Studiengängen ist der Zugang beschränkt. Das heißt, nicht alle, die dieses Fach an dieser Uni studieren wollen, bekommen auch einen Platz. Geeignete Studienplatzbewerber werden dann unter anderem nach der Abiturnote ausgewählt. Wer kein Einser-Abi hat, kann dennoch aufatmen: Der Abi-Schnitt ist längst nicht mehr einziges Auswahlkriterium für zulassungsbeschränkte Studiengänge. Bewerber werden meist auch nach ihrer Motivation ausgewählt, die sie in einer schriftlichen Bewerbung und/oder einem Vorstellungsgespräch an der Uni beweisen können. Du solltest dich aber auf alle Fälle darauf einstellen, dass du nicht einfach jedes Studium ohne weitere Hürden beginnen kannst. Mehr zur Bewerbung auf Studienplätze erfährst du ab Seite 62.

Finanzierung: Was kann ich mir leisten?

Die vor ein paar Jahren eingeführten Studiengebühren an staatlichen Hochschulen gibt es mittlerweile nicht mehr. Das heißt, es wird nur noch ein Semesterbeitrag für Studentenwerk und Co. fällig, der je nach Hochschule zwischen 40 und 300 Euro liegen kann. Private Hochschulen sind oft noch einmal deutlich teurer. Dort können über 30.000 Euro für ein Bachelor-Studium zusammenkommen. Wie du trotzdem das studieren kannst, was dich interessiert, erfährst du ab Seite 50.

Ort: Wo will ich studieren?

Die einen möchten in vertrauter Umgebung und bei ihren Freunden bleiben, die anderen treibt es weit weg vom Elternhaus. Oft entscheidet sich die Frage nach dem Uni-Standort aber auch danach, welchen Studiengang man für sich entdeckt hat und ob einem eine Massen-Uni oder eine kleinere Hochschule eher liegt. Näheres dazu kannst du ab Seite 42 nachlesen.

Renommee: Wie wichtig ist mir der Ruf einer Hochschule?

Keine halben Sachen – du willst die ganz große Karriere? Dann weißt du vermutlich, dass sich bestimmte Namen in deinem Lebenslauf sehr gut machen werden. Es muss nicht Harvard sein, aber eine international ausgerichtete Hochschule von gutem Ruf oder ein duales Studium in einem großen Unternehmen bringen Pluspunkte. Manche Universitäten genießen ein universales Renommee, andere sind eher für bestimmte Fakultäten und Fachbereiche bekannt.

Perspektive: Welches Studium hat eine Zukunft?

Deine große Leidenschaft ist also die Philosophie. Und wenn man sich für etwas wirklich begeistert, sollte man es auch studieren, oder? Wenn du dir absolut sicher bist: ja. Einfach, weil die Stimme, die dich dazu drängt, sonst nie still sein wird. Wenn du den geringsten Zweifel hast: besser nicht. Geisteswissenschaftler allgemein, Philosophen noch einmal mehr, sind auf dem Arbeitsmarkt kaum gesucht. Gerade bei solchen „Orchideenfächern" sollte man also vor Studienbeginn genau überlegen, wie man mit diesem Studium später Geld verdienen möchte. Eine Möglichkeit ist auch, zwei Fachbereiche miteinander zu kombinieren, zum Beispiel bei Studiengängen wie „Philosophy & Economics".

Kommilitonen: Mit wem will ich studieren?

Es geht hier um Noten, Abschlüsse und den Job danach, und nicht etwa um nette Mitstudenten – oder? Fachwechsel, weil man sich mit den Mitstudenten nicht wohlfühlt, sind gar nicht so selten. Du solltest auch bedenken, dass du als Frau im Maschinenbau oder als Mann in Literaturwissenschaften (noch) die Ausnahme sein wirst. Deine Sonderstellung kann sich zwar als Vorteil erweisen, aber auch viel Selbstbewusstsein erfordern.

LINK-TIPPS:

- ausführliche Checkliste unter dem Punkt „Orientieren": www.studienwahl.de
- bei Startschuss Abi Hochschulen und Unternehmen treffen: www.e-fellows.net/abi
- dein Begleiter im Vorstudiums-Dschungel: www.studis-online.de/StudInfo
- Studienfächer aus Studentensicht: www.e-fellows.net/studiengaenge
- Vorstellung von Uni-Städten durch Studenten: www.e-fellows.net/uni-staedte

Tipps zum Studienstart: So startest du stressfrei ins erste Semester
Nach der Bewerbung und vor dem Semester solltest du …
- **Praktika machen.** Bei einigen Studiengängen, vor allem in technischen Fächern, ist der Nachweis einer Praxisphase schon vor Studienbeginn Pflicht. Mach dich rechtzeitig schlau – zum Beispiel durch die Infos in Kapitel 2 ab Seite 83.
- **Sprachtests ablegen.** Wenn das Studium bestimmte Bestätigungen und Nachweise erfordert, müssen diese teilweise bereits bei Semesterbeginn vorliegen. Informiere dich!
- **Kredite und BAföG beantragen, wenn du sie benötigst.** Es kann mehrere Wochen dauern, bis die Bewilligung und damit die erste Zahlung erfolgt (siehe ab Seite 50).
- **Orientierungsveranstaltungen und Campus-Führungen besuchen.** Schon einmal einen Rundgang auf dem Campus machen. Du wirst zwar noch oft genug mit einem großen Fragezeichen über dem Kopf auf der Suche nach einem bestimmten Raum durch die Gänge irren, aber zumindest weißt du dann schon, wo das Audimax und die Toiletten, wo die Bibliothek und die Mensa sind.
- **Ins Vorlesungsverzeichnis schauen.** Das gibt es auf der Website der jeweiligen Hochschule. Streich dir schon einmal an, welche Pflichtvorlesungen für Erstsemester du vermutlich besuchen musst.
- **An einer Bibliotheksführung teilnehmen.** So lernst du, wie du Fachliteratur recherchierst und wie das Ausleihen und Zurückgeben von Büchern an deiner Fakultät funktioniert. Dann weißt du Bescheid, wenn du schon in den ersten Wochen ein Referat vorbereiten sollst.

Die Entscheidung:
Wie finde ich den richtigen Studiengang?

> **In diesem Kapitel erfährst du,**
> - wie du den Studiengang findest, der zu dir passt,
> - wie du schon vor dem Studium Uni-Luft schnuppern kannst,
> - warum Maschinenbau nicht gleich Maschinenbau ist.

Auch wenn du dir über deine Talente und Interessen im Klaren bist und weißt, wie dein Traumstudium aussieht – jetzt musst du es noch finden. Bei der Vielzahl an Unis und Studiengängen ist es nicht einfach, zu erkennen, ob die Studienzeit dann wirklich deinen Vorstellungen und Erwartungen entsprechen wird. Allerdings gibt es viele Wege, dich vorher konkret zu informieren und dir ein Bild davon zu machen, was dich erwartet.

Einfach mal ausprobieren

Um ein bisschen Uni-Luft zu schnuppern, kannst du dich einfach in eine Vorlesung setzen. So erfährst du hautnah, was auf dich zukommt. Die Lehre an Hochschulen unterscheidet sich nämlich um einiges von deinen bisherigen Erfahrungen an der Schule. Du sitzt gemeinsam mit Hunderten Kommilitonen im Hörsaal, ein gemeinsames Erarbeiten von Themen oder Diskussionen wie in der Schule fallen in der Regel weg. Stattdessen heißt es: Zuhören und Notizen machen. Schulähnlicher verlaufen dagegen Seminare mit nur 15 bis 20 Studierenden. Dort fällt ein Gastbesuch allerdings etwas mehr auf, und du musst vorher den Dozenten um Erlaubnis fragen. Prinzipiell bekommst du so auf jeden Fall einen Eindruck vom Uni-Alltag, und du kannst auch herausfinden, ob ein Studiengang inhaltlich deinen Vorstellungen entspricht.

Maschinenbau ist nicht gleich Maschinenbau

Wenn deine Hochschule weiter weg ist oder du keine Zeit für einen Besuch hast, kannst du dich auf dem Internetauftritt der Hochschule über deinen Studiengang informieren. Die Seiten der Fachbereiche bieten dir eine detaillierte Übersicht über Anforderungen, mögliche integrierte Praxisaufenthalte und den Studienverlauf. Ein Blick darauf lohnt sich definitiv, denn meist sagt der Name eines Studiengangs nicht alles über seinen Inhalt aus. Der Studiengang Maschinenbau mag an der einen Universität sehr praxisnah ausgerichtet sein, an der anderen musst du dagegen vor allem Theorie pauken. Auch bei exotisch klingenden Studiengängen solltest du dich lieber ganz genau informieren, was sich dahinter verbirgt. Ist zum Beispiel Life Science vielleicht doch nur angewandte Biologie, und ist European Studies ein anderer Name für Politikwissenschaft mit Soziologie?

Lass dich von den alten Hasen beraten

Eine wichtige Informationsquelle können auch ältere Studenten sein. Als Erstsemester fällt es schwer, sich im Uni-Dschungel zurechtzufinden. Studierende in höheren Semestern können dagegen aus eigener Erfahrung über ihren Studiengang berichten und dir erklären, wie er ausgestaltet ist. Manche Tipps bezüglich der Vorbereitung für Auslandsaufenthalte oder des taktischen Belegens von Kursen sind Gold wert und können auf keiner Fachschaftsseite nachgelesen werden. Um mit Studenten höherer Semester in Kontakt zu kommen, kannst du dich an den Fachbereich der Hochschule wenden. Der dort zuständige Betreuer hilft dir sicherlich gerne weiter.

Sonnige Aussichten oder düstere Zukunft?
Nicht unerheblich bei der Studienwahl ist auch die Frage nach den Zukunftsperspektiven. Natürlich sollten erst einmal deine Interessen im Vordergrund stehen. Schwankst du aber beispielsweise zwischen zwei Studiengängen, kannst du dich fragen, welche Berufschancen dir die jeweilige Ausbildung bietet. Wird auf dem Arbeitsmarkt gerade Nachwuchs gesucht? Wie sieht es mit der Vergütung aus? Und wie steht es mit den Aufstiegschancen in der Branche?

Überzeuge dich selbst
An erster Stelle, vor Geld und Prestige, sollte natürlich der Spaß an der späteren Arbeit stehen. Um den zu testen, bieten sich Praktika an. Diese können von zwei Wochen bis zu sechs Monaten reichen – je nachdem, wie viel Zeit du dir zwischen Schule und Studium nimmst. Hier erfährst du, welche Möglichkeiten es in Unternehmen gibt und welche Tätigkeit am besten zu dir passen könnte. Ein Praktikum in einer Anwaltskanzlei kann dich trotz Skepsis angesichts trockener Lektüren vom Jurastudium überzeugen. Und ein Einblick in ein IT-Unternehmen lässt dich vielleicht erkennen, dass du doch nicht so technikaffin bist, wie du dachtest.

Für Unentschlossene
Beratungsangebote findest du unter anderem bei der Agentur für Arbeit. Die Mitarbeiter dort können dir Auskunft geben zu Studiengängen, Hochschularten und Zulassungsbedingungen. Viele Stellen bieten dir auch einen Test an, mit dem du herausfinden kannst, was zu dir passt. Selbsttests im Internet (siehe Link-Tipps) helfen ebenfalls bei der Orientierung.

LINK-TIPPS:
- Selbsttest zur Studienwahl: www.was-studiere-ich.de
- Übersicht über alle Studiengänge: studieren.de/studiengangsliste.0.html
- Studiengangssuche und Infos für Abiturienten: www.hochschulkompass.de
- Vorstellung verschiedener Studiengänge: www.e-fellows.net/bachelorstudium
- Hilfe bei den ersten Uni-Schritten: www.e-fellows.net/unistart

Charakterfrage:
Welcher Hochschultyp passt zu mir?

> **In diesem Kapitel erfährst du,**
> - welche Unterschiede es zwischen Universitäten und Fachhochschulen gibt,
> - nach welchen Kriterien du den richtigen Hochschultyp auswählst.

Eigentlich ist doch alles ganz einfach: Studieren tut man an einer Uni. Eine Fachhochschule (immer öfter auch Hochschule bzw. Hochschule für angewandte Wissenschaften genannt)... na, das ist doch keine Uni. Da ist alles sehr verschult, für die, die nicht so gut im selbstständigen Lernen sind. Die Universität dagegen ist ein Ort für die wirklich Intellektuellen und für die Forscher. Ist das so? Diese Vorurteile stimmten noch nie weniger als heute. Längst haben sich die Grenzen zwischen den Hochschultypen verwischt. Zunehmend, so die Meinung zahlreicher Experten, wird bei der Einstellung neuer Mitarbeiter nicht mehr auf den Typ der Hochschule geachtet, sondern auf den Ruf der jeweiligen Institution. Einige grundlegende Unterschiede zwischen Universität und Fachhochschule gibt es dennoch.

Ab in die Forschung? Ab an die Uni!

Die universitäre Ausbildung ist meist recht theorielastig. Es geht – vereinfacht ausgedrückt – nicht nur darum, etwas zu wissen, sondern auch zu verstehen, weshalb man das wissen muss und was man aus diesem Wissen machen kann. Das Stichwort lautet „Verknüpfung von Forschung und Lehre". Das bedeutet: Studenten an der Uni werden nicht zu reinen Anwendern ausgebildet, sondern sollen die theoretische Basis ihres Studiums auch selbstständig weiterentwickeln – eben forschen können. Dafür lernen sie nicht nur mehr Hintergrundwissen, sondern auch Relevantes aus verwandten Fächern (Interdisziplinarität).

Uni-Absolventen: Theoretisch gebildet, praktisch mit Lücken

Dieser theoretische Hintergrund, für den oft eine gewisse Praxisferne in Kauf genommen wird, hat seine Berechtigung – vor allem in Forschung und Lehre. Wenn du dort hinwillst, bist du an der Uni gut aufgehoben. Du willst zum Beispiel Naturwissenschaften studieren und danach Karriere in der Forschungsabteilung eines Unternehmens machen? Dann empfiehlt sich für dich die Uni. Bei bestimmten Studiengängen wie Physik und Chemie wird in großen Unternehmen ein „Doktor" praktisch vorausgesetzt. Den kannst du (fast) nur nach einem Universitätsstudium erwerben. Was du dafür in Kauf nehmen musst? Dass du viel Zeit damit verbringen wirst, deinen Lernstoff zu finden und zu strukturieren. Zwar gibt es auch an der Uni stärker und weniger stark verschulte Studiengänge. In jedem Fall aber sollen die Studenten zu Eigenständigkeit und Selbstmotivation ausgebildet werden – das geschieht, indem man sie nicht bei jedem Lernschritt an die Hand nimmt.

Fachlich top: Die Fachhochschulen

Anders an den Fachhochschulen: Kleine Unterrichtsgruppen, ein fester Stundenplan, ein relativ enges Verhältnis zu den Dozenten – übermäßig viel Eigenständigkeit ist hier nicht nötig. Damit wird das Studium trotzdem nicht zum Kindergeburtstag. Eine Menge Lernstoff ist zu bewältigen. Neben einer stärkeren Verschulung zeichnet sich das Studium an einer FH auch durch eine größere Praxisnähe aus als das an der Uni.

Von der FH direkt an den Arbeitsplatz

An den Fachhochschulen wird der Student zum Anwender. Er lernt wissenschaftliche Fertigkeiten, um sie in der Praxis einsetzen zu können. Für Forschung und Weiterentwicklung ist er nicht zuständig. Dafür kann er in verschiedene Berufsfelder direkt einsteigen und dort mitarbeiten, wo mancher Uni-Student erst noch praktische Kenntnisse erwerben muss. Wer für theoretische Forschung weniger übrig hat und „handfestes" Wissen bevorzugt, ist an einer Fachhochschule gut aufgehoben.

Wenn du dir noch mehr Praxisbezug wünschst und dein theoretisches Wissen sofort anwenden willst, kannst du dich auch parallel zum Uni-Studium im Betrieb ausbilden lassen. Das Ganze nennt man dann duales Studium. Mehr dazu erfährst du im folgenden Kapitel.

> **Und wie soll ich mich entscheiden?**
> Einige Studiengänge gibt es nur an einem bestimmten Hochschultyp. Wenn du aber freie Wahl hast, stelle dir am besten folgende Fragen:
> - Arbeite ich gerne wissenschaftlich und auch über Monate hinweg rein theoretisch, indem ich über Büchern grüble? Will ich in die Forschung oder Hochschullehre oder aus irgendeinem anderen Grund meinen Doktor machen? Bin ich in der Lage, mir aus eigenem Antrieb und in Eigenorganisation große Wissensmengen anzueignen? Dann ist eine Universität vermutlich das Richtige für dich.
> - Ist es mir wichtig, das Gelernte rasch in der Praxis umsetzen zu können, um es zu überprüfen und weil ich es mir so besser merken kann? Fällt mir Lernen ohne klare Zeit- und Inhaltsvorgaben eher schwer? Dann wäre die FH vielleicht die beste Wahl.
> - Will ich während des Studiums bereits Geld verdienen, auch wenn mein Gehalt anschließend eventuell etwas niedriger ausfällt als bei einer rein akademischen Ausbildung? Ist es mir wichtig, während der Ausbildung bereits dauerhafte Kontakte zu späteren Arbeitgebern zu knüpfen und so schon früh relative Sicherheit in Hinblick auf meine berufliche Zukunft zu erlangen? Kann ich mich mit einem eher verschulten Studium arrangieren? Dann sieh dir mal die dualen Studiengänge an.

LINK-TIPPS:
- mehr zur Frage „Uni oder FH?": www.e-fellows.net/unioderfh
- Bist du eher der Uni- oder FH-Typ? Teste es:
  www.studium-ratgeber.de/hochschultest.php

Duales Studium – Studium und Beruf im Doppelpack

> **In diesem Kapitel erfährst du,**
> - wie duale Studiengänge Theorie und Praxis verbinden,
> - welche Vor- und Nachteile ein duales Studium hat,
> - wie du ein duales Studium finanzierst.

Ganz schön praktisch: Während sich die anderen Studenten mit Nebenjobs rumschlagen, wirst du bei einem dualen Studium fürs Studieren sogar bezahlt. Obendrauf gibt's den Praxisteil, bei dem du parallel zum Studium in einem Unternehmen ausgebildet wirst. Das Lernen bleibt dir allerdings nicht erspart, und außerdem erwartet dich in den drei bis fünf Jahren ein straffer Zeitplan.

Theorie ...
Wie bei einem normalen Studium lernst du die Theorie für dein Fach an einer Hochschule. Teilweise besuchst du zusätzlich die Berufsschule, wo weitere praxisbezogene Fächer angeboten werden. Alternativ zur Hoch- und Berufsschule gibt es die Berufsakademie (BA). Diese bietet ausschließlich duale Studiengänge an, ist allerdings nicht in allen Bundesländern vertreten. Ob Hochschule oder Berufsakademie: Prüfungen und eine Abschlussarbeit musst du bei beiden schreiben – und erhältst dafür deinen Bachelor-Abschluss.

... und Praxis
Das Gelernte kannst du schon während deines Studiums direkt in die Praxis umsetzen. Dabei gibt es allerdings verschiedene Modelle. Bei der bekanntesten Variante des dualen Studiums, dem ausbildungsintegrierenden Studium, verbringst du einen Teil deiner Ausbildung im Unternehmen. In Bayern wird dieses Modell gelegentlich auch als Verbundstudium bezeichnet; in Nordrhein-Westfalen kann mit diesem Begriff aber auch ein Fernstudium gemeint sein. Zeitgleich zum Bachelor-Studium absolvierst du also hierbei eine Ausbildung im Partnerbetrieb der Hochschule beziehungsweise Berufsakademie, wobei sich die Theorie- und Praxisphasen oft im Drei-Monats-Rhythmus abwechseln. Meist arbeitest du in allen Bereichen mit und betreust im besten Fall sogar dein eigenes Projekt. Somit unterscheidet sich der Praxisteil kaum von einer herkömmlichen Lehre. Am Ende der Ausbildung erhältst du dann sowohl einen akademischen Hochschul- als auch einen Berufsabschluss. Teilweise musst du beim ausbildungsintegrierenden Studium zusätzlich die Berufsschule besuchen. Nach zwei bis drei Jahren machst du deinen Abschluss bei der Industrie- und Handels- oder der Handwerkskammer (je nach Branche beziehungsweise Schwerpunkt der Ausbildung) und hast damit einen staatlich anerkannten Berufsabschluss in der Tasche.

Praxisintegrierendes Studium statt Berufsschule
Eine andere Möglichkeit stellt das praxisintegrierende oder kooperative duale Studium dar, das in Bayern gelegentlich auch als „Studium mit vertiefter Praxis" bezeichnet wird. Hierbei absolvierst du deine Praxisphasen durch ein Langzeitpraktikum in einem Unternehmen oder seltener auch durch mehrere kürzere Praktika in verschiedenen Unternehmen, die dann aber meistens schlechter vergütet werden. Durch die

Rotation lernst du oft mehrere Bereiche kennen. In manchen Firmen arbeitest du aber eventuell nur in einer Abteilung. Im Gegensatz zur ersten Variante erhältst du beim praxisintegrierenden Studium keinen Kammer-Abschluss, da du nicht die Berufsschule, sondern nur eine Hochschule oder Berufsakademie besuchst.

Duale Studienmodelle für Erfahrene

Wenn du dich bereits in einer Berufsausbildung befindest oder sogar schon einen Abschluss hast, kommt für dich auch ein berufsintegrierendes oder ein berufsbegleitendes duales Studium infrage. Bei der ersten Variante wird nach Absprache mit dem Arbeitgeber die Anzahl der Arbeitsstunden reduziert, sodass du in den entstandenen Freistunden studieren kannst. Dies ist dann auch ohne eine allgemeine Hochschulreife möglich. Beim zweiten Modell arbeitest du weiterhin in Vollzeit, absolvierst aber nebenher ein Fernstudium. Auch hier ist die Unterstützung des Arbeitgebers wichtig, weil du dir für Präsenzphasen oder Prüfungen hin und wieder freinehmen musst.

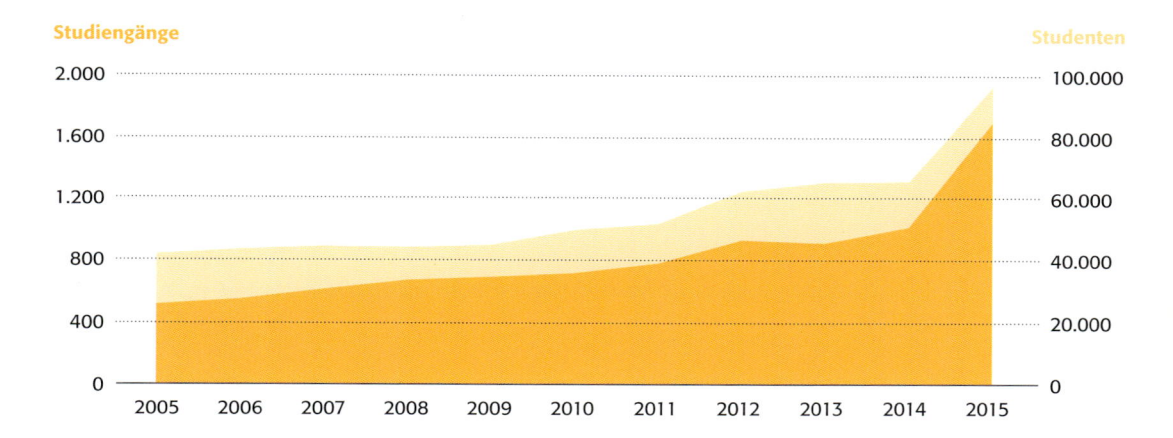

Anzahl dualer Studiengänge und Studenten im zeitlichen Verlauf

Zeiteinteilung im dualen Studium

Beim dualen Studium gibt es nicht nur verschiedene Studienmodelle, sondern auch unterschiedliche Varianten der Zeiteinteilung für die Theorie- und Praxisphasen. Prinzipiell wechseln sich diese ab – die zwei gängigen Modelle sind hier einerseits das Blockmodell und andererseits das Wochenmodell. Beim Blockmodell bist du jeweils drei Monate an deiner Hochschule oder Berufsakademie und drei Monate im Unternehmen. Dadurch musst du dich jeweils eine längere Zeit immer nur auf eine Phase konzentrieren, verpasst aber mitunter wichtige Entscheidungen oder Entwicklungen in der Hochschule oder im Unternehmen. Es ist deshalb ratsam, während deiner Abwesenheit mit Studien- oder Arbeitskollegen in Kontakt zu bleiben.

Beim Wochenmodell verbringst du jede Woche einige Tage an der Hochschule oder Berufsakademie und die restlichen Tage im Betrieb. Dadurch bist du sowohl in der Theorie als auch in der Praxis immer auf dem Laufenden, musst dich aber ständig auf beides gleichzeitig konzentrieren. Welches Modell der Arbeitgeber anbietet, hängt auch von der kooperierenden Hochschule oder Berufsakademie ab. Manchmal ist die

Zeiteinteilung auch flexibler, sodass in der frühen Phase der Ausbildung die Praxis überwiegt und später die Theorie. Bei manchen Unternehmen findet dein Theorieteil jedoch auch am Abend oder am Wochenende statt.

Vorteile eines dualen Studiums
Die Vorteile eines dualen Studiums liegen auf der Hand: Du wendest das Gelernte direkt an und sammelst deine praktischen Erfahrungen schon während des Studiums, was dir bei Bewerbungen und beim Einleben in den Arbeitsalltag zugutekommen kann. Wenn du dich für ein ausbildungsintegrierendes duales Studium entscheidest, hast du außerdem die Aussicht auf einen Hochschul- und einen Berufsabschluss, was dir Vorteile bei späteren Bewerbungen bringt. Des Weiteren bekommst du ein Ausbildungsgehalt, das meist sogar etwas über der normalen Ausbildungsvergütung liegt und dir die Finanzierung deines Studiums erleichtert. Der wichtigste Vorteil ist jedoch das Netzwerk, das du dir bereits während deiner Ausbildung aufbauen kannst. Außerdem ist die Chance einer Übernahme nach deiner Ausbildung extrem hoch – wenn nicht sogar schon vertraglich festgelegt.

Die andere Seite der Medaille
Andererseits bringt ein duales Studium durch das Studieren und Arbeiten auch immer eine Doppelbelastung mit sich. Dabei begleitet dich ein straffer Zeitplan ohne Semesterferien. Du hast lediglich einen Urlaubsanspruch von 24 bis 30 Werktagen wie jeder andere Arbeitnehmer. Außerdem hat deine Ausbildung nicht die wissenschaftliche Tiefe eines Uni-Studiums. Wenn du dir also vorstellen kannst, später eine wissenschaftliche Laufbahn als Dozent oder Professor einzuschlagen, kann dir ein duales Studium diesen Weg eher verbauen als erleichtern. Die kleinen Unterschiede können auch zu Problemen führen, wenn du beispielsweise einen nicht-dualen Master an einer Uni machen möchtest. Möglicherweise fehlen dir dazu nämlich die erforderlichen Credit Points, oder du bist vertraglich zunächst einmal an deine Ausbildungsstätte gebunden.

Mittlerweile bieten allerdings auch immer mehr Hochschulen und Berufsakademien duale Master-Studiengänge an. Nicht zu vergessen ist außerdem, dass du dich mit der Wahl eines dualen Studiums immer bereits auf einen Tätigkeitsbereich festlegst. Solltest du merken, dass dir dieser doch nicht zusagt, ist es dann oft aus finanziellen Gründen schwer, das Studium zu wechseln, weil der Arbeitgeber bis dahin gezahlte Studiengebühren zurückfordern kann.

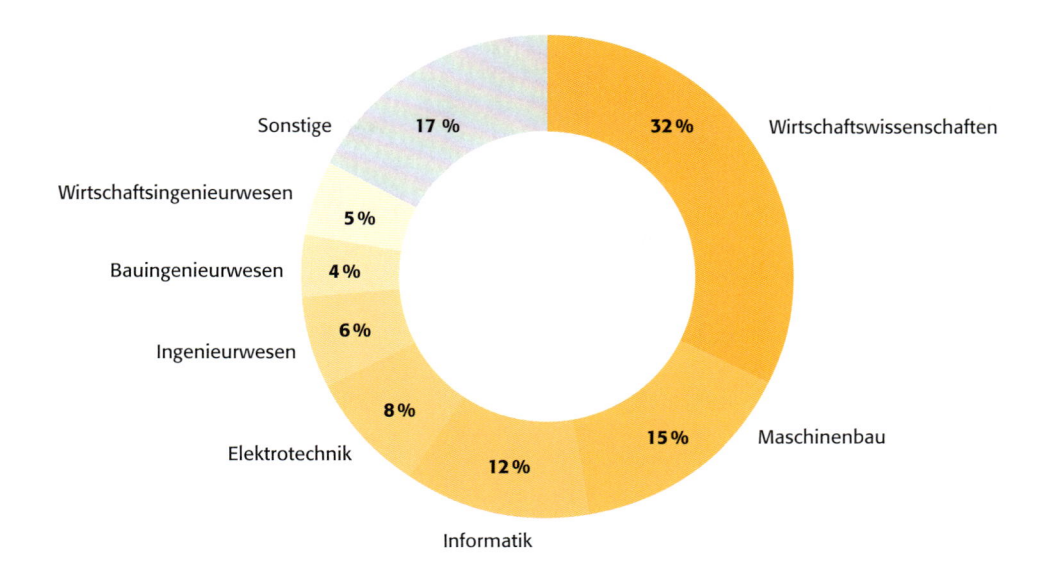

Verteilung dualer Studiengänge nach Fachbereichen 2015:
- Wirtschaftswissenschaften: 32 %
- Maschinenbau: 15 %
- Informatik: 12 %
- Elektrotechnik: 8 %
- Ingenieurwesen: 6 %
- Bauingenieurwesen: 4 %
- Wirtschaftsingenieurwesen: 5 %
- Sonstige: 17 %

Einen Studiengang finden

Die Studiengänge, für die ein duales Studium angeboten wird, kommen hauptsächlich aus den Bereichen Wirtschaft und Technik. Es gibt aber zunehmend interdisziplinäre Studiengänge, wie Wirtschaftsrecht oder Wirtschaftspsychologie. Bei der Entscheidung für einen dualen Studiengang solltest du dich auf dieselben Aspekte konzentrieren wie bei der Wahl eines „normalen" Studiengangs oder einer Ausbildung: Was interessiert dich, wo sind deine Stärken, und wo hast du vielleicht schon Erfahrungen (zum Beispiel durch Praktika) gesammelt? Auch deine Eltern oder Freunde können dir mit Rat zur Seite stehen.

Welche Hochschulen und Unternehmen duale Studienplätze anbieten, kannst du auf verschiedene Arten herausfinden. Wenn du dich noch nicht auf eine Institution oder einen Studiengang festgelegt hast, findest du über Suchmaschinen eine große Auswahl an Angeboten. Dabei kannst du die Suche natürlich auch nach Bundesländern oder Städten und Fachrichtungen eingrenzen. Auch in Job- und Studienplatzbörsen sind viele duale Studiengänge verzeichnet. Bei Studien- und Berufsmessen hast du sogar die Möglichkeit, direkt auf Firmen, die duale Studiengänge anbieten, zuzugehen (zum Beispiel bei Startschuss Abi, siehe Seite 61). Hast du dann eine engere Auswahl getroffen, solltest du dich auf der Website der betreffenden Hochschulen, Berufsakademien oder Unternehmen schlau machen, mit welchen Partnerunternehmen beziehungsweise Partnerhochschulen sie zusammenarbeiten. Hochschule und Betrieb müssen sich übrigens nicht unbedingt in derselben Stadt befinden; dies solltest du bedenken, wenn du kein eigenes Auto hast oder deinen Umzug planst.

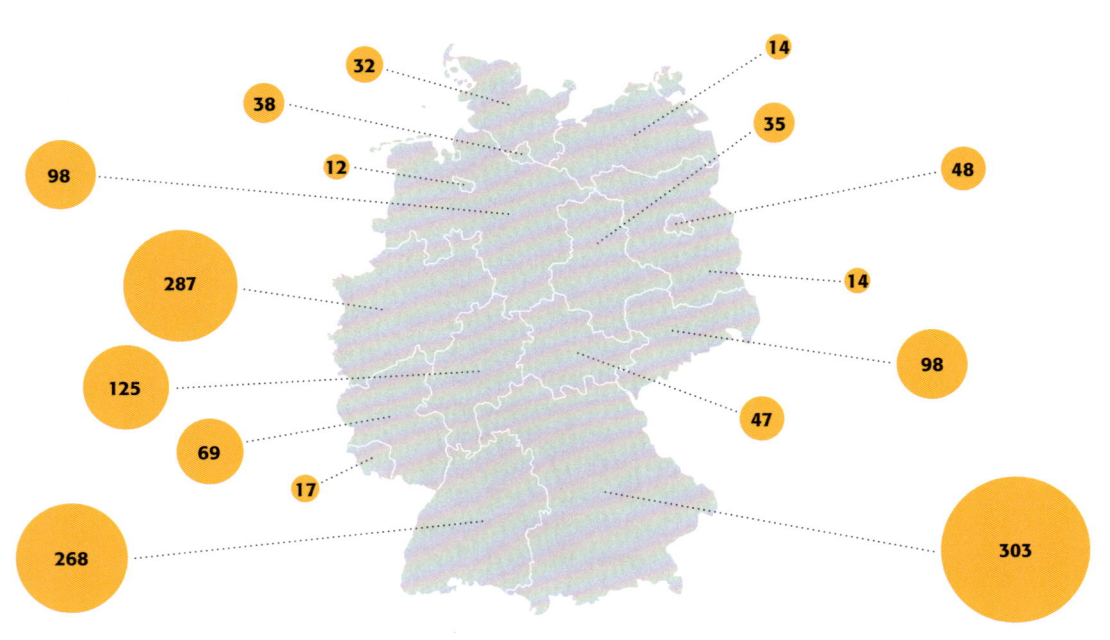

Regionale Verteilung dualer Studiengänge 2014

Bewerbung für ein duales Studium

Für ein duales Studium kannst du dich grundsätzlich auf zwei Arten bewerben. Wenn du dir schon ein Unternehmen ausgesucht hast, bei dem du gerne deine Ausbildung beginnen möchtest, bewirbst du dich dort ganz klassisch mit den erforderlichen Bewerbungsunterlagen. Welche Unternehmen für ein duales Studium infrage kommen, erfährst du meist auf deren Websites. Die Plätze in den großen und international aufgestellten Firmen sind allerdings rar und hart umkämpft. Daher musst du als Bewerber viel Engagement und Flexibilität mitbringen und solltest dich nicht erst mit Erhalt deines Abiturzeugnisses, sondern schon etwa ein Jahr vor dem geplanten Studienbeginn über deine Möglichkeiten informieren und dich bewerben. Bevor du den Platz bekommst, wirst du häufig zu einem Auswahlverfahren eingeladen. Oft stellen die Firmen Tipps dazu sogar auf ihre Website. Wenn du im Bewerbungsgespräch und im Assessment-Center überzeugen kannst, erhältst du deinen Ausbildungs- beziehungsweise Praktikumsvertrag und kannst dich dann an der kooperierenden Hochschule oder Berufsakademie immatrikulieren.

Die zweite Bewerbungsmethode funktioniert andersherum: Hier bewirbst du dich zuerst auf einen Studienplatz und suchst dir danach aus den Partnerunternehmen eines aus, das deine zukünftige Ausbildungsstätte werden soll. Sollte dein Wunschunternehmen nicht mit deiner Hochschule kooperieren, gibt es trotzdem Hoffnung: Du kannst in Eigenregie auf das Unternehmen zugehen und so möglicherweise eine Kooperation mit deiner Hochschule erzielen. Bei der Bewerbung um einen Studienplatz kann es übrigens unterschiedliche Zulassungsvoraussetzungen geben, die du auf der Website der Hochschule oder Berufsakademie herausfinden kannst, wie zum Beispiel die Forderung nach einem abgeschlossenen Ausbildungs- beziehungsweise Praktikumsvertrag oder einem bestandenen Sprachtest.

Finanzierung eines dualen Studiums

Im Gegensatz zu anderen Studenten wirst du vom Arbeitgeber bezahlt. Allerdings kann das Gehalt anfangs nur 600 Euro brutto oder weniger betragen – auch wenn es beim ausbildungsintegrierenden Studium mit der Zeit ansteigt. Maßgeblich für die Höhe des Gehalts sind unter anderem die Branche und die Größe der Firma. Teilweise bezahlt der Arbeitgeber auch die Reisekosten zur Hochschule und Kosten für Lehrmaterialien. Dies ist vor allem beim ausbildungsintegrierenden Studium der Fall und wird normalerweise schon im Ausbildungsvertrag festgelegt. Vor allem beim praxisintegrierenden dualen Studium zahlt dir dein Arbeitgeber meist nur während der Praxisphasen Lohn, sodass du während der Zeit an der Hochschule eventuell nebenher jobben musst, um das Studium finanzieren zu können.

Auf BAföG musst du als dualer Student in den allermeisten Fällen verzichten, weil die Einkommensgrenze für einen BAföG-Anspruch unter 450 Euro (brutto) monatlich bzw. 5.400 Euro (brutto) jährlich liegt. Da du deine Reisekosten zur Hochschule allerdings von der Steuer absetzen kannst, ist es in Ausnahmefällen möglich, das zu versteuernde Einkommen dadurch so weit zu drücken, dass du BAföG-berechtigt wirst. Falls du glaubst, dass sich dir diese Möglichkeit bietet, kannst du dich von einem Steuerberater unterstützen lassen. Auch die Stipendien der staatlichen Begabtenförderungswerke werden meist nicht an duale Studenten vergeben. Wenn du nicht mehr zu Hause wohnst, hast du bei einer Erstausbildung bis zum 25. Lebensjahr Anspruch auf Kindergeld in Höhe von mindestens 190 Euro. Solltest du gar nicht über die Runden kommen, kannst du auch einen Bildungs- oder Studienkredit aufnehmen. Vorher solltest du dich aber genau über die Konditionen informieren, denn diese können sehr unterschiedlich sein.

Duales Studium und Ausland

Viele Studenten gehen während ihres Studiums ins Ausland – sei es für ein Praktikum oder ein ganzes Semester. Wenn du ein duales Studium machst, hängt es von mehreren Faktoren ab, ob du einen Teil davon im Ausland absolvieren kannst. Wie bei einem normalen Studium ist es maßgeblich, ob der Studienplan überhaupt ein Auslandssemester ermöglicht, also ob du im Ausland wichtige Inhalte deines Studienplans erlernen kannst und ob diese dir dann in Deutschland angerechnet werden. Wenn du ein Praktikum im Ausland machen möchtest, kommt es stark darauf an, ob dein Ausbildungsbetrieb damit einverstanden ist. Die Chancen dafür sind besser, wenn du bei einem international tätigen Unternehmen beschäftigt bist, weil du dann oft die Möglichkeit bekommst, eine Zeit lang an einem Standort im Ausland zu arbeiten. Bei kleineren Betrieben besteht allerdings oft das Problem, dass deine Stelle dann unbesetzt wäre, was zu personellen Engpässen führen kann. Wenn du während deines dualen Studiums unbedingt ins Ausland möchtest, solltest du also vorher abklären, welche Hochschulen und Unternehmen dir diese Möglichkeit bieten. Informationen dazu findest du oft im Studienplan beziehungsweise auf der Internetseite der Hochschule oder des Unternehmens. Falls nicht, kannst du dich telefonisch oder per E-Mail dort erkundigen.

LINK-TIPPS:
- Infos und Datenbanksuche: www.bibb.de/de/ausbildungplus_index.php
- weitere nützliche Infos: www.studis-online.de/StudInfo/duales_studium.php
- Infos zur Berufsausbildungsbeihilfe (BAB): www.arbeitsagentur.de

Fabio Stohler

Jahrgang 1994

BWL Finanzdienstleistungen

(dualer Bachelor) DHBW Lörrach

Wann und warum hast du dich für deinen Studiengang entschieden?
Für mich stand bereits in der elften Klasse fest, dass ich ein Fach mit Bezug zum Bankwesen studieren möchte. Komplexe Themen wie z. B. die Finanzkrise haben mich schon immer fasziniert. Das duale System schien mir genau das Richtige zu sein. Die Kombination aus drei Monaten Studium und drei Monaten Praxisphase versprach Abwechslung, Praxisbezug und die Aussicht auf ein attraktives Gehalt. Mich begeisterte die Vorstellung, in nur drei Jahren ein Studium und eine Berufsausbildung zu erlangen, für die man gewöhnlich zusammen fünf bis sechs Jahre benötigt. Mir war vor allem wichtig, nach dem Abitur gleich zu arbeiten und direkt meine Karriere zu starten. Mein Kooperationspartner bestätigte mich in dieser Haltung. Allerdings wurde ich gleich im Vorstellungsgespräch darauf hingewiesen, dass das Studium eine hohe Belastung bedeuten kann.

Haben sich deine Erwartungen erfüllt?
Meine Erwartungen haben sich schon früh erfüllt. Bereits nach den ersten Theorie- und Praxisphasen erkannte ich die großen Vorteile des dualen Systems. Gerade nach der Klausurenphase freut man sich wieder auf die praktische Arbeit und kann das Gelernte unmittelbar in die Praxis umsetzen. Das eigene Gehalt ermöglicht auch den ein oder anderen Erholungsurlaub.

Ein weiterer Vorteil ist die Abstimmung der Studienthemen mit der Ausbildungsplanung. So können entweder theoretische Kenntnisse in der Praxis angewandt oder praktische Erfahrungen auf theoretische Inhalte projiziert werden. Das erleichtert das Verständnis und das Lernen von Inhalten enorm.

Bestätigt wurde allerdings auch, dass das duale Studium eine hohe Belastung sein kann. Ich kann mich in solchen Phasen jedoch immer auf die Unterstützung des Ausbildungsbetriebes verlassen. Belohnt wird die Anstrengung mit Übernahmeangeboten und guten Karriereaussichten. Vor allem die Praxiszeiten bieten die Chance, die eigenen Interessensgebiete weiter zu erkunden und zu vertiefen.

Wem würdest du das Studium empfehlen?
Das Studium ist ein wunderbarer Kompromiss für alle, die sich eine Kombination aus Ausbildung und Studium wünschen und dafür schon einen konkreten Berufszweig im Auge haben. Es bietet eine praxisorientierte Ausbildung in vielen verschiedenen Ausbildungsberufen und kombiniert diese mit einer soliden Einführung in die damit verbundenen akademischen Bereiche. Dabei fehlt der Theorie selten der Praxisbezug, und man trifft fast alle behandelten Themen in der Praxis wieder.

Das duale System ist auch allen zu empfehlen, die sich ein eher schulisches Lernsystem wünschen. Oft finden die Studienkurse in kleinen Gruppen statt, die einen hohen Austausch mit den Dozenten ermöglichen. Diese intensive Lernerfahrung ermöglicht einen tiefen Einblick in einen Berufsbereich.

Warum bieten Sie duale Studiengänge an?

Die BayernLB bietet seit rund 17 Jahren Plätze für duale Studiengänge an. Einerseits, weil wir damit hoch engagierten Interessenten eine adäquate, ihrem Leistungsanspruch angemessene Qualifizierung bieten können, die im Unternehmen zudem gebraucht wird. Andererseits sind wir von dem Wechselspiel zwischen Theorie und Praxis überzeugt. Wir erleben unsere dualen Studenten als sehr motiviert, weil Studieninhalte sofort auf ihre Praxistauglichkeit überprüfbar sind und neu erworbenes Wissen auf hohem Niveau unmittelbar im Berufsalltag eingesetzt werden kann. Die steigende Nachfrage sowohl von Schulabsolventen als auch in den Facheinheiten in den letzten Jahren zeigt, dass das Konzept für die Studenten und die BayernLB ein Erfolgsmodell ist.

Wem empfehlen Sie ein duales Studium?

Die Studenten benötigen neben guten Schulnoten viel Selbstdisziplin und Durchhaltevermögen, insbesondere vor Klausurterminen. Daneben darf angesichts des straffen Zeitplans ein gehöriges Maß an Organisationstalent nicht fehlen. Wir haben die Erfahrung gemacht, dass häufig der entscheidende Faktor für den Erfolg eines dualen Studiums das Interesse an den Themen und Inhalten ist. Auch waren die Studenten besonders erfolgreich, die sich realistisch und durchaus selbstkritisch mit der Belastungssituation auseinandergesetzt hatten. Denn: Studium und Ausbildung in drei Jahren parallel zu absolvieren strengt an. Das ausbildende Unternehmen und die Hochschule verlangen hundertprozentigen Einsatz – und das jeden Tag. Da bleiben wenige Verschnaufpausen.

Welche Perspektiven haben duale Studenten nach dem Studium?

Die BayernLB legt großen Wert darauf, dass die bei ihr ausgebildeten Nachwuchskräfte Zukunftsperspektiven haben. Den Absolventen stehen die Türen offen. Gemeinsam mit dem dualen Studenten wird nach dem bestmöglichen Einsatz gesucht. Der Vorteil ist, dass der Student die BayernLB von Grund auf kennt. Er kann einschätzen, welche Tätigkeit ihm liegt, welche Anforderungen gestellt werden und wo er seine Fähigkeiten am besten einsetzen und zeigen kann. Das kann zum Beispiel als Sachbearbeiter im Risikocontrolling, als Junior Professional in der IT oder Junior Spezialist in der Produktentwicklung sein. Und wer sich in seiner neuen Fachposition nach Abschluss des dualen Studiums noch weiterqualifizieren will, kann mit der Unterstützung der BayernLB rechnen.

Gertrud Kuffner

Fachliche Leitung Nachwuchsentwicklung

Bayerische Landesbank (BayernLB)

Angebotene duale Studiengänge:
Duales Studium zum Bachelor of Arts, Fachrichtung Bank;
Duales Studium zum Bachelor of Science, Fachrichtung Wirtschaftsinformatik

Die Qual der Wahl:
An welcher Hochschule soll ich studieren?

In diesem Kapitel erfährst du,
- wie sich die Wahl der Hochschule auf deine Karriere auswirken kann,
- was private und staatliche Hochschulen unterscheidet,
- was für große Unis spricht und was für kleine,
- wie du Hochschulrankings realistisch beurteilst.

New York, Rio, Sydney – träumen darfst du natürlich, aber irgendwann wird dich bei deiner Studienplanung die Realität einholen. Und dann lautet die Auswahl eher: Neu-Ulm, Rostock, Tübingen. Wenn du nicht aus persönlichen Gründen unbedingt in eine bestimmte Stadt willst oder in deiner Heimatstadt bleibst, kannst du zwischen über 426 Hochschulen wählen. Aber nach welchen Kriterien? Vernünftig ist natürlich, sich nach dem Fächerangebot zu richten. Aber was, wenn BWL dein Traumfach ist? Das kannst du schließlich überall studieren. Ein paar Kriterien für eine sinnvolle Entscheidung gibt es. Eins davon ist das Renommee der Hochschule.

Ein guter Ruf kann Türen öffnen
Aus den USA ist das Phänomen bekannt: Wer in Yale oder Princeton studiert hat, dem steht jede Unternehmenspforte in den Vereinigten Staaten offen. Die Elite-Unis sind nicht nur außergewöhnlich teuer, sondern auch außergewöhnlich gut und wählerisch. Dafür gibt es quasi eine Karrieregarantie. Auch in Deutschland haben die Unis einen unterschiedlich guten Ruf – der wird aber jedes Jahr durch Rankings, Budgetkürzungen oder -zugaben, wechselnde Studienangebote und wechselndes Lehrpersonal wieder infrage gestellt.

Alt und ehrwürdig …
Grundsätzlich gibt es einige alte, allgemein anerkannte Unis, an deren Mauern und Image nicht gerüttelt wird. Dazu zählen vor allem staatliche Hochschulen wie die Ruprecht-Karls-Universität Heidelberg als älteste Uni Deutschlands. Andere Unis haben lediglich bei speziellen Fächern die Nase vorn – so zum Beispiel Passau bei Jura oder Hannover bei Tiermedizin.

… oder alt und abgenutzt?
Zuweilen hat man jedoch den Eindruck, dass sich die altehrwürdigen staatlichen Unis auf ihrem einst erworbenen guten Ruf ausruhen. Dazu kommt, dass die meisten dieser Hochschulen Massen-Unis sind – mit allen Nachteilen, die das mit sich bringen kann: Du musst dich um alles selbst kümmern, findest nur nach Anmeldung Hilfe in Sekretariaten und Beratungsstellen, und du kannst nur schwer Kontakt zu deinem Professor herstellen, der außer dir noch Hunderte deiner Kommilitonen betreut.

Jung und engagiert …
Das ist an vielen der Hochschul-Neugründungen der letzten Jahrzehnte anders. Diese meist privaten Schulen rühmen sich nicht nur einer sehr persönlichen Betreuung ihrer Studenten, sondern auch modernster Forschungsmöglichkeiten, internationaler Kooperationen und bester Kontakte zur Wirtschaft. Auch hier haben es einige Hoch-

schulen bereits geschafft, sich bei den Personalmanagern in Deutschland einen sehr guten Ruf zu erarbeiten – darunter beispielsweise die EBS Universität für Wirtschaft und Recht oder die WHU – Otto Beisheim School of Management.

… oder jung und unorganisiert?

Als Student einer kleinen Privat-Uni wirst du jedoch immer wieder einigen offenbar unausrottbaren Vorurteilen beggenen. Da die Studiengebühren dort sehr hoch sein können, hält sich die Ansicht, die Studenten würden sich die guten Noten dort „kaufen". Das ist sicher nicht richtig. Aufgrund des meist engeren Zusammenhalts unter den Studenten kann es aber durchaus sein, dass du mithilfe deiner Kommilitonen Stoff verstehst, den du dir allein nicht hättest einpauken können. Allerdings kann es gerade bei jungen Universitäten passieren, dass bestimmte Zusatzangebote wie Tutorien oder Wahlkurse noch im Aufbau sind.

Masse oder Elite – oder Masse und Elite?

Ob man an einer privaten oder staatlichen Hochschule studiert, ist oft schlicht eine Frage der Finanzen. Die Entscheidung zwischen großer und kleiner Uni ist dagegen lediglich eine Frage der persönlichen Präferenzen. Während manche den Campus im Grünen schätzen und gerne nach dem Seminar mit Kommilitonen auf dem Marktplatz einen Kaffee trinken, fühlen sich andere nur zwischen Hochhäusern und mit einer riesigen Shopping-Auswahl wohl. Der erste Impuls „kleine Uni = bessere Betreuung" stimmt jedoch nicht immer. Nur, weil eine Hochschule wenige Studenten hat, ist das Betreuungsverhältnis Lehrpersonal zu Lernende nicht automatisch besser. Auf der anderen Seite haben auch einige der Massen-Unis den Ritterschlag zur „Elite-Universität" erhalten – wie zum Beispiel die TU München und die Universität zu Köln.

Ein Wort zu Hochschulrankings

So viele Fragen – da muss ein wenig Struktur her. Die bieten die zahlreichen, jedes Jahr neu herausgegebenen Rankings. Nur: Hinter den großen Versprechungen steht manchmal sehr wenig Aussagekraft. Einige Hochschulrankings legen nämlich nicht einmal ihre Bewertungskriterien offen.

Überblick über verschiedene Rankings sowie deren Vor- und Nachteile

- **Wirtschaftswoche** (www.wiwo.de/themen/uni-ranking):
  + Basis des Rankings ist die Meinung von 540 deutschen Personalmanagern – es zeigt, welche Namen im Lebenslauf ankommen.
  − Lehre und Forschung bleiben unberücksichtigt.
  − Die Meinung der Personaler spiegelt nicht unbedingt die realen Studienverhältnisse wider, sondern wird auch durch Vorurteile und Erinnerungen geprägt.

- **ZEIT/CHE** (ranking.zeit.de):
  + die umfangreichste der Studien
  + Bewertung der einzelnen Hochschulen nach Fächern und weitere Aufschlüsselung der Indikatoren – das heißt, du kannst selbst wählen, ob dir die Betreuung oder der Praxisbezug wichtiger ist.
  + vielfältige Kriterien, von der Ausstattung des Fachbereichs bis zur Meinung der Studenten
  − Jedes Jahr wird nur ein Drittel der Fächer neu beurteilt.

- **Handelsblatt** (www.handelsblatt.com/politik/konjunktur/bwl-ranking):
  + Durch den Fokus auf die Forschungsergebnisse der Professoren wird deren fachliche Qualität berücksichtigt.
  + Der Schwerpunkt Wirtschaftswissenschaften stellt die Vergleichbarkeit sicher.
  − Die Qualität der Lehre wird nicht beurteilt, ist aber sehr relevant für Studieninteressierte.
  − Studentenmeinungen werden nicht berücksichtigt.
  − Der Fokus auf den Forschungs-Output kann für Studenten irreführend sein.

LINK-TIPPS:
- Hochschulporträts: www.e-fellows.net/bachelorstudium
- Details zu den Ranking-Kriterien: www.studis-online.de/StudInfo/uniranking.php

Was studieren, wo studieren, wie studieren?

Der ZEIT Studienführer 2017/18 – dein Wegweiser zum Studium

Du hast noch keine Ahnung, welches Studienfach das richtige für dich ist? Oder hast du deinen Wunschstudiengang schon gefunden, weißt aber noch nicht, welche Hochschule am besten zu deinen Bedürfnissen passt? **Der ZEIT Studienführer hilft dir bei deiner Entscheidung:** mit dem umfassendsten deutschen **Hochschulranking** des CHE Centrum für Hochschulentwicklung und einem großen **Service-Teil rund um Studienstart und Finanzierung.**

Auf rund 300 Seiten beantwortet dir das Magazin die wichtigsten Fragen zum Einstieg ins Studentenleben. Es unterstützt dich beim Erkennen deiner Fähigkeiten und der **Wahl des richtigen Studienfachs,** hilft bei der Suche nach dem **passenden Studienort** und gibt Tipps zum Studienstart. Von Anglistik bis Zahnmedizin stellt der Studienführer 35 Fächer ausführlich und anschaulich vor; grundlegende Informationen zum Bachelor-Studium sowie Tipps rund um das Thema Stipendien ergänzen das Angebot.

Der Studienführer verschafft dir auch einen **Durchblick im Dschungel der Zulassungsverfahren** und stellt Termine zusammen, die du als Studienanfänger auf keinen Fall verpassen darfst. Er erklärt den Unterschied zwischen **Uni und Fachhochschule** und zeigt Alternativen zum klassischen Studium auf. Außerdem gibt er dir Tipps, wie du die Chance auf deinen Wunschstudienplatz erhöhen kannst.

Zusätzlich enthält jede Ausgabe das Extraheft „Wege in den Beruf". Das Begleitheft stellt verschiedene Berufe vor und erklärt, mit welchem Studium man die besten Chancen hat, seinen Traumjob zu finden.

Du kannst den ZEIT Studienführer im Handel erwerben. Oder du bestellst ihn im Internet direkt unter: www.zeit.de/studienfuehrer

Bachelor, Master, Diplom, Magister – Wie baue ich mein Studium auf?

In diesem Kapitel erfährst du,
- welche Studienabschlüsse es gibt,
- wie du dein Studium aus Modulen aufbaust,
- warum du in deinem Studium Punkte sammeln musst,
- ob du nach dem Bachelor noch einen Master machen solltest.

Gibt es nicht verschiedene Uni-Abschlüsse? Man kann doch „auf Bachelor" oder „auf Diplom" studieren, oder? Oder hängt das ganz von dem Fach ab, das ich studieren will? Wo liegt eigentlich der Unterschied zwischen den Abschlüssen? Welcher ist der richtige für mich? Und was bedeuten die Abkürzungen ECTS und SWS? Fragen über Fragen – nach der Lektüre dieses Kapitels bist du schlauer.

Erst mal Bachelor

Eine gute Nachricht vorweg: So schwer ist die Wahl des Abschlusses in der Regel nicht. Seit der sogenannten Bologna-Reform, in der sich 47 Staaten auf einheitliche Studienabschlüsse geeinigt haben, sind nämlich die meisten Studiengänge Bachelor- oder Master-Studiengänge. Die alten Abschlüsse Diplom und Magister sind, von wenigen Ausnahmen abgesehen, praktisch ausgestorben. Der Master ist ein Aufbaustudiengang, den du erst nach dem Bachelor oder Diplom machen kannst und der zur weiteren Spezialisierung dient. Insofern wirst du sehr wahrscheinlich erst einmal auf Bachelor studieren – unabhängig von Studienfach und Hochschultyp.

Ausnahmen Medizin, Jura und Lehramt

Nennenswerte Ausnahmen, in denen sich das zweistufige Bachelor-/Master-System noch nicht durchgesetzt hat, bilden nur das Medizin-, Jura- und Lehramtsstudium, also Studiengänge, die mit einem oder zwei Staatsexamen abschließen – selbst wenn es auch hier schon vereinzelt Bachelor- und Master-Studiengänge gibt. Meistens sind diese Studiengänge folgendermaßen aufgebaut: Vereinfacht gesagt machst du erst einen theoretischen Teil, den du mit dem Ersten Staatsexamen abschließt. Dann folgt ein praktischer Teil (bei Jura und Lehramt das Referendariat, in der Medizin der klinische Teil), der wiederum mit dem Zweiten Staatsexamen abgeschlossen wird.

Studium nach dem Baukastenprinzip – Wie funktioniert der Bachelor?

Das Bachelor-Studium dauert je nach Fach sechs bis acht Semester, also drei bis vier Jahre. Während dieser Zeit musst du 180 bis 240 sogenannte Credit Points (auch Credits oder ECTS-Punkte genannt) erwerben. Das bedeutet, dass du pro Semester durchschnittlich 30 Credit Points schaffen musst. Diese Punkte bekommst du, wenn du sogenannte Module erfolgreich abgeschlossen hast. Module sind gewissermaßen die Bausteine, aus denen du dir deine Studieninhalte zusammenstellst. Ein Modul besteht aus einer oder mehreren Lehrveranstaltungen, also zum Beispiel aus einer Vorlesung, einer Übung und einer Prüfung. Für jede dieser Veranstaltungen oder Prüfungen erhältst du Credit Points. Wenn du beispielsweise für den Einführungskurs drei, für die Übung zwei und für die Prüfung einen Punkt erhältst, bringt dir das gesamte Modul sechs Credits ein.

Für jedes Modul ist ein bestimmter Zeitaufwand vorgesehen, der in Semesterwochenstunden (SWS) angegeben wird. Ein Modul mit vier SWS kann zum Beispiel aus zwei SWS Vorlesung und zwei SWS Übung bestehen. Das bedeutet, für das Modul sitzt du vier Stunden (1 Stunde = 45 Minuten) pro Woche in der Uni. Der tatsächliche Zeitaufwand ist aber höher, da du Vor- und Nachbereitungszeit auch noch mitrechnen musst. Pro Credit Point solltest du einen Arbeitsaufwand von 30 Stunden einplanen.

Ein Modul kann sich übrigens auch über mehr als ein Semester erstrecken. Viele Module (gerade zu Beginn des Studiums) musst du belegen, da sie verpflichtend sind. Es gibt aber auch Wahlpflichtfächer, das heißt, du kannst aus mehreren Modulen dasjenige auswählen, das dich am meisten interessiert.

Bring deine Credit Points aus dem Ausland mit
Der Vorteil der Credit Points ist, dass die Leistungen in allen 47 Bologna-Staaten anerkannt werden. Die Punkte also, die du während eines Auslandssemesters an der Gasthochschule erwirbst, kannst du dann auch zu Hause in Deutschland einbringen. Informiere dich aber dennoch bei deiner Hochschule, welche Leistungen dir im Einzelnen anerkannt werden! Die Credit Points sagen allerdings noch nichts über die Note aus, die du für ein Modul bekommst. Dafür gibt es eine Modulabschlussprüfung. In deinem Bachelor-Zeugnis stehen dann alle Module mitsamt Noten. Um auch die Noten vergleichbarer zu machen, wird oft ein Buchstabensystem verwendet, das anzeigt, ob ein Student unter den besten 10 Prozent, den nächsten 25 Prozent usw. seines Jahrgangs war.

Zum Schluss: Die Bachelor-Arbeit
Dein Studium schließt du mit einer 20 bis 60 Seiten langen Bachelor-Arbeit ab, die du im letzten Semester schreibst und die zeigen soll, dass du gelernt hast, wissenschaftlich zu arbeiten. Bevor du mit der Arbeit beginnst, musst du dir einen Dozenten als Betreuer suchen und mit ihm ein Thema abstimmen, das du in der Regel selbst vorschlägst. Du kannst die Bachelor-Arbeit auch für einen Auslandsaufenthalt nutzen und sie an einer ausländischen Uni beziehungsweise Forschungseinrichtung schreiben, wenn sowohl Heimat- als auch Gasthochschule damit einverstanden sind. Wenn du mit der Bachelor-Arbeit schon mal erste Schritte in die Berufspraxis tun willst, kannst du sie auch in Zusammenarbeit mit einem Unternehmen schreiben – und damit an der Lösung eines realen Problems mitarbeiten. Auch für die Bachelor-Arbeit gibt es übrigens Credits.

B.A., B.Sc. und wie sie alle heißen
Bislang hieß es immer „der Bachelor". Tatsächlich gibt es aber unterschiedliche Bachelor-Abschlüsse. Der häufigste ist der Bachelor of Arts (B.A.), der in praktisch allen Studiengängen zu finden ist. Der Bachelor of Science (B.Sc.) unterscheidet sich – zumindest in Großbritannien und den USA – vom Bachelor of Arts im Grad der „Verwissenschaftlichung". Während der B.A. stärker auf Praxis ausgelegt ist, soll der B.Sc. mehr theoretisches Wissen vermitteln und auf eine Forscherkarriere vorbereiten. In Deutschland gibt es jedoch kaum Unterschiede zwischen den beiden Abschlüssen; es scheint derzeit eher eine Entscheidung der jeweiligen Hochschule zu sein, wie sie ihren Abschluss nennt. Außerdem gibt es noch den Bachelor of Engineering (B.Eng.), den Absolventen der ingenieurwissenschaftlichen Studiengänge erhalten – meistens, denn auch sie erwerben bisweilen den B.A. Seltener sind der Bachelor of Laws (LL.B.) und der Bachelor of Education (B.Ed.).

Achtung, Akkreditierung!
Die Hochschulen entscheiden sehr eigenständig über ihre Studienangebote. Um dennoch eine hohe Qualität sicherzustellen, gibt es sogenannte Akkreditierungsagenturen, die Gütesiegel an Studiengänge vergeben. Diese Siegel heißen dann zum Beispiel ACQUIN, AHPGS, AKAST, AQAS, ASIIN, evalag, FIBAA oder ZEvA. Ein Studiengang kann auch mehrere Siegel erhalten. Letztendlich lässt sich leider kaum sagen, welche Akkreditierung am meisten Aussagekraft besitzt. Wenn ein Studiengang gar kein Siegel hat, heißt das auch nicht zwangsläufig, dass der Studiengang schlecht ist. Betrachte die Akkreditierungssiegel also als eine Garantie für eine gewisse Mindestqualität, orientiere dich bei der Wahl deines Studiengangs aber immer auch an anderen Kriterien wie den Inhalten des Studiums oder dem Ruf der Uni (siehe auch Seite 42).

Infos rund um den Master
Für viele ist nach dem Bachelor noch nicht Schluss mit der Hochschulbildung. Der ebenfalls modular aufgebaute Master zählt zu den Graduiertenprogrammen – du kannst ihn nur mit Bachelor- oder Diplomzeugnis belegen. Meist dauert dieses Aufbaustudium vier Semester. Es gibt vereinzelt auch zwei- und dreisemestrige Master. Der Master ist in der Regel auf ein vorhergehendes Bachelor-Studium abgestimmt (konsekutiver Master). Wenn du zum Beispiel einen Bachelor of Science in International Business machst, kannst du dich durch einen Master in Marketing spezialisieren. Der Master kann aber auch eine unabhängige Spezialisierung sein (nicht-konsekutiver Master). Nicht-konsekutive Master sind oft interdisziplinär, verbinden also Wissen aus mehreren Fächern, so zum Beispiel der Master of European Studies, der an mehreren Unis angeboten wird. Daneben gibt es noch die weiterbildenden Master-Studiengänge, die Berufserfahrung voraussetzen, wie den Master of Business Administration (MBA).

Du kannst dich nach dem Bachelor also entweder sofort ins Berufsleben stürzen oder im Anschluss einen Master machen oder auch zuerst einmal Berufserfahrung sammeln und dann für einen Master an die Hochschule zurückkehren. In jedem Fall musst du den Master nicht von Anfang an einplanen.

Master – ein Muss für die Karriere?
Grundsätzlich ist der Master natürlich der höherwertige Abschluss. Für die oberen Management-Etagen, für eine Position an einer Hochschule oder in der Forschung und Entwicklung wird er vorausgesetzt. Auch sonst zeigen einige Studien, dass Bachelor-Absolventen es auf dem Arbeitsmarkt schwerer haben und sich erst einmal mit einem geringeren Gehalt oder sogar nur einem Praktikum zufriedengeben müssen, da sie weder den höherwertigen Master noch Berufserfahrung vorweisen können. Tatsächlich hängen deshalb die meisten Bachelor-Absolventen noch einen Master dran. Das Problem mit der mangelnden Berufserfahrung kannst du zum Beispiel umgehen, wenn du von Anfang an dual studierst (mehr zum dualen Studium ab Seite 34). Andererseits hängen die Berufsaussichten auch stark von der Branche ab, in der du arbeiten willst. In Unternehmensberatungen beispielsweise hast du auch mit einem Bachelor-Abschluss gute Chancen. Wenn du Stellenanzeigen auf Unternehmensseiten oder Stellenbörsen liest, erfährst du, in welchen Berufen welcher Abschluss vorausgesetzt wird.

Den Doktor machen – jetzt noch kein Thema?

Wenn dir das wissenschaftliche Arbeiten an der Uni besonders gefällt, kannst du nach dem Master noch promovieren, das heißt, einen Doktortitel erwerben. Eine Promotion dauert zwei bis fünf Jahre, in denen du intensiv in einem Spezialgebiet deines Fachs forschst. Ergebnis deiner Forschungen ist die Doktorarbeit, die sogenannte Dissertation. In Deutschland promoviert etwa ein Prozent der Bevölkerung. Dieser niedrige Prozentsatz ist damit zu erklären, dass der Doktor zwar Ruhm einbringt, aber nur in wenigen Berufen wirklich gebraucht wird. Für alle, die an einer Hochschule oder einem Forschungsinstitut lehren oder wissenschaftlich arbeiten wollen, ist der Doktor quasi verpflichtend. Auch bei den Medizinern, Juristen und Naturwissenschaftlern gibt es überproportional viele Doktoren. Willst du später in diesen Bereichen tätig werden, kann es sinnvoll sein, bereits in den ersten Semestern Kontakte zu den Lehrstühlen zu knüpfen, indem du dich dort beispielsweise als wissenschaftliche Hilfskraft bewirbst. Natürlich brauchst du noch nicht zu Beginn deines Studiums deinen kompletten Bildungsweg durchzuplanen – aber ein Netzwerk schadet nie!

LINK-TIPP:
- Kriterien für die Vergabe eines Akkreditierungssiegels: www.akkreditierungsrat.de

Ohne Moos ...: Wie finanziere ich mein Studium?

In diesem Kapitel erfährst du,
- wie es heute mit den Studiengebühren aussieht,
- wie du deinen monatlichen Finanzbedarf realistisch ausrechnest,
- wie du dein Studium finanzieren kannst,
- worauf du bei Studienkrediten achten musst.

Lange Zeit war das Erststudium in Deutschland (fast) kostenlos, nur für Pizza, Döner und Tequila Sunrise mussten die Studenten in die Tasche greifen. Ab 2007 war damit aber vorübergehend Schluss: 500 Euro wurden pro Semester fällig. Nach langen Diskussionen kehrte man allerdings doch wieder zu den „guten alten Zeiten" zurück – seit dem Wintersemester 2014/15 gibt es an staatlichen Hochschulen keine Studiengebühren mehr.

Gebührenfreies Studium – oder?
Obwohl das Hochschulrahmengesetz zur Gebührenfreiheit des Studiums 2005 durch das Bundesverfassungsgericht gekippt wurde, entschieden sich die Bundesländer letzten Endes nach ein paar Versuchsjahren doch wieder gegen die Studiengebühren. Allerdings ist das Studium dadurch nicht komplett kostenlos: Es müssen Verwaltungs- und Studentenwerksbeiträge bezahlt werden; Langzeitstudiengebühren oder Gebühren für Promotionsstudiengänge können noch einmal deutlich höher sein.

Was muss finanziert werden?
Natürlich erwarten dich während des Studiums weitere Ausgaben. Ein Durchschnittsstudent verfügt monatlich über rund 735 Euro für Lebensunterhalt (vor allem Miete und Lebensmittel) und Studium. Das klingt zunächst nach einer Summe, die man leicht zusammenbekommt. Der Förderungshöchstsatz des BAföG beträgt schon einmal 670 Euro; die restlichen Kosten dürfte man über einen kleinen Feierabendjob problemlos abdecken können. Doch diese Rechnung geht nicht immer auf. Zum einen erhält nur ein Teil der Studenten den BAföG-Höchstsatz (du darfst zum Beispiel nicht mehr über deine Eltern krankenversichert sein). Wenn du „zu viel" auf dem Konto hast oder deine Eltern „zu viel" verdienen, bekommst du gar kein BAföG. Zum zweiten sind die 794 Euro eben der Durchschnitt: Je nachdem, wo du studierst, kann das Leben wesentlich teurer werden. Deshalb: Rechne dir vor Studienbeginn aus, wie dein Haushaltsbudget aussehen wird.

Ehrlich: Dein Leben ist teuer
Einen realistischen Wert erhältst du, wenn du die Lebenshaltungskosten für ein Jahr zusammenrechnest und durch zwölf teilst.

Verwaltungsgebühr plus Studentenwerksbeitrag	x 2
Monatsmiete inkl. Neben- und Heizkosten	x 12
Monatsticket ÖPNV (oder Semesterticket x 2)	x 12
Lebensmittel (am besten die Eltern fragen)	x 12
Krankenversicherung (gilt nur für Privatversicherte oder Studenten, die nicht mehr über ihre Eltern versichert sind)	x 12
Bücher- und Kopiergeld (in der Fachstudienberatung oder bei älteren Studenten nachfragen)	x 2
Rundfunkbeitrag, Telefongrundgebühr, Festnetzrechnung (inkl. Internet) und/oder **Handyrechnung** (jeweils Durchschnittswerte)	x 12
Bibliotheksgebühren (wenn man andere Bibliotheken als die Unibibliothek nutzen muss)	x 1
Exkursionen, kostenpflichtige Veranstaltungen im Studium	x 1
Kleidungspauschale	x 1
Sonstige Ausgaben (zum Beispiel Friseurbesuche, Geburtstagsgeschenke, Disco-Abende, Theaterbesuche …)	x 1
Unvorhergesehene Aufwendungen (zum Beispiel für einen neuen Rechner, Auto-/Fahrradreparaturen …)	x 1
	Gesamtbetrag
	÷ 12 = **Monatsbetrag**

Notwendiges Monatsbudget eines Studenten zum Selbstausrechnen

Noch einmal zurück zu den 794 Durchschnitts-Euro, über die ein Student im Monat verfügt. Woher beziehen die anderen diesen Betrag? Meist nicht aus einer einzigen Quelle. Im Schnitt stammt etwa die Hälfte des Monatsbudgets aus dem Geldbeutel der Eltern, weitere 16 Prozent kommen in Form des BAföG vom Staat, ein Viertel wird mit Nebenjobs verdient. Das Geld, das du von deinen Eltern bekommst, ist oft relativ unverhandelbar. Wenn es nicht reicht, gibt es verschiedene Wege, es aufzustocken.

BAföG – Kredit vom Staat
Die bekannteste und verbreitetste, aber auch am häufigsten kritisierte Geldquelle für klamme Studenten ist das BAföG. Viele Kritiker halten die Vergabekriterien für zu hart. Je mehr Vermögen du selbst besitzt und je mehr deine Eltern verdienen, desto geringer fällt das BAföG aus, eventuell bekommst du auch gar nichts. Das Geld ist zur Hälfte geschenkt, die andere Hälfte ist ein Darlehen. Dieses ist vollkommen zinslos und muss nur bis zu einer bestimmten Höchstgrenze – derzeit 10.000 Euro – zurückgezahlt werden. Die erste, moderate Rückzahlung muss erst fünf Jahre nach dem ersten Studienabschluss erfolgen. Außerdem gibt es einige Ausnahmeregelungen, nach denen du einen Teil der Summe erlassen bekommst.

Bildungskredite – Augen auf beim Vertrag
Neben dem BAföG gibt es allerdings auch noch weitere Geldquellen. Immer mehr Banken, Stiftungen und durch die Wirtschaft finanzierte Fonds bieten Studienkredite an. Diese müssen nach dem Abschluss vollständig zurückgezahlt werden, natürlich plus Zinsen; die sind allerdings geringer als bei anderen Krediten. Eine weitere Erleich-

terung für den Berufseinsteiger: Die Rückzahlung beginnt erst nach einer bestimmten Frist – und wenn du bis dahin ein bestimmtes Mindestgehalt nicht erreicht hast, wird deine Schuld weiter gestundet. Da sich die Konditionen aber stark unterscheiden, solltest du dich gründlich informieren. Auf den Seiten 54 und 55 erhältst du einen Überblick über einige Anbieter von Bildungskrediten, die ein Erststudium fördern.

Studentenjobs – arbeiten, um zu lernen
In einer idealen Welt könntest du dich ganz dem Studium widmen, morgens nach deinem Milchkaffee in die Vorlesung eilen, nachmittags über den Büchern brüten und die Wochenenden der Study-Life-Balance widmen. Unglücklicherweise ist dies keine ideale Welt. Beinahe zwei Drittel der deutschen Studenten arbeiten neben dem Studium. Allerdings gibt es Unterschiede: So arbeiten unter den Kunststudenten acht von zehn, bei den Naturwissenschaftlern dagegen weniger als die Hälfte der Studierenden. Dies hängt vor allem mit dem Studienaufbau und den -inhalten zusammen.

Auch deine Uni sucht Hilfskräfte
Was du arbeitest, liegt natürlich in deinem Ermessen – ob es der klassische Studentenjob hinter dem Tresen ist oder eher die Stelle als Hilfskraft im Labor der Uni. Beides hat Vorteile: Arbeitest du dort, wo deine beginnende fachliche Qualifikation gefragt ist, verdienst du oft nicht sehr viel – kannst aber wichtige Erfahrungen sammeln und Kontakte knüpfen. Bei irgendwelchen Aushilfsjobs ist diese Chance eher gering. Dafür kannst du sie aber nach dem Verdienst und den Arbeitszeiten auswählen. Und was nicht zu unterschätzen ist: Nach sieben Stunden in der Uni kann es richtig erholsam sein, eine Tätigkeit auszuführen, bei der man nicht nachdenken muss.

Und bei den Privaten?
Auch wenn bei den staatlichen Hochschulen keine Studiengebühren mehr anfallen – bei privaten Hochschulen sieht das ganz anders aus. Hier ist das Studium mit erheblichen Kosten verbunden. Da die Privaten die Finanzierungsprobleme der Studenten kennen, bieten sie Hilfe an: Etwa Voll- und Teilstipendien nach sozialen und Leistungskriterien, Bildungsfonds, Rabatte oder Vereinbarungen mit regional angesiedelten Kreditinstituten. Die Schulen wollen motivierte und leistungsstarke Studenten – da darf Geld nicht zum vorrangigen Zulassungskriterium werden. Diese Unterstützung aber wird, ebenso wie andere Stipendien oder das BAföG, nie rückwirkend ausgezahlt. Mach dich also rechtzeitig schlau!

Und ständig ändert sich alles
Wenn es um Studiengebühren, BAföG und Kredite geht, ist es schwierig, auf dem Laufenden zu bleiben – ständig ändert sich etwas. Deshalb bietet dir dieses Buch nur die Grundlagen für deine Überlegungen zur Studienfinanzierung. Alles Weitere – zum Beispiel eine umfangreiche Stipendiendatenbank, aktuelle Informationen zum BAföG und weitere Tipps zu den Studienkrediten – findest du auf der Website von e-fellows.net in der Rubrik Studium.

Wohnheim, U-Bahn-Ticket und Zeitungsabo: für Studenten billiger
Auch wenn dein Studium einiges kostet: Es gibt viele Möglichkeiten, deinen Finanzbedarf zu drücken: Einen großen Batzen kannst du sparen, indem du dich vor Studienbeginn für einen Platz in einem Studentenwohnheim bewirbst. Dort ist die Miete um einiges günstiger als in einer normalen Wohnung. Leider sind die Wohnheimzimmer auch entsprechend begehrt – in den meisten Städten bekommt nur ein kleiner Teil

der Studenten einen Platz, und es gibt lange Wartelisten. Die Vergabe der Wohnheimplätze regeln die Studentenwerke. Auf www.studentenwerke.de erfährst du, welches Studentenwerk für deinen Hochschulort zuständig ist. Auch sonst ist für Studenten manches billiger: Die Verkehrsverbünde vieler Städte bieten günstige Studenten-Tickets für die öffentlichen Verkehrsmittel an. Museums-, Theater- und Opernbesuche kosten gegen Vorlage des Studentenausweises meist deutlich weniger. Zudem gibt es spezielle Studenten-Handytarife, -Girokonten und -Zeitungsabos. Frage also im ersten Semester an Schaltern aller Art immer nach einem Studententarif.

Extra-Geld für Begabte und Engagierte: Stipendien
Wenn du sehr gute Noten im Abi-Zeugnis vorweisen kannst und außerdem sozial oder politisch engagiert bist, kannst du auf ein Studium ohne Geldsorgen hoffen: Es gibt zahlreiche Stipendienprogramme, die dir das Studium zu großen Teilen finanzieren. Welche Stipendien auf dich warten und wie du dich dafür bewirbst, erfährst du im folgenden Kapitel.

LINK-TIPPS:
- Infos rund ums BAföG: www.das-neue-bafoeg.de
- Wie viel BAföG steht dir zu? www.e-fellows.net/bafoeg-rechner
- weitere Infos rund um Studienkredite: www.e-fellows.net/studienkredite
- Verband der Studentenwerke: www.studentenwerke.de

Anbieter und geografische Gültigkeit	Name des Kredits	Förderdauer
Bundesverwaltungsamt	Bildungskredit	bis zu 2 Jahre
Darlehenskasse der Bayerischen Studentenwerke	Studienabschlussdarlehen	für die letzten 2 bzw. 4 Semester des Studiums
Darlehenskasse der Studentenwerke in Nordrhein-Westfalen	Daka-Darlehen	nach Bedarf
Deutsche Bildung	Studienförderung	bis 42 Monate[5]
DKB[7]	DKB Studenten-Bildungsfonds	Regelstudienzeit plus 2 Semester
Festo	Bildungsfonds	bis zu 4 Jahre
Hamburger Sparkasse	Haspa StudentenKredit	14 Fachsemester
KfW Förderbank[10]	KfW-Studienkredit	14 Fachsemester

Die wichtigsten Begriffe:
- **Effektivzins:** Der „effektive Jahreszins" bezieht sich auf ein Jahr und beschreibt die Zinsen der nominalen Auszahlungssumme. Die effektive Verzinsung der Auszahlungssumme stellt die Kosten des Kredits dar. Der Zinssatz wird unter anderem vom Nominalzinssatz, der Tilgung, Nebenkosten (z. B. Bearbeitungsgebühren) und der Zinsfestschreibungsdauer bestimmt.
- **Nominalzinssatz:** festgelegter Zinssatz, mit dem der Kredit verzinst wird
- **Fester Zinssatz:** An der Höhe des Zinssatzes ändert sich über die Laufzeit des Kredits nichts.
- **Variabler Zinssatz:** Der Zinssatz wird in teilweise festgelegten Abständen an den Marktzinssatz angepasst.

Alle Angaben ohne Gewähr.

Auszahlung gesamt	Auszahlung pro Monat	Aktueller Zinssatz
bis 7.200 Euro	bis 300 Euro[1]	effektiv: 0,75 % variabel
bis 17.000 Euro	bis 700 Euro[2]	effektiv: 2 % fix[3]
bis 12.000 Euro	bis 1.000 Euro	zinslos[4]
bis 15.000 Euro im Bachelor bis 25.000 Euro im Master	flexibel[6]	einkommensabhängig
bis 39.000 Euro	bis 650 Euro[8]	effektiv: 6,49 % fix
bis 15.000 Euro im Bachelor bis 40.000 Euro im Master	bis 800 Euro[9]	einkommensabhängig
5.000–25.000 Euro	bis 650 Euro	effektiv: 3,48 % variabel
bis 54.600 Euro	bis 650 Euro	effektiv: 4,16 % variabel[11]

1 Eine Einmalzahlung von bis zu 3.600 Euro für ausbildungsbezogene Aufwendungen ist möglich.

2 Begrenzung gilt nicht für Darlehen für besondere Studienmittel und Auslandssemestergebühren.

3 Nach Ablauf des 5. Jahres sind für den jeweiligen Darlehensstand zusätzlich 3 % Zinsen p. a. zu entrichten.

4 Zur anteiligen Deckung der Verwaltungskosten werden bei der Auszahlung der letzten Darlehensrate 5 % des Darlehensbetrages einbehalten.

5 Für eine weitere Förderung muss ein Zusatzantrag gestellt werden.

6 Ergänzende Einmalzahlungen sind möglich.

7 Nur nach Eröffnung eines DKB-Cash-Kontos bzw. als Bestandskunde erhältlich

8 Einmalzuschuss von bis zu 5.000 Euro für Auslandsaufenthalte, unbezahlte Praktika, Arbeitsmittel

9 Einmalaufwendungen von bis zu 5.000 Euro möglich

10 Die KfW-Förderbank verfügt über zahlreiche Vertriebspartner (regional und überregional); der KfW-Studienkredit ist daher bei vielen Banken erhältlich.

11 In der Tilgungsphase kann ein Festzins für die Restlaufzeit des Darlehens vereinbart werden.

Studieren ohne Geldsorgen – Stipendien machen's möglich

In diesem Kapitel erfährst du,
- von wem du ein Stipendium bekommen kannst,
- wie viel Geld du erwarten kannst,
- welche Voraussetzungen du dafür erfüllen musst,
- wie du dich für ein Stipendium bewirbst.

Stipendien sind die Ideallösung für viele Studenten: Du bekommst Geld quasi geschenkt, musst keinen Cent zurückzahlen und kannst dich ganz aufs Studieren konzentrieren. Hört sich doch toll an, oder? Doch ganz so einfach ist es nicht – denn ein Stipendium bekommt nicht jeder. Und außerdem gibt es nicht das Stipendium, sondern viele verschiedene.

Die Stipendiengeber im Überblick

Die wichtigsten Stipendiengeber in Deutschland sind bisher die 13 Begabtenförderungswerke. Sie fördern besonders gute Studenten und Promovierende nach den Richtlinien des Bundesministeriums für Bildung und Forschung. Seit dem Sommersemester 2011 kam ein weiteres wichtiges Stipendium dazu: das sogenannte Deutschlandstipendium, das zur Hälfte von der Wirtschaft, zur Hälfte vom deutschen Staat bezahlt wird.

Zu den Begabtenförderungswerken zählen:
- die Studienstiftung des deutschen Volkes, die politisch, konfessionell und weltanschaulich unabhängig ist
- die Konrad-Adenauer-Stiftung (CDU-nah)
- die Friedrich-Ebert-Stiftung (SPD-nah)
- die Hanns-Seidel-Stiftung (CSU-nah)
- die Friedrich-Naumann-Stiftung für die Freiheit (FDP-nah)
- die Heinrich-Böll-Stiftung (Grünen-nah)
- die Rosa-Luxemburg-Stiftung (Linkspartei-nah)
- die Hans-Böckler-Stiftung des Deutschen Gewerkschaftsbundes
- die Stiftung der Deutschen Wirtschaft
- die Bischöfliche Studienförderung Cusanuswerk
- das Evangelische Studienwerk Villigst
- das jüdische Ernst Ludwig Ehrlich Studienwerk
- das muslimische Avicenna-Studienwerk

Wie sieht die Förderung aus?

Die Begabtenförderungswerke fördern gemeinsam knapp ein Prozent der Studenten und Promovierenden in Deutschland, also fast 30.000 Stipendiaten. Je nach Einkommen der Eltern erhalten sie bis zu 735 Euro im Monat und dazu unabhängig von der finanziellen Lage der Eltern 300 Euro monatliches Büchergeld. Diese finanzielle Förderung ist bei allen Begabtenförderungswerken gleich. Die Förderungshöchstdauer entspricht der Regelstudienzeit in deinem Fach. Gefördert werden aber nur Studiengänge an staatlichen und staatlich anerkannten Hochschulen und Fachhochschulen.

Das Deutschlandstipendium

Das Deutschlandstipendium startete im Sommersemester 2011. Das Fördergeld beträgt einheitlich 300 Euro pro Monat. Auch hier entspricht die Förderhöchstdauer der Regelstudienzeit. Das Deutschlandstipendium kannst du übrigens zusätzlich zum BAföG beantragen – bei den Begabtenförderungswerken ist eine solche Doppelförderung ausgeschlossen. Wenn du ein Begabtenförderungswerk mit dem Deutschlandstipendium kombinieren möchtest, beziehst du vom Begabtenförderungswerk lediglich die ideelle Förderung, das Geld bekommst du über das Deutschlandstipendium.

Nicht nur finanzielle Förderung

Die Begabtenförderungswerke bieten zusätzlich zur finanziellen auch eine ideelle Förderung: Für die Stipendiaten gibt es Seminare, Ferienakademien und Workshops. Die Teilnahme an diesen Veranstaltungen ist natürlich erwünscht und teils auch verpflichtend. Außerdem hält fast jede Stiftung noch spezifische Angebote für ihre Stipendiaten bereit: Stiftungen vermitteln zum Beispiel Praktika oder organisieren Austauschprogramme oder Studienreisen.

Die Begabtenförderungswerke begleiten ihre Stipendiaten nicht nur während des Studiums, sondern auch danach: In Alumni-Netzwerken werden Seminare und Exkursionen angeboten oder berufliche Kontakte geknüpft.

Wie bewirbt man sich, und wie läuft die Auswahl ab? Einfach umblättern, auf der nächsten Seite findest du die Antworten.

Bewerbung und Auswahlverfahren bei den Begabtenförderungswerken
- **Wer kann sich bewerben?** Die Begabtenförderungswerke suchen nach begabten, motivierten und vor allem engagierten Studenten. Du musst keinen 1,0-Schnitt haben, um dich für ein Stipendium zu bewerben – gute Noten nützen nichts, wenn man sich für nichts anderes interessiert. Andersherum haben Bewerber, die überall mitmischen, aber durchweg schlechte Noten haben, ebenso wenig eine Chance.
- **Wo kannst du dich bewerben?** Prinzipiell steht es dir frei, bei welcher Stiftung du dich bewerben möchtest (Ausnahme: das katholische, evangelische, jüdische und muslimische Studienwerk). Aber natürlich ist es sinnvoll, sich vorher zu überlegen, zu welcher Stiftung du passt, beziehungsweise welche Stiftung in ihren Anschauungen mit deinen Vorstellungen übereinstimmt. Du kannst dich sowohl selbst bewerben als auch vorgeschlagen werden, zum Beispiel vom Schuldirektor oder einem Hochschullehrer.
- **Wann musst du dich bewerben?** Der Zeitpunkt, zu dem du dich um ein Stipendium bewerben kannst, unterscheidet sich von Stiftung zu Stiftung. Bei der Konrad-Adenauer-Stiftung kannst du dich zum Beispiel bewerben, sobald du dein Abitur in der Hand hältst, beim Evangelischen Studienwerk sogar noch früher. Üblicherweise gibt es bei den Stiftungen zwei Bewerbungstermine pro Jahr.
- **Welche Unterlagen brauchst du bei der Bewerbung?** Die genauen Anforderungen unterscheiden sich je nach Begabtenförderungswerk. In der Regel brauchst du ein Anschreiben mit Begründung deiner Bewerbung, einen Lebenslauf, ein Motivationsschreiben, dein Abiturzeugnis, Leistungsnachweise oder Notenspiegel und Hochschullehrer- beziehungsweise Fachlehrergutachten.
- **Wie läuft die Auswahl ab?** Nachdem du deine Unterlagen abgeschickt hast, wartet das Auswahlverfahren auf dich. Je nach Stiftung handelt es sich dabei um Assessment-Center mit mehreren Einzelgesprächen und Gruppendiskussionen oder um Auswahlgespräche mit Vertretern der Stiftung. Danach entscheidet die Auswahlkommission, wer aufgenommen wird.

Bewerbung und Auswahlverfahren für das Deutschlandstipendium

Auch beim Deutschlandstipendium zählen zum einen gute Noten im Abi und im Studium, zum anderen Engagement in Vereinen, kirchlichen oder politischen Organisationen. Außerdem gehört die „Überwindung biografischer Hindernisse" zu den Auswahlkriterien. Für die genauere Ausgestaltung dieser Kriterien ist dann die jeweilige Hochschule zuständig, insbesondere für die Auswahl der Stipendiaten und das Bewerbungsverfahren. Aber Achtung: Nicht alle Hochschulen machen beim Deutschlandstipendium mit. Informiere dich also auf den Internetseiten der Hochschulen, ob diese das Stipendium anbieten und wie und wann du dich dafür bewerben musst.

Andere Stipendiengeber

Neben dem Deutschlandstipendium und den 13 Begabtenförderungswerken gibt es noch viele andere, die Studenten unterstützen – sei es mit Zuschüssen zum Lebensunterhalt, der Übernahme von Reisekosten oder vielem mehr. Solche Stipendien richten sich oft nur an bestimmte Studiengänge und sind auf einzelne Bundesländer (zum Beispiel das NRW-Stipendienprogramm) oder Hochschulen beschränkt. Um dir die Suche nach deinem Stipendium zu erleichtern, hat e-fellows.net eine Stipendiendatenbank mit rund 900 Stipendien von über 450 Institutionen eingerichtet (siehe Link-Tipps). Dort kannst du gezielt nach dem passenden Stipendium suchen und findest gleich Kontaktadressen und Internetseiten, um dich weiter zu informieren. Infos zum Online-Stipendium von e-fellows.net findest du auf der folgenden Seite.

LINK-TIPPS:
- Stipendiendatenbank von e-fellows.net: www.stipendiendatenbank.de
- Datenbank des Deutschen Akademischen Austauschdienstes (DAAD): efn.me/daad-datenbank
- Informationen zu den Begabtenförderungswerken: www.stipendiumplus.de
- Informationen zum Deutschlandstipendium: www.e-fellows.net/deutschland

Sicher dir das Schüler-Stipendium von e-fellows.net und sei immer einen Schritt voraus

Ein Stipendium – und das schon als Schüler!
e-fellows.net zeichnet bereits in der Oberstufe die klügsten Köpfe aus. Wer in unser Netzwerk aufgenommen wird, der profitiert von mehr als 50 exklusiven Vorteilen – darunter Gratis-Zeitungs-Abos, Fernbusgutscheine und wertvolle Tipps zur Studienwahl.

Wer kann sich bewerben? Wir fördern Schüler ab der elften Klasse, die in Deutsch, Mathe und Englisch (bzw. der ersten Fremdsprache) einen Durchschnitt von mindestens 13 Punkten hatten.

Das erwartet unsere Stipendiaten:
- kostenlose Abos von Zeitungen und Zeitschriften sowie Zugriff auf digitale Medien, zum Beispiel *ZEIT Campus, DIE ZEIT, Handelsblatt, DER SPIEGEL digital*
- Gutscheine für Flixbus
- kostenlose Seminare zu Themen wie Soft Skills, Psychologie, Soziologie und Astronomie
- kostenlose Fach- und Karrierebücher
- Zugang zur exklusiven Online-Community von e-fellows.net: Dort beantworten Studierende aus ganz Deutschland deine Fragen zu Schulaufgaben, Prüfungen, Studienwahl und Auslandsaufenthalten.

Starke Gemeinschaft aus Schülern, Studenten, Hochschulen und Unternehmen
Wir fördern über 30.000 der besten Schüler und Studierenden in Deutschland und Österreich. Zu unseren Partnern gehören 300 Hochschulen und Unternehmen, darunter die Universität zu Köln, die Duale Hochschule Baden-Württemberg, Bosch, BMW und DIE ZEIT.

Jetzt fürs Stipendium bewerben unter: www.e-fellows.net/Schüler-Stipendium

Studieninfotag Startschuss Abi

Wichtige Infos rund ums Studieren
Bei Startschuss Abi nehmen sich Studierende und Experten Zeit für deine Fragen zur Studienwahl und geben dir Antworten auf deine Fragen zum Studium im In- und Ausland. In Vorträgen erfährst du mehr über einzelne Studiengänge, das duale Studium sowie die teilnehmenden Hochschulen und Unternehmen. Außerdem kannst du dich zu Studienfinanzierung, Work & Travel und freiwilligem sozialem Jahr informieren.

Der persönlichste Studien-Infotag Deutschlands:
- Studierende aus den unterschiedlichsten Fächern berichten von ihren Erfahrungen bei der Studienwahl und dem Studentenleben – du erkennst sie an ihren orangen T-Shirts.
- Unabhängige Experten beraten dich zu Studiengängen und -finanzierung und beantworten deine Fragen rund um das Thema Studienwahl.
- Im persönlichen Gespräch informierst du dich bei Hochschulen und Unternehmen über Studiengänge, Zulassungsvoraussetzungen und Bewerbung.
- Wir bereiten dich auf die Veranstaltung vor, damit du herausfindest, wohin dich dein Weg nach dem Abi führt. Du bekommst im Vorfeld alle Infos zu den Ausstellern, dem Programm und Tipps zur Vorbereitung von uns per E-Mail.
- Startschuss Abi ist keine Massenmesse: Wir möchten, dass du Gelegenheit hast, dich mit Hochschul- und Unternehmensvertretern und Studien-Experten persönlich zu unterhalten. Deshalb melde dich am besten vorher an, damit du garantiert einen Platz bekommst.

Die nächsten „Startschüsse"
- Frankfurt: 23. September 2017
- Stuttgart: 14. Oktober 2017
- Gelsenkirchen: 25. November 2017
- Hamburg: 2. Dezember 2017
- München: 24. Februar 2018

Weitere Infos und Anmeldung: www.e-fellows.net/abi

Hindernisparcours Bewerbung: Wie komme ich an meinen Studienplatz?

> **In diesem Kapitel erfährst du,**
> - was ein Numerus Clausus ist,
> - dass es mehrere Arten von Zulassungsbeschränkungen gibt,
> - was dich in Eignungstests erwartet.

Mit deinem Abi hast du natürlich schon den entscheidenden Schritt in Richtung Hochschule getan. In einigen Studiengängen reicht dein Abiturzeugnis aber nicht aus – sie sind zulassungsbeschränkt, entweder bundesweit oder örtlich (das heißt nur an deiner Uni). Die Zulassungsbeschränkung wird auch Numerus Clausus (NC) genannt. Umgangssprachlich meint man damit oft nur die Abiturnote, die man mindestens haben muss, um ein bestimmtes Fach studieren zu dürfen. In Wirklichkeit ist die Abiturnote aber nur eines von mehreren möglichen Zulassungskriterien. Ob dein Studiengang zulassungsbeschränkt ist und wie die Zulassungsvoraussetzungen aussehen, erfährst du auf der Website deiner Wunschhochschule.

Fein raus: keine Zulassungsbeschränkung
Für Studiengänge ohne Zulassungsbeschränkung musst du dich lediglich form- und fristgerecht anmelden. Meist gilt es, ein Online-Formular auszufüllen und dann an einem bestimmten Termin mit Abi-Zeugnis, Personalausweis und gegebenenfalls weiteren Unterlagen persönlich an der Uni zu erscheinen und dich einzuschreiben.

Bundesweit zulassungsbeschränkt: bei der SfH bewerben
Studiengänge können aber auf mehrere Arten zulassungsbeschränkt sein. Zum einen gibt es bundesweit zulassungsbeschränkte Studiengänge. Die Vergabe der Studienplätze regelt die Stiftung für Hochschulzulassung (SfH), die ehemalige Zentralstelle für die Vergabe von Studienplätzen (ZVS). Derzeit betrifft das nur die Fächer Medizin, Pharmazie, Tiermedizin und Zahnmedizin. Maßgeblich für die Auswahl sind zu 20 Prozent die Abiturnote, zu 20 Prozent die Wartezeit (die Zeit vom Abitur bis zur Bewerbung um den Studienplatz) und zu 60 Prozent das Auswahlverfahren der Hochschule, das die Hochschulen mehr oder weniger frei gestalten können.

Aber auch die Zulassung für nicht bundesweit beschränkte Studiengänge kann von der SfH geregelt werden. Manche Hochschulen beauftragen die SfH, die Auswahl der Bewerber zu übernehmen. In beiden Fällen musst du dich direkt über die SfH bewerben – zuerst online über www.hochschulstart.de und dann schriftlich.

Örtlich zulassungsbeschränkt: bei der Hochschule bewerben
Schließlich gibt es auch noch örtlich zulassungsbeschränkte Studiengänge. Wenn es für ein Studienfach erfahrungsgemäß mehr Bewerber als Studienplätze gibt, legt die Hochschule Kriterien fest, nach denen sie Bewerber auswählt. Dazu zählen meist die Abiturnote, gegebenenfalls Englischkenntnisse (nachzuweisen durch standardisierte Tests wie TOEFL oder IELTS) oder Vorpraktika (zum Beispiel für Ingenieurwissen-

schaften) – und manchmal auch ein spezieller Eignungstest. Während diese Tests an öffentlichen Hochschulen noch relativ selten sind, gehören sie an privaten Unis praktisch zum Standard-Auswahlverfahren.

Eignungstests: Bildung und Motivation beweisen
Diese Tests dienen dazu, die Studenten zu finden, die die besten Voraussetzungen für das jeweilige Studienfach mitbringen. Das heißt nicht, dass du schon Fachwissen haben musst. Beispielsweise musst du nicht programmieren können, um Informatik zu studieren. Aber je nach Studiengang solltest du über logisches Denken, Intelligenz, Allgemeinbildung oder geeignete soziale Fähigkeiten verfügen. Da die Hochschulen Kriterien und Verfahren selbst festlegen, unterscheidet sich die Bewerbung von Studiengang zu Studiengang sehr stark. Meist musst du zuerst eine schriftliche Bewerbung einreichen, inklusive Abi- und gegebenenfalls Praktikumszeugnis, einem Fragebogen zu deinem bisherigen Lebenslauf und einem Motivationsschreiben, in dem du begründest, warum du gerade an diese Hochschule besonders gut passt. Wenn deine Unterlagen für gut befunden werden, wirst du zum eigentlichen Eignungstest eingeladen. Du musst dann meist schriftliche Aufgaben bewältigen, wie zum Beispiel einen Intelligenztest bearbeiten oder einen Aufsatz verfassen. Alternativ sollst du in Einzelgesprächen (oft auch in einer Fremdsprache), Gruppendiskussionen oder Rollenspielen bestehen oder ein Referat halten.

Kannst du dich auf Eignungstests vorbereiten?
Zunächst einmal solltest du dich informieren, wie der Test genau aussieht. Dazu kannst du auf die Website der Hochschule schauen oder die Studienberatung oder Fachschaft deines Wunsch-Studiengangs kontaktieren. Je nachdem, welche Aufgaben der Test beinhaltet, kannst du dich nun vorbereiten: Tests zum logischen oder mathematischen Denken (Intelligenztests) findest du im Internet (siehe Link-Tipps). Dein Allgemeinwissen kannst du aufpeppen, indem du täglich Zeitung liest. Übungen in Kopfrechnen und Rechtschreibung helfen dir bei den meisten schriftlichen Aufgaben. Auch wenn kein Fachwissen verlangt wird, werden dir vielleicht Fragen gestellt, die dein Interesse an dem jeweiligen Fach testen. Lies also ruhig ein Buch zur Einführung in dein Studienfach. Das hilft dir außerdem bei der Frage, ob dir das Fach überhaupt liegt.

Mach dich trotz aller Vorbereitung nicht verrückt: Die Tests sind nicht so hart, dass du sie nicht mit Interesse an deinem Fach, etwas Vorbereitung und gesundem Menschenverstand bestehen könntest.

LINK-TIPPS:
- Studienplatzbewerbung über die SfH: www.hochschulstart.de
- Eignungstests zum Üben: www.zsb.uni-kiel.de/self-assessment.shtml
- Was ist voraussichtlich dein Abischnitt? www.schuelerpilot.de/abirechner

Wer nicht klagt, der nicht gewinnt – Mit dem Anwalt zum Studienplatz

In diesem Kapitel erfährst du,
- wann es sich lohnt, um einen Studienplatz zu klagen,
- wie eine Studienplatzklage funktioniert,
- welche Kosten auf dich zukommen,
- wie die Chancen auf Erfolg stehen.

Warten oder klagen?
Endlich Abi – hast du damit die Eintrittskarte fürs Studium in der Tasche? Von wegen! Für etwa die Hälfte aller Bachelor-Studiengänge in Deutschland genügt das Zeugnis allein nicht als Hochschulzugangsberechtigung, es zählt die Note darauf. Wenn deine Abschlussnote über dem von der Hochschule festgelegten Numerus Clausus (NC) liegt, erhältst du statt deines Wunschstudienplatzes einen Ablehnungsbescheid.

Und dann? Du kannst entweder ein oder mehrere Wartesemester einlegen oder deinen Studienplatz einklagen.

Studienplatzklage – wer macht denn sowas?
Vor allem in den medizinischen Studiengängen ist eine Klage keine Seltenheit mehr – Tendenz steigend. So kamen beispielsweise im Wintersemester 2014/15 rund fünf Bewerber auf einen Studienplatz der Humanmedizin. Nachdem sie eine Absage erhalten haben, haben viele von ihnen versucht, sich einzuklagen. Grundsätzlich kann man jeden Studienplatz einklagen, und je exotischer der angestrebte Studiengang ist, desto größer sind die Erfolgschancen.

Informieren geht über Studieren
Die wichtigste Voraussetzung für eine Klage ist eine Hochschulzugangsberechtigung, also dein Abitur oder Fachabitur. Du solltest dich frühzeitig über Fristen und Formalien informieren, etwa beim Allgemeinen Studentenausschuss (AStA) der Hochschule, bei der du dich einklagen möchtest. Die Vorgaben variieren nämlich je nach Art der Klage und Bundesland und ändern sich von Jahr zu Jahr.

Liebe Uni, du hast dich verrechnet!
Die meisten Studienplatzklagen sind Kapazitätsklagen. Damit lässt du prüfen, ob die Hochschule nicht mehr Plätze anbieten könnte, als sie vor dem Semester berechnet hat. Dafür stellen du oder dein Anwalt zunächst einen Antrag auf außerkapazitäre Zulassung bei der jeweiligen Hochschule, der in den meisten Fällen abgelehnt wird. Nur wer einen solchen Antrag form- und fristgerecht gestellt hat, kann einen Antrag auf Erlass einer einstweiligen Anordnung beim zuständigen Verwaltungsgericht einreichen. Spätestens hier solltest du einen Anwalt zurate ziehen, da diverse Formalien zu beachten sind. Eine Studienplatzklage kann sich gegen jede bundesdeutsche Universität oder Fachhochschule richten, ausgenommen private Hochschulen. Man kann und sollte sogar mehrere Universitäten verklagen, um die Erfolgschancen zu erhöhen.

Das Los entscheidet

Wenn das Verfahren erfolgreich ist, erhalten alle Kläger einen der neu verfügbaren Studienplätze. Falls es mehr Kläger als freie Plätze gibt, entscheidet in der Regel das Losverfahren. Das ist oft bei den medizinischen Studiengängen sowie in Psychologie der Fall. Nur in wenigen Bundesländern entscheidet deine Abi-Note. Manchmal lassen sich die Hochschulen vorher auf einen Vergleich ein, um den Prozess nicht zu verlieren und keinen Präzedenzfall zu schaffen. Wenn du diesen Vergleich annimmst, ziehst du den Antrag zurück und bekommst deinen Studienplatz.

Was kostet eine Studienplatzklage?

Unabhängig vom Ausgang fallen bei einer Studienplatzklage Gerichts- und Anwaltskosten an. Die Höhe der Kosten hängt davon ab, wie viele Unis man verklagt, ob man sich durch einen Anwalt vertreten lässt, ob man gewinnt oder verliert und wie viele Mitkläger man hatte. Die Kosten können nur 50 oder weit über 1.000 Euro betragen. Am teuersten sind Medizin-Studienplatzklagen mit bis zu 10.000 Euro. Auch bei einem Vergleich mit der Hochschule kannst du für gerichtliche und außergerichtlichen Kosten zur Kasse gebeten werden. Nur wer mit seinem Anwalt ein Erfolgshonorar vereinbart und schließlich keinen Platz erhält, muss am Ende nichts zahlen. Übrigens tragen nur sehr wenige Rechtsschutzversicherungen die Kosten für eine Studienplatzklage.

Die Alternativen ausloten

Eine Studienplatzklage kostet nicht nur Mühe, sondern auch Geld und ist daher ein Privileg, das nicht allen offensteht. In manchen Fällen können ein Auslandspraktikum oder ein freiwilliges soziales Jahr die preiswertere Option sein, um die Wartezeit zu überbrücken. Parallel zur laufenden Studienplatzklage kannst du übrigens ein anderes Fach studieren. Wenn dir diese Fachsemester für dein Wunschstudienfach angerechnet werden, kannst du dich nach einem erfolglosen ersten Versuch in ein höheres Fachsemester einklagen.

Keine Erfolgsgarantie!

Der Erfolg einer Studienplatzklage hängt von verschiedenen Faktoren ab, die man schwer einschätzen kann, zum Beispiel der Anzahl der Studienplatzklagen. Grundsätzlich sind die Chancen bei bundesweit zulassungsbeschränkten Fächern, zum Beispiel Humanmedizin, geringer als bei örtlich zulassungsbeschränkten wie BWL oder Lehramt.

Wer nicht klagt, bleibt dumm?

Ein Verfahren zur Studienplatzklage dauert in der Regel zwischen acht Wochen und zehn Monaten. Selbst wenn deine Klage Erfolg hat, startest du also verspätet ins Semester. Das kann ziemlich nervenaufreibend sein. Andererseits gilt aber auch: Wer nicht klagt, der nicht gewinnt! Denn ohne Studienplatzklage bleibt dir statt einer Chance nur die Sicherheit, dass du deinen Wunschstudienplatz in diesem Jahr nicht bekommst.

Der Weg zum eigenen Zuhause: Die Wohnungssuche

> **In diesem Kapitel erfährst du,**
> - welche Unterschiede es zwischen den Studienorten gibt,
> - warum Wasserkisten bei der Wohnungssuche eine Rolle spielen,
> - wie du an einen Platz im Studentenwohnheim kommst.

Endlich raus aus dem heimischen Nest, rein in die eigene Bude. Wer zum Studieren vom Elternhaus wegzieht, vor dem liegen spannende Erfahrungen – aber auch einige Herausforderungen. Doch mit ein bisschen Planung steht dem eigenen Reich nichts im Weg.

Erster Schritt: Informieren

Als Allererstes solltest du vor der Wohnungssuche eins tun: dich über die Stadt informieren. Wenn du nicht selbst hinfahren kannst, frage Bekannte oder Freunde, was du bei der Suche beachten musst. Denn jede Stadt hat so ihre Geheimecken: Wo gibt es billige Studentenbuden? Von welchen Gegenden sollte man sich eher fernhalten? Gibt es ein Internet-Portal für diese Region, und wo hängen Schwarze Bretter? Am praktischsten ist es natürlich, wenn du die erste Zeit bei Bekannten überbrücken kannst. Alternativ kannst du dir ein Zimmer zur Zwischenmiete suchen, in dem du nur befristet bleibst, während du dich in der neuen Stadt orientierst und die besten Wohnviertel ausfindig machst. Wer es sich leisten kann, kann das Suchen auch einem Makler überlassen.

Von München bis Berlin – Wo willst du hin?

Eine wichtige Rolle bei der Wohnungssuche spielt dein Studienort. Das ist eigentlich offensichtlich, aber dennoch nicht zu unterschätzen. Denn davon, wo es dich hinzieht, hängt auch die Höhe deiner Ausgaben ab. Die Mieten in München können beispielsweise locker doppelt so hoch sein wie die in Aachen (Infos zur Finanzierung ab Seite 50). Außerdem gibt es bei den Kosten für öffentliche Verkehrsmittel starke regionale Unterschiede: Ein Semesterticket in Konstanz gibt es schon für 53 Euro, in anderen Städten zahlst du das monatlich – oder noch mehr, wenn du weiter außerhalb wohnst. Hier solltest du dir überlegen, welche Entfernung von deiner Universität du in Kauf nehmen möchtest, und nach entsprechenden Wohngegenden suchen.

Mitten im Zentrum oder ab vom Schuss?

Außerdem sind die Verkehrsanbindungen von Stadt zu Stadt unterschiedlich. In einer größeren Stadt ist es oft kein Problem, etwas außerhalb zu wohnen, da Busse oder S-Bahnen regelmäßig fahren. Das wird in kleineren Städten schon schwieriger, dort ist man eventuell sogar auf ein eigenes Auto angewiesen – oder ziemlich unflexibel. Übrigens: Ein Supermarkt in der Nähe kann auch nie schaden und erleichtert das Wasserkisten-Schleppen.

Typsache: WG oder allein wohnen

Als nächstes stellt sich die Frage, wie du während deines Studiums wohnen möchtest: In einer Wohngemeinschaft oder doch lieber allein? Hier kommt es ganz auf deinen Typ an: Wer ein ungestörtes Reich für sich haben will, ist in einer eigenen Wohnung besser aufgehoben. Die ist natürlich teurer als ein Zimmer in einer WG. Dafür kannst du dort in Ruhe lernen, musst keine Rücksicht nehmen und morgens nicht vorm Bad Schlange stehen. Wer dagegen ungern alleine ist und auch während des Studiums nicht auf eine Art Ersatzfamilie verzichten möchte, sollte sich nach passenden Mitbewohnern umsehen.

Bei Risiken und Nebenwirkungen suchen Sie bitte neue Mitbewohner

Allerdings muss man in einer WG auch mit Nebenwirkungen rechnen: Man hat nicht immer seine Ruhe, muss sich absprechen und eventuelle Macken der Mitbewohner in Kauf nehmen. Wer also nicht auf der Suche nach einer Zweck-WG ist, sollte sich seine Mitbewohner genau ansehen. Diese Gelegenheit hast du bei Wohnungsbesichtigungen, die teilweise in regelrechte Massencastings ausarten – denn in vielen Städten sind WGs sehr beliebt. Hat man die richtigen Mitbewohner gefunden, wird einem zu Hause so schnell nicht mehr langweilig.

Alternative Studentenwohnheim

WGs findest du auch in Studentenwohnheimen. Hier hast du oft gar keine Wahl und erfährst erst beim Einzug, mit wem du Küche und Bad teilst. Dafür sind die Zimmer im Wohnheim meist viel günstiger und nahe an der Hochschule. Allerdings sind in vielen Städten die Wartelisten lang, und man kommt nur sehr schwer an einen der begehrten Plätze. Daher musst du dich rechtzeitig bewerben.

Bequem und einfach übers Internet suchen

Für die gezielte Suche gibt es im Internet geeignete Portale. Auf www.wg-gesucht.de kannst du kostenlos, schnell und einfach eine WG finden. Lies dir hier die Beschreibungen genau durch und melde dich nur bei den für dich wirklich interessanten Angeboten – alles andere ist Zeitverschwendung. Dabei musst du beachten, dass du Zeit für den meist schon festgelegten Besichtigungstermin haben musst. Wer in Stuttgart wohnt und ein Zimmer in Hamburg sucht, kann sich nach dem ersten E-Mail-Kontakt auch über ein kurzes Skype-Interview vorstellen. Alternativ kannst du auch selbst Gesuche einstellen.

Nix gefunden – Muss ich unter der Brücke schlafen?

Hilft alles Suchen nichts, brauchst du einen Notfallplan. Gerade zum Semesterstart bieten viele Unis Starthilfe an. In manchen Städten können Studenten zum Beispiel von Beginn des Wintersemesters bis zu den Weihnachtsferien in den Turnhallen übernachten. Ansonsten kannst du dich für die Anfangszeit nach Jugendherbergen oder im Sommer nach Campingplätzen umsehen. Aber Achtung: Auch hier sind die Plätze schnell vergeben.

Studieren, wo andere Urlaub machen: Ab ins Ausland

> **In diesem Kapitel erfährst du,**
> - was dir ein Auslandssemester bringt,
> - welche Möglichkeiten du hast, ins Ausland zu gehen,
> - welche Schwierigkeiten ein Vollstudium im Ausland mit sich bringt.

In einem anderen Land studieren, wenigstens ein Semester lang, viele neue Menschen kennenlernen und in eine andere Kultur eintauchen... Das klingt verlockend. Beim Auslandsstudium geht es aber nicht allein um den Spaßfaktor: Internationalität und Fremdsprachenkenntnisse sind sehr gern gesehen, wenn du dich später um einen Job bewirbst. Aber wie lange sollte man weg, wohin, und wie geht das überhaupt?

Auslandserfahrung ist wichtig

Dein Auslandsaufenthalt interessiert zukünftige Arbeitgeber nicht nur wegen der Sprachkenntnisse. Ebenso wichtig ist, dass du damit interkulturelle Kompetenz bewiesen hast: Du kannst dich in eine fremde Kultur einfügen und dich den nationalen Regeln und Gebräuchen anpassen. Je größer das Unternehmen, bei dem du später arbeiten wirst, desto wichtiger ist das. Viele Firmen setzen ihre Mitarbeiter europa- oder gar weltweit ein – das geht nur, wenn du flexibel und offen bist. Daneben beweist ein Auslandsaufenthalt auch dein Engagement und deine Selbstständigkeit. Natürlich hast du im Studium noch genug Zeit, deinen Auslandsaufenthalt genau vorzubereiten. Aber du solltest bedenken, dass es in vielen Bachelor-Studiengängen sehr schwer ist, einfach mal ein Semester woanders zu studieren – es sei denn, der Auslandsaufenthalt ist schon im Studienablauf eingeplant. Deshalb lohnt es sich, Hochschule und Studiengang auch hinsichtlich der Möglichkeit, ins Ausland zu gehen, auszuwählen.

Viele Wege führen ins Ausland

Die meisten Studenten gehen für ein bis zwei Semester an eine ausländische Uni. Du kannst aber auch ganz im Ausland studieren oder halb in Deutschland und halb im Gastland. Du musst im Ausland auch nicht unbedingt eine Hochschule besuchen: Ein Praktikum ist oft eine gute Alternative.

Ich bin dann mal weg...

Wenn du nur für vergleichsweise kurze Zeit woanders studieren willst, hast du es in Sachen Organisation meist am leichtesten. Praktisch jede Hochschule hat Partnerhochschulen im Ausland. Vorteil ist, dass die Programme meist fest durchgeplant sind, inklusive Unterkunft und Finanzierungsaufwand. Du hast einen Ansprechpartner an deiner Uni und kannst dir sicher sein, dass dir die Kurse, die du im Gastland machst, daheim angerechnet werden und du damit kein Semester verlierst. In vielen Studiengängen ist ein Auslandsaufenthalt mittlerweile sogar fest eingeplant. Daneben gibt es Stipendienprogramme, allen voran das EU-Bildungsprogramm Erasmus+, die dir ebenfalls Organisation und Finanzierung relativ leicht machen. Informiere dich früh genug beim Akademischen Auslandsamt deiner Hochschule – so heißt das Büro, das für solche Fragen zuständig ist.

Englisch perfektionieren oder Russisch-Grundkenntnisse erwerben?

Natürlich solltest du deine Gasthochschule (und damit dein Gastland) nach den dort angebotenen Kursen auswählen. Die Sprache ist aber ein ebenso wichtiges Kriterium. Englisch kannst du zwar schon aus der Schule, aber wirklich gut lernst du es erst im Austausch mit Muttersprachlern. Wenn du also beispielsweise nach Großbritannien oder in die USA gehst, kannst du dein Englisch auf ein völlig neues Level heben. Eine weitere fremde Sprache von Grund auf zu lernen kann allerdings ebenso reizvoll sein. Letztendlich musst du selbst entscheiden, welche Option für dich attraktiver klingt. Sicher ist, dass du später sowohl mit perfektem Englisch als auch mit Russisch-Kenntnissen für Arbeitgeber attraktiv bist.

Wohin, ist jetzt klar – aber wann?

Du willst so schnell wie möglich weg – am besten schon im zweiten Semester? Warte lieber ein bisschen, bis du dich an deiner Heimat-Uni auskennst und dir erste Kenntnisse in deinem Fach angeeignet hast. Sonst musst du zeitgleich mit den Grundlagen deines Studienfachs und einer fremden Sprache kämpfen. Die meisten Stipendienprogramme unterstützen Auslandsaufenthalte sowieso erst in einem höheren Semester.

Ganz und gar international – Vollstudium im Ausland

Wenn das Fernweh sehr groß ist, kannst du auch komplett im Ausland studieren. Das ist allerdings etwas komplizierter und erfordert größeren organisatorischen Aufwand als ein einzelnes Semester oder Jahr in der Ferne. Relativ wenige Probleme bereitet es innerhalb der EU; du musst nur mit einem Sprachtest und oft mit einer Aufnahmeprüfung rechnen. Außerhalb der EU brauchst du außerdem ein Visum, das Studenten manchmal nicht automatisch erteilt wird.

Je nach Land ein teurer Spaß

Neben den organisatorischen Schwierigkeiten sind da noch die finanziellen. In den meisten Staaten muss man für das Studium zahlen. In Frankreich gibt es nur geringe Gebühren, in Spanien schon höhere – und wer nach Großbritannien, in die Niederlande, nach Japan oder in die USA will, muss meist noch deutlich mehr zahlen. Und das oft aus eigener Tasche – die meisten Stipendiengeber unterstützen kein Vollstudium im Ausland. Informationen zur Finanzierung eines Auslandsstudiums findest du ab Seite 72.

Genau informieren hilft

Überlege dir jedenfalls genau, wo du welches Studium beginnst. Bedenke auch, dass in vielen Ländern die Qualität der Lehre nicht zentral überwacht wird. Nicht überall, wo Uni draufsteht, ist auch eine hochwertige Ausbildung gewährleistet. Am wichtigsten ist, sicherzustellen, dass deine Studienleistungen von deutschen Hochschulen und dein Abschluss von deutschen Unternehmen anerkannt werden. Das ist selbst mit ECTS-Punkten nicht immer der Fall. Informiere dich also umfassend.

50 Prozent Deutschland, 50 Prozent Ausland

Du willst nicht ganz im Ausland studieren und trotzdem länger weg als nur ein Jahr? Dann ist vielleicht ein binationales Studium die richtige Lösung für dich. So kannst du die Hälfte der Studienzeit in Deutschland und die andere Hälfte woanders verbringen. Dabei erwirbst du gleich zwei Abschlüsse – den deutschen und den des Gastlandes.

Ein solches Programm bietet zum Beispiel die ESB Business School in Reutlingen. Als Gastländer stehen hier zum Beispiel die USA, Mexiko, Großbritannien, Frankreich, Spanien, Irland und Italien zur Auswahl. Ein anderes Beispiel ist die Deutsch-Französische Hochschule (DFH), die eigentlich keine Hochschule, sondern ein Verband von 186 Hochschulen ist, der dir ermöglicht, halb in Deutschland und halb in Frankreich zu studieren – und damit auch beide Abschlüsse zu machen.

Praxiserfahrung im Ausland sammeln

Wer sagt denn, dass du eine Uni von innen sehen musst, um Auslandserfahrung zu sammeln? Ebenso wichtig wie Auslandserfahrung ist Praxiserfahrung während des Studiums (siehe Seite 74). Umso besser, wenn du beides verbinden kannst: Bewirb dich doch um ein Praktikum im Ausland. In manchen Studiengängen ist ein Auslandspraktikum auch fest eingeplant.

Weitere Möglichkeiten

Selbst wenn dein Wunsch-Studiengang keinen Auslandsaufenthalt vorsieht und dein Studienablauf zu straff ist, um auf eigene Faust ein Auslandssemester einzuschieben, gibt es Alternativen: Auch nach dem Bachelor kannst du noch weg. Wenn du nicht sofort voll ins Berufsleben einsteigen willst, kannst du auch dann noch ein Praktikum im Ausland machen – gerade, wenn du dir über deinen weiteren Karriereweg noch nicht im Klaren bist. Daneben gibt es noch viele andere Möglichkeiten, nach dem Studium der Heimat zeitweise den Rücken zu kehren: Internationale Freiwilligendienste wie der Europäische Freiwilligendienst oder der Freiwilligendienst des Bundesministeriums für wirtschaftliche Zusammenarbeit und Entwicklung bieten dir die Gelegenheit, dich in sozialen Projekten im Ausland zu engagieren. Wenn es dir vor allem darum geht, deine Fremdsprachenkenntnisse aufzubessern, kannst du auch einen Sprachkurs im Ausland machen. Im Internet finden sich mehrere Anbieter, die Sprachreisen von zwei Wochen bis zu mehreren Monaten oder auch einem ganzen Jahr anbieten. Je nach Kursdauer kannst du das in den Semesterferien oder erst nach dem Bachelor machen. Es gibt zum Beispiel spezielle Kurse für Wirtschaftsenglisch.

Wieso nicht gleich weg?

Viele dieser Möglichkeiten, in die Ferne zu schweifen, kannst du auch direkt nach dem Abitur wahrnehmen. Du bist dir noch nicht sicher, was du wo studieren willst? Dann sammle doch schon mal durch einen Sprachkurs oder einen Freiwilligendienst Auslandserfahrung. Ausführliche Informationen dazu findest du ab Seite 78.

LINK-TIPPS:
- Infos und Erfahrungsberichte von Studenten (Suchbegriff: Ausland):
  www.e-fellows.net/wiki
- Tipps zur Organisation deines Auslandsaufenthalts:
  www.e-fellows.net/tipps-fuers-ausland
- Infos zum Europäischen Freiwilligendienst: www.e-fellows.net/efd
- Infos über das Studium in Frankreich, Institut Français: www.cidu.de
- Infos zu Neuseeland und Australien, Institut Ranke-Heinemann:
  www.ranke-heinemann.de
- Studieninfos für das englischsprachige Ausland: www.studyabroad.com
- Infos zu Spanien, Instituto Cervantes: www.cervantes.de

Geldlos in Seattle – So bekommst du Unterstützung fürs Auslandsstudium

> **In diesem Kapitel erfährst du,**
> - wie du dir auch ohne viel Erspartes deinen Traum vom Auslandsstudium erfüllst,
> - wie viel Geld du erwarten kannst,
> - welche Voraussetzungen du dafür erfüllen musst.

Wer im Ausland studieren möchte, muss oft tief in die eigene Tasche greifen – oder in die der Eltern. Neben der Anreise fallen Kosten für Wohnen, Krankenversicherung, Visa-Gebühren und natürlich die Lebenshaltungskosten an. Wenn du über eine Kooperation deiner Uni an einer ausländischen Hochschule studierst, bleiben dir immerhin die Studiengebühren erspart. Damit du dir deinen Traum vom Lernen in der Ferne ohne Geldsorgen erfüllen kannst, unterstützen verschiedene Programme Studierende im Ausland.

Studieren im europäischen Ausland mit Erasmus

Spanien, Italien oder Schweden – in den meisten Fällen nehmen Studierende an dem Austauschprogramm ERASMUS (European Action Scheme for the Mobilty of University Students) teil. An diesem Programm beteiligen sich die Mitgliedstaaten der Europäischen Union sowie fünf weitere europäische Länder wie die Schweiz oder Norwegen. Ein großer Vorteil bei ERASMUS-Aufenthalten ist die gesicherte Anerkennung deiner Leistungen, die du im Ausland erbringst. Außerdem bekommst du neben der Erlassung der Studiengebühren automatisch eine finanzielle Unterstützung – den sogenannten Mobilitätszuschuss. Dieser hängt von der Anzahl der Austauschstudenten sowie vom Heimatland ab und liegt zwischen 150 und 300 Euro pro Monat.

Fulbright-Stipendium für die USA

Speziell für Studienaufenthalte deutscher Staatsbürger in den USA gibt es das Fulbright-Stipendium – benannt nach dem Senator J. William Fulbright. Die Kommission vergibt sowohl Jahres- und Reisestipendien als auch sogenannte Summer Schools. Das Stipendium trägt bis zu 34.650 US-Dollar zur Finanzierung der Lebenshaltungskosten und der Studiengebühren bei. Die Unterstützung umfasst außerdem eine Nebenkostenpauschale für ein Gesundheitszeugnis oder einen Sprachtest, eine Kranken- und Unfallversicherung, Betreuung sowie Vorbereitungsseminare.

Der deutsche akademische Austauschdienst DAAD

Der DAAD bietet sowohl Unterstützung für Praktika (Kurzstipendien oder Fahrtkostenzuschüsse) als auch Jahresstipendien für ein Studium im Ausland an. Laut eigenen Angaben vergibt der DAAD die Stipendien nach „fachlicher Qualifikation und persönlicher Eignung". Gefördert werden Studierende, die sich zum Zeitpunkt der Bewerbung mindestens im zweiten Semester befinden. Die Höhe der Stipendien liegt beim DAAD je nach Gastland zwischen 650 Euro (zum Beispiel Luxemburg) und 1.200 Euro (Japan) im Monat. BAföG-Leistungen für den monatlichen Lebensbedarf werden nicht auf die Stipendienrate angerechnet.

PROMOS
Ein spezielles Programm des DAAD ist PROMOS (Programm zur Steigerung der Mobilität von deutschen Studierenden). Damit werden Kurzaufenthalte im Ausland von bis zu sechs Monaten gefördert. Du bekommst eine Teilstipendienrate zwischen 300 und 500 Euro sowie eine Reisekostenpauschale zwischen 125 und 3.475 Euro – je nach Zielland. Auch die Studiengebühren werden bis zu einem bestimmten Höchstsatz übernommen.

Auslands-BAföG
Wer knapp bei Kasse ist, bekommt auch von Vater Staat Hilfe. Auslands-BAföG kann man für ein (Teil-)Studium oder Praktikum im europäischen und außereuropäischen Ausland beantragen. Wer bereits Inlands-BAföG bezieht, kann sich in der Regel auch der Förderung im Ausland sicher sein. Für alle anderen gilt: Auch wenn du in Deutschland keinen Anspruch auf BAföG hast, ist es dennoch für die Ferne möglich. Denn durch die höheren Kosten ist eine staatliche Förderung wahrscheinlicher, und es ist auf jeden Fall einen Versuch wert. Die Studiengebühren werden dir bis zu 4.600 Euro für maximal ein Jahr durch das Auslands-BAföG finanziert. Außerdem bekommst du Reisekostenzuschüsse (in Europa 250 Euro, außerhalb Europas 500 Euro). Je nach Land und Bedarf bekommst du zusätzlich bis zu 149 Euro im Monat – einen Teil davon erhältst du als Zuschuss und einen Teil als Darlehen, das du später zinslos zurückzahlen musst.

Wie Sand am Meer – weitere Programme
Neben den hier genannten Programmen bieten auch verschiedene Stiftungen Unterstützung im Ausland an, so zum Beispiel die Alexander von Humboldt-Stiftung, die Bayer-Stiftung oder die Haniel-Stiftung. Zudem gibt es Studentenkredite für ein Auslandsstudium. Auch die verschiedenen Bundesländer haben spezielle Angebote. Die Baden-Württemberg Stiftung etwa schickt jedes Jahr Hunderte Studenten in die Ferne. Viele der genannten Einrichtungen unterstützen übrigens auch Praktika oder Sprachkurse im Ausland – so beispielsweise das Carlo-Schmid-Programm des DAAD.

LINK-TIPPS:
- Berechnung des Auslands-BAföG: www.e-fellows.net/bafoeg-rechner
- Auslands-BAföG: www.auslandsbafoeg.de
- Fulbright-Stipendium: www.fulbright.de
- weitere Infos zum Fulbright-Stipendium: www.e-fellows.net/fulbright
- DAAD: www.daad.de
- PROMOS: www.e-fellows.net/promos
- Stipendiendatenbank von e-fellows.net: www.stipendiendatenbank.de

Übung macht den Meister: Was bringen Praktika?

> **In diesem Kapitel erfährst du,**
> - dass du manchmal bei Studienbeginn schon ein Praktikum vorweisen musst,
> - wann der richtige Zeitpunkt für ein Praktikum ist,
> - worauf du bei der Auswahl deines Praktikumsplatzes achten solltest,
> - was ein Werkstudent ist.

Probieren geht nicht immer über Studieren – wenn das Hintergrundwissen fehlt, hilft alles Rumprobieren nämlich nichts. Erst die richtige Kombination aus Theorie und Praxis bereitet dich wirklich auf das Berufsleben vor. Das nötige Verständnis für die Prozesse und Abläufe holst du dir im Studium, die Anwendung kommt im Hörsaal jedoch oft zu kurz. Kein Problem, denn dafür gibt es Praktika.

Praktika als Orientierungshilfe

Unternehmen legen großen Wert darauf, dass ihre zukünftigen Mitarbeiter sich schon während des Studiums in der Praxis beweisen und Erfahrungen sammeln. Außerdem können Praktika orientierungslosen Studenten bei den Fragen „Was soll ich studieren, welchen Beruf will ich lernen?" eine große Hilfe sein – aber nur, wenn du dich rechtzeitig darum kümmerst und dir das richtige Praktikum aussuchst.

Nach dem Abi ist vor dem Praktikum

Für manche Studiengänge gilt: Ein Praktikum im Vorfeld ist Pflicht für die Zulassung. Sobald du dich also für einen Studiengang und eine Uni entschieden hast, solltest du in der Studienordnung nachlesen, ob das für dich zutrifft. Der Zeitraum vom Abitur bis zur Aufnahme des Studiums bietet sich für ein Praktikum an. Die Mindestdauer gibt die Studienordnung vor, meist sind das zwischen sechs und zwölf Wochen.

Vorpraktika – die Studienwahlchance

Vorpraktika werden vor allem in Studiengängen des Ingenieurwesens oder der Naturwissenschaften gefordert. Wer zum Beispiel an der RWTH Aachen Maschinenbau studieren möchte, muss ein sechswöchiges Praktikum nachweisen. Ein Studium der Geisteswissenschaften kann dagegen meist ohne Vorpraktikum aufgenommen werden. Infos dazu gibt es auf den Websites der Hochschulen. Ein Vorpraktikum hat für dich den Vorteil, dass du schon erste Erfahrungen mit deinem Studienfach und deinem späteren Berufsfeld sammelst und so frühzeitig feststellen kannst, ob du die richtige Wahl getroffen hast. Daher ist ein Praktikum direkt nach dem Abitur immer sinnvoll – auch für diejenigen, die kein Vorpraktikum absolvieren müssen.

Weltreise oder Praktikum in den Semesterferien?

Neben den Praktika, die als Zulassungsvoraussetzung vor dem Studium gefordert werden, schreiben viele Studiengänge Pflichtpraktika während des Studiums vor. Du musst dir also nicht mehr überlegen, ob du ein Praktikum machen möchtest, sondern „nur", wann und wo. Oft ist es möglich, das Praktikum in mehreren Teilabschnitten zu absolvieren oder schon geleistete Einheiten anrechnen zu lassen. In der Regel bieten die Semesterferien ausreichend Zeit. Du kannst dir aber auch ein ganzes Semester Zeit nehmen und ein längeres Praktikum machen. Zum Beispiel im Ausland – dann erweiterst du deinen Horizont nicht nur fachlich, sondern auch sprachlich und kulturell.

Der richtige Zeitpunkt

Wann du ein Praktikum machst, hängt natürlich davon ab, wie du neben Prüfungen, Semesterarbeiten und dem Uni-Alltag Zeit findest. Die meisten Unternehmen sehen es gerne, wenn Studenten schon gewisse Vorkenntnisse aus der Uni mitbringen. Allerdings wirst du feststellen, dass dir das Bachelor-Studium nur wenig Freiraum lässt für ein Praktikum – in den Semesterferien stehen oft Prüfungen an. Aber obwohl du zu Beginn des Studiums vielleicht ein wenig mehr Zeit übrig hast, bringt es nichts, die Praktika so schnell wie möglich durchzuziehen, um am Ende mehr Zeit für Prüfungen und Bachelor-Arbeit zu haben. Erst ab dem dritten Semester bringst du genug Wissen mit, damit beide, das Unternehmen und du selbst, Gewinn aus dem Praktikum ziehen können.

Das richtige Unternehmen

Das funktioniert nur, wenn du und das Unternehmen deiner Wahl zusammenpassen. Wenn du noch unentschlossen bist, wo du gerne ein Praktikum machen würdest, gibt es ein paar Kriterien, die dir bei deiner Entscheidung helfen: zum Beispiel die Größe des Unternehmens oder die Internationalität. Große Unternehmen haben Erfahrung mit Praktikanten, die Betreuung und das Programm sind also meist gut organisiert. Der Vorteil von kleineren Betrieben ist, dass du hier vielleicht eher die Möglichkeit bekommst, verschiedene Abläufe und Abteilungen kennenzulernen, da die Aufgaben oft nicht so strikt getrennt werden. Wenn du allerdings Wert auf eine internationale Ausrichtung legst oder lieber ein Praktikum im Ausland machen möchtest, sind die Chancen bei einem großen Unternehmen besser.

Profil durch Praktika

Allerdings bringt dir ein Großkonzern im Lebenslauf nur wenig, wenn du später in die Politikberatung willst. Du sollst während des Praktikums schließlich deine Kenntnisse ausbauen oder vielleicht schon wichtige Kontakte für den Einstieg ins Berufsleben knüpfen. So schärfst du dein Profil. Daher ist es sinnvoll, dass du deine Praktika auf die Schwerpunkte abstimmst, die du im Studium wählst. Das bedeutet nicht, dass man nie über den Tellerrand hinausblicken soll. Wenn dich dein Praktikum nicht fachlich weiterbringt, fördert es trotzdem soziale Kompetenzen, die heute so wichtigen Soft Skills.

Alternative Werkstudent

Alternativ zum Praktikum bieten viele Unternehmen die Möglichkeit, dort als Werkstudent zu arbeiten. Das heißt, du arbeitest während des Semesters, zum Beispiel einen Tag pro Woche, in einem Unternehmen mit. Der Vorteil? Dein Bankkonto freut sich regelmäßig über ein kleines Zubrot. Und das Wichtigste: Du sammelst studienbegleitend Arbeitserfahrung – die Mischung zwischen Theorie in der Uni und Praxisbezug stimmt. Zudem hast du die Gelegenheit, langfristige Projekte zu begleiten. Während eines Praktikums bekommst du natürlich idealerweise auch eigene Projekte – die sind aber auf die Dauer deines Praktikums begrenzt, also meist eher kurzfristig. Allerdings ist die zusätzliche Belastung durch die Arbeit als Werkstudent hoch. Bevor das Studium also zu kurz kommt, empfiehlt sich doch ein Praktikum während der Semesterferien.

Auch Praktikanten haben Rechte

Ein Lebenslauf ohne Praktika – das geht heute eigentlich gar nicht mehr. Die Unternehmen wissen das natürlich. Das heißt aber nicht, dass du dich auf jede Bedingung einlassen musst, um an dein Traumpraktikum zu kommen. Praktikanten haben Rechte – und dürfen auf ihnen bestehen. Ein zentraler Punkt ist, dass dein Praktikum bezahlt wird. Seit 2015 muss für jedes freiwillige Praktikum, das länger als drei Monate dauert, ein Stundenlohn von mindestens 8,84 Euro bezahlt werden – also ca. 1.400 Euro pro Monat. Dadurch sollen Studenten vor der Ausbeutung durch einen geringen Lohn über längere Zeiträume hinweg geschützt werden. Kritiker befürchten aber, dass es dadurch insgesamt weniger Praktika geben wird, weil die Unternehmen es sich nicht leisten können oder wollen, und den Studenten somit Nachteile entstehen.

So vieles nennt sich Praktikum…

Es gibt nichts, was es nicht gibt. Vor allem Medienunternehmen suchen gerne Jahrespraktikanten – das ist während des Studiums unmöglich und außerdem sinnlos, weil du ab dem dritten Monat nichts Neues mehr lernst. Praktika, die eine oder zwei Wochen dauern, machen vielleicht Spaß, aber hier ist der Zeitraum zu kurz, um wirklich zu profitieren. Durchschnittlich dauern Praktika etwa drei Monate. In diesem Zeitraum kannst du auch schon eigenständig Projekte betreuen und erhältst ein fundiertes Feedback für deine Leistung. Dein Chef beachtet dich nicht? Dann sprich ihn darauf an. Du musst schließlich wissen, wo deine Stärken und deine Schwächen liegen. Für spätere Bewerbungen ist es auch wichtig, dass du am Ende des Praktikums ein Zeugnis bekommst. Darauf hast du Anspruch – und das ist nur fair.

LINK-TIPPS:
- Praktikumsbörse auf e-fellows.net: www.e-fellows.net/praktika
- Ratgeber zur Wahl des richtigen Praktikums: www.praktikum-ratgeber.de

Übung macht den Meister: Was bringen Praktika? 77

**Abitur – Prüfungsvorbereitung und Orientierung
mit dem ZEIT SCHÜLERCAMPUS**

Mathe-Abi? – Keine Panik!
Von hervorragenden Mathematikern unterrichtet, bist du in fünf Tagen fit fürs Abitur! Der Intensivkurs von abiturma und ZEIT SCHÜLERCAMPUS ist genau das Richtige, um dich zielgerichtet auf die Prüfungen vorzubereiten. In der Kursgebühr von 149 Euro sind neben dem abiturma-Kursbuch mit wichtigen Merksätzen und Formeln auch wertvolle Informationen aus der ZEIT rund um Abitur und Berufseinstieg inklusive.

Jetzt in deiner Nähe – bundesweit in 58 Städten – www.zeit.de/mathe-abi

MATHE-ABITUR?

$$f(x) = \int e^x - \cancel{Frust} \; dx$$

ZEIT SCHÜLERCAMPUS

Profi-Lernstrategien
Wenn du dich mit gezielten Lerntechniken auf das Abitur vorbereiten willst, sind die LernErlebnisKurse die beste Wahl. Gemeinsam mit dem Studienhaus Landau, Institut für intelligentes Lernen, vermittelt dir der ZEIT SCHÜLERCAMPUS Profi-Strategien für deine Abiturvorbereitung. In den Intensiv-Seminaren lernst du, wie du komplizierte Sachverhalte schnell durchdringen kannst, du eignest dir Merktechniken an und erfährst, wie du dein Zeitmanagement und deine Lernplanung optimierst. Die LernErlebnisKurse sind eingebettet in ein informatives und aktives Freizeit-Angebot. Ein perfekter Ausgleich zur intensiven Kopfarbeit!

Mehr Informationen unter www.zeit.de/lernerlebniskurse

Gap Year – dein freies Jahr zwischen Schule und Studium

In diesem Kapitel erfährst du,
- welche Möglichkeiten es für ein Gap Year gibt,
- warum sich die Pause für den Kopf lohnt,
- wie der Schlenker im Lebenslauf ankommt.

Die Ressource Zeit
Traditionell ist das Gap Year ein Trend aus Großbritannien – junge Menschen gönnen sich zwischen Schule und Uni eine Auszeit. Sie reisen, arbeiten oder betätigen sich ehrenamtlich. Heute kann ein Gap Year alles sein; ob vor oder nach dem Studium, währenddessen, als Sabbatjahr während des Berufs oder kurz vor der Rente. Es muss kein ganzes Jahr sein, sondern kann auch nur ein paar Monate dauern.

Zwischen zwei Lebensabschnitten
Die meisten nutzen jedoch noch immer die Zeit nach dem Abitur – denn jetzt stehst du zwischen zwei großen Lebensabschnitten. Später fehlt oft die Zeit, oder man nimmt sie sich nicht mehr, wenn der Traumberuf oder der begehrte Master-Platz in Sicht sind. Für viele ist die Auszeit auch deshalb sinnvoll, weil sie Wartesemester überbrücken oder das für das Studium vorausgesetzte Praktikum absolvieren müssen. Unentschlossenen bietet das Gap Year eine Chance, sich neu zu orientieren und eigene Schwerpunkte für die spätere Berufswahl zu finden.

Wenn nicht jetzt, wann dann?
Schneller, höher, weiter – wir leben in einer Welt der Superlative. Sich eine Auszeit zu nehmen, gehört da nicht mehr zum Plan. Warum lohnt sich die Pause für den Kopf dennoch? Anstrengende Lehrer, stressige Mitschüler und nervige Klassenarbeiten – damit hattest du als Schüler zu kämpfen. Bei einem Gap Year kommen allerdings ganz neue Herausforderungen auf dich zu: Wie bezahle ich meine Miete? Wie komme ich an ein Visum? Wo finde ich Unterstützung? Du übernimmst Verantwortung, knüpfst wertvolle Kontakte, sammelst Erfahrungen und entwickelst dich weiter – und das ganz ohne über Büchern zu brüten und ohne Zeitdruck.

Kreative Kurven im CV
Hartnäckig hält sich das Gerücht, eine Auszeit wäre ein erhebliches Manko im Lebenslauf. Oft ist allerdings das Gegenteil der Fall. Erklären musst du den kreativen Schlenker auf jeden Fall, aber viele Personaler schätzen den Wert, den ein Gap Year mit sich bringt: soziale Kompetenz, Auslandserfahrung und Selbstständigkeit. Und wenn deine Pause sogar etwas mit deinem späteren Beruf zu tun hat – umso besser.

Welche Möglichkeiten gibt es?
Entgegen der weit verbreiteten Meinung besteht ein Gap Year nicht nur aus Faulenzen. Im Gegenteil – je nachdem, für was du dich entscheidest, hält dich deine Auszeit ganz schön auf Trab. Für viele ist ein Freiwilliges Soziales Jahr (FSJ) der klassische Favorit. Das kannst du nicht nur in Deutschland, sondern mittlerweile auch in Europa oder weltweit absolvieren.

Freiwilliges Soziales Jahr

Ein Freiwilliges Soziales oder Ökologisches Jahr kannst du bei einer Organisation mit Hauptsitz in Deutschland machen. Einzige Voraussetzung: Du bist zwischen 16 und 27 Jahre alt. Dein Dienst dauert zwischen sechs und 18 Monaten. Du hast weiterhin Anspruch auf Kindergeld, bist über die Organisation versichert und bekommst zusätzlich ein kleines Taschengeld. Je nachdem, ob Verpflegung und Unterkunft mit inbegriffen sind, beträgt es bis zu 372 Euro im Monat – im Schnitt sind es ca. 150 Euro. Da die beliebten Plätze früh vergeben sind, solltest du dich schon ein Jahr vor Antritt dafür bewerben. Auch ein FSJ im Ausland oder ein Internationaler Jugendfreiwilligendienst sind möglich.

Engagement in Europa

Jugendarbeit in Estland, Flüchtlingsbetreuung in Italien oder Kulturmanagement in Norwegen – bist du zwischen 17 und 30 Jahre alt, kannst du dich für bis zu zwölf Monate beim Europäischen Freiwilligendienst (EFD) bewerben. Dieser ist eine Initiative der Europäischen Union und vor allem für junge Menschen mit erhöhtem Förderungsbedarf oder körperlicher Beeinträchtigung gedacht. Neben den EU-Mitgliedsländern stehen Länder wie Island, Liechtenstein, Norwegen, die Türkei und Russland zur Wahl. Für England bleibt die Lage nach dem Brexit zu beobachten. Finanziert werden Reisekosten (zu 90 Prozent), Unterkunft und Verpflegung, außerdem ist ein intensiver Sprachkurs Teil deines Aufenthalts. Ca. 100 Euro Taschengeld bekommst du monatlich für deine Arbeit. Für einen Platz brauchst du eine sogenannte Entsendeorganisation in Deutschland und eine Aufnahmeorganisation im Ausland. Meist bestehen allerdings schon Kooperationen zwischen den Organisationen, sodass sich der Aufwand für die Suche nach einer Stelle in Grenzen hält.

Weltwärts gehen

Der entwicklungspolitische Freiwilligendienst, der vom Bundesministerium für wirtschaftliche Zusammenarbeit und Entwicklung initiiert wurde, nennt sich „weltwärts". Er richtet sich an junge Erwachsene zwischen 18 und 28 Jahren. Sechs bis 24 Monate arbeitest du in einem Entwicklungsland. Der Bewerbungsablauf ist ähnlich wie beim EFD: Man bewirbt sich bei einer eingetragenen Entsende-Organisation. Reisekosten, Verpflegung und Unterkunft werden übernommen, und als Teilnehmer bekommst du mindestens 100 Euro Taschengeld im Monat.

Kulturweit

Das Programm „kulturweit" ist ähnlich aufgebaut, wird aber vom Auswärtigen Amt und der Deutschen UNESCO-Kommission e. V. gefördert und durchgeführt. Wie der Name schon sagt, betätigst du dich für sechs oder zwölf Monate als Freiwilliger vor allem im Kultur- und Bildungssektor. Auch hier ist der frühe Vogel gefragt: Die Bewerbungsphase endet knapp zehn Monate vor der Ausreise. Bewerben kannst du dich ausschließlich über ein Online-Verfahren. Zur Vorbereitung für deinen Aufenthalt besuchst du außerdem ein zehntägiges Seminar. Dein Dienst bei „weltwärts" oder „kulturweit" basiert auf dem Freiwilligen Sozialen Jahr und kann daher oft als Pflichtpraktikum für die Uni angerechnet werden – oder bringt dir Pluspunkte bei deiner Hochschulbewerbung.

Kinder vor der Karriere

Wer nicht gerne aus dem Koffer lebt und einen geregelten Alltag bevorzugt, kann sich als Au-pair versuchen. Die Aufenthalte bei den Familien sind oft mit Sprachkursen verbunden und können recht spontan in die Wege geleitet werden. Wer allerdings mit einer Organisation verreist, sollte sich spätestens sechs Monate vorher bewerben. Das Taschengeld variiert je nach Reiseziel; in Frankreich sind 260 Euro im Monat üblich, in Australien kann man mit 600 bis 800 Euro rechnen.

Bundesfreiwilligendienst

Seit der Abschaffung des Wehr- und Zivildienstes gibt es als Ersatz den Bundesfreiwilligendienst (BFD). Hier gibt es keine Altersbegrenzung, und dein Dienst kann zwischen sechs und 24 Monaten dauern. Für deine Arbeit erhältst du maximal 381 Euro monatlich als Aufwandsentschädigung, eventuell auch Unterkunft und Verpflegung. Seit 2012 bekommst du wie beim FSJ auch weiterhin Kindergeld.

Freiwilliger Wehrdienst

Der Grundwehrdienst wurde zwar abgeschafft, eine Ausbildung bei der Bundeswehr interessiert dich aber dennoch? Dann kannst du sieben bis 23 Monate als Freiwilliger Wehrdienstleistender absolvieren. Dafür gibt es auch einen guten Sold: Zwischen 837 und 1.206 Euro verdienst du im Monat – dazu kommen kostenlose Unterkunft und Verpflegung. Wer mindestens die sechsmonatige Probezeit erfolgreich absolviert hat, bekommt am Ende sogar noch ein Entlassungsgeld.

Ab ins Abenteuer – Work & Travel

Neuseeland, Australien, Kanada – für Reiselustige steht Work & Travel ganz oben auf der Liste. Dank Working Holiday Visa kannst du problemlos für ein Jahr in Australien, Neuseeland, Kanada, Japan, Südkorea, Singapur oder Hongkong reisen und arbeiten. Hier kannst du mit oder ohne Organisation in dein Abenteuer starten – für Kurzentschlossene ist das auch spontan möglich. Natürlich solltest du dich trotzdem vor deiner Abreise schlau machen über dein Gastland, die Visa-Bestimmungen, die Finanzierung, Jobmöglichkeiten und mögliche Reiserouten.

Perspektive Praktikum

Wer vom Büffeln erst einmal genug hat, aber trotzdem etwas für seine Karriere tun möchte, kann sein Gap Year mit Praktika füllen. Teilweise ist ein absolviertes Praktikum sogar Voraussetzung für das Studium. Ratsam ist es hier, sich auch in Branchen umzusehen, die einem auf den ersten Blick nicht hundertprozentig zusagen. Vielleicht ist der Alltag in einer Großkanzlei ja doch nicht so furchtbar, wie man ihn sich vorstellt? Oder vielleicht steckt hinter Verfahrenstechnik mehr als nur ein wirres Zahlenungetüm? Egal wo du dein Praktikum absolvierst – die geknüpften Kontakte sind meist Gold wert.

Die Planung – Wo findest du mehr Infos?

Informationen aus erster Hand sind wertvoll – sprich daher mit Leuten, die ähnliche Erfahrungen gemacht haben, und hol dir Insider-Tipps. Die bekommst du zum Beispiel auch in der e-fellows.net community. Für ein erfolgreiches Gap Year ist außerdem wichtig, dass du rechtzeitig mit der Planung anfängst. Je nachdem, was du machen willst, kann die Vorbereitung durchaus neun bis zwölf Monate dauern – von der Stellensuche bis zur Unterzeichnung des Arbeitsvertrags. Auch ein finanzielles Polster schadet nie. Als Freiwilliger bekommst du nur ein geringes Taschengeld, und auch als Backpacker wirst du um jeden angesparten Cent dankbar sein. Schließlich willst du auch etwas von deinem Gastland sehen. Statt dich mit Geldsorgen rumzuärgern, solltest du dieses einmalige Erlebnis genießen – denn wer weiß, wann sich die Ressource Zeit wieder blicken lässt.

LINK-TIPPS:
- Erfahrungsberichte zu Freiwilligendiensten, Au-pair, Work & Travel und mehr:
  www.e-fellows.net/gapyear-erfahrungen
- Informationen zum FSJ: www.pro-fsj.de
- Informationen zum EFD: www.go4europe.de
- Informationen zum BFD: www.bundesfreiwilligendienst.de
- Informationen zu „weltwärts": www.weltwaerts.de
- Informationen zu „kulturweit": www.kulturweit.de
- Wege ins Ausland: www.rausvonzuhaus.de
- Au-pair-Kontaktbörse: www.aupairworld.net
- Praktika im Ausland: www.daad.de/ausland/praktikum/de

2. Schwerpunkt Wirtschaft, Technik und Recht

84	Wirtschaftswissenschaftliche Studiengänge
87	Betriebswirtschaftslehre mit internationaler Komponente
90	Betriebswirtschaftslehre mit Schwerpunkt Finance
93	Betriebswirtschaftslehre mit Schwerpunkt Management
96	Betriebswirtschaftslehre mit Schwerpunkt Marketing
99	Volkswirtschaftslehre
102	Wirtschaftswissenschaften/Ökonomie
105	Technische Studiengänge
108	Chemie
111	Elektrotechnik
114	Informatik
117	Maschinenbau
120	Mathematik
123	Physik
126	Wirtschaftsinformatik
129	Wirtschaftsingenieurwesen
132	Rechtswissenschaftliche Studiengänge
134	Rechtswissenschaften/Jura
137	Dein Studiengang war nicht dabei?

Wirtschaftswissenschaftliche Studiengänge

Nichts funktioniert ohne Wirtschaft. Schon wenn du dir einen Kaugummi am Bahnhofskiosk kaufst, nimmst du an der Wirtschaft teil: Du führst ein Tauschgeschäft durch, das Einfluss auf Geld- und Warenströme hat; du beeinflusst durch deinen Kauf die Nachfrage und damit die Produktion von Kaugummis; du setzt komplexe logistische Prozesse in Gang, die zu einer Neulieferung von Kaugummis an den Kiosk führen. Wirtschaft ist wirklich eine Wissenschaft.

Wirtschaftswissenschaften sind beliebt

Im Wintersemester 2015/2016 waren rund 430.000 Studenten in einem wirtschaftswissenschaftlichen Studiengang (inklusive Wirtschaftsingenieurwesen) eingeschrieben. Das klingt bei einer Zahl von insgesamt 2,75 Millionen Studenten nicht nach wirklich viel. Sieht man sich aber die große Anzahl der Fächer an, auf die sich die übrigen Studenten verteilen, zeigt sich, dass die Wirtschaftswissenschaften wohl einige Anziehungskraft besitzen. Schließlich studieren diese 430.000 streng genommen nur in vier Studiengängen.

Was gehört zu den Wirtschaftswissenschaften?

„Wirtschaft" zählt an den Hochschulen zum großen Block der Rechts-, Wirtschafts- und Sozialwissenschaften. Zu den eigentlichen Wirtschaftswissenschaften gehören dann noch einmal drei große Studienrichtungen, nämlich BWL (Betriebswirtschaftslehre), VWL (Volkswirtschaftslehre) und Ökonomie. Wirtschaftsingenieurwesen steht als Schnittstellenstudiengang ein wenig außerhalb. Die meisten Wiwis, wie Wirtschaftswissenschaftler oft genannt werden, studieren BWL. Dieser Studiengang ist seit Jahren unangefochten auf Platz eins der Beliebtheitsskala; 2015/2016 waren rund 234.000 Studenten eingeschrieben. BWL ist übrigens auch das einzige Fach, das bei Frauen und Männern gleich beliebt ist.

Warum drei Mal Wirtschaft?

Die Vorlesungen, Seminare und Übungen der Wirtschaftswissenschaften beschäftigen sich mit allem, was die Wirtschaft in Gang hält. Und das ist einiges: von der Politik, die der Wirtschaft Rahmenbedingungen vorgibt, über die Unternehmen, die durch ihre Produkt- und Preispolitik, durch ihre Investitionen und Fusionen täglich die Wirtschaft verändern, bis hin zur Nachfrageseite, also zum Beispiel dem Kaugummikäufer. Da die Wirtschaft schon seit der Antike wissenschaftlich erforscht wird, haben sich bis heute zahllose Theorien und ein riesiger Berg Wissen angesammelt – das kann in sechs oder sieben Semestern Studium gar nicht vermittelt werden. Deshalb also die Unterteilung in BWL, VWL und Ökonomie.

Volkswirtschaftslehre – Wirtschaft, Gesellschaft und Politik

In VWL geht es um die großen Zusammenhänge der Wirtschaft, das heißt um die Einflüsse, die Politik und Gesellschaft auf die wirtschaftliche Entwicklung ausüben. Da die Unternehmen natürlich auch eine entscheidende Rolle spielen und andererseits der Einfluss der Politik auf die Betriebe untersucht wird, überschneiden sich die Vorlesungsinhalte oft mit denen eines BWL-Studiums. In den ersten Semestern sitzen BWL- und VWL-Studenten sogar meist zusammen in Vorlesungen über die Allgemeine Betriebswirtschaftslehre.

VWL – das große Bild
Dann aber wenden sich die VWLer den makroökonomischen Prozessen zu – eben jenen, die durch Politik und Gesellschaft geformt werden. Wie beeinflusst die Politik das Nachfrageverhalten der Bevölkerung? Welche Wirkung hat eine veränderte Wirtschaftsgesetzgebung auf die Unternehmensentwicklung? Welche Typen politischer Ordnung – von der Markt- bis zur Planwirtschaft – führen zu welchen ökonomischen Ergebnissen? Das sind Fragen, mit denen du dich in einem VWL-Studium beschäftigen wirst.

Betriebswirtschaftslehre – über die Unternehmensführung
In der Betriebswirtschaftslehre, kurz BWL, dreht sich dagegen alles um kleinere Wirtschaftseinheiten: die Betriebe. Während des Studiums lernst du alles über Aufbau, Führung und Weiterentwicklung von Unternehmen. Du befasst dich mit Mergers & Acquisitions (M&A), das heißt dem Zusammenschluss oder der Übernahme von Unternehmen. Du erfährst, wie viel Einfluss die Auswahl der richtigen Mitarbeiter auf den Geschäftserfolg hat, aber auch, wie du Warenströme zum Kunden optimal organisieren kannst. BWL bietet damit eine sehr breite Ausbildung, an deren Ende du das Rüstzeug für eine Vielzahl interessanter Jobs erhalten hast.

BWL – der einzige Weg ins Management?
BWL ist in den Augen vieler das Wirtschaftsstudium schlechthin und die Basis für eine Führungskarriere in einem Unternehmen. Zwar bereitet ein Studium der Betriebswirtschaftslehre tatsächlich gut auf eine Führungsposition vor, da es ein Verständnis für alle Prozesse im Unternehmen vermittelt, aber es ist sicherlich nicht der einzige Weg an die Spitze. Schließlich braucht ein Topmanager auch psychologisches Feingefühl oder Kenntnisse der gesamtwirtschaftlichen Zusammenhänge. Wer in einem Unternehmen Karriere machen will, studiert mit BWL also sicher nicht das Falsche – es gibt aber auch Führungskräfte, die zwar mit Gespür für die Wirtschaft, aber ganz ohne BWL nach oben kamen.

Ökonomie – die Mutter aller Wirtschaftswissenschaften
Für alle, die nicht zu viel Spezialwissen anhäufen möchten, sondern sich lieber einen großen Überblick verschaffen, gibt es dann noch die Ökonomie. An einigen Hochschulen wird dieser Studiengang auch als „Wirtschaftswissenschaften" bezeichnet; ein Name, der zu einiger Verwirrung führen kann. Erkundige dich also im Einzelfall genau, was die Uni oder Fachhochschule unter welchem Begriff versteht. In Ökonomie sind die wichtigsten Forschungsbereiche und -ergebnisse aus VWL und BWL zusammengefasst. Themen sind ebenso das Zusammenspiel zwischen Staat, Gesellschaft und Wirtschaft wie die Wertschöpfungskette innerhalb eines Unternehmens. So kannst du dich während des Bachelor-Studiums allgemein weiterbilden und später, im Master-Programm, eine Spezialisierung wählen, die dir liegt.

Viele Namen, alles Wirtschaft
Aber selbst in einem BWL- oder VWL-Studium kann niemand alles lernen. Deshalb findet in den meisten Studienprogrammen nach einigen Semestern Allgemeiner BWL beziehungsweise VWL eine Spezialisierung statt. Üblicherweise hast du die freie Wahl zwischen mehreren Vertiefungsfächern, zum Beispiel Logistik, Personal, Medien- oder Tourismuswirtschaft. An manchen Hochschulen wird die Spezialisierung bereits zu Beginn des Studiums festgelegt und durch Vorlesungen ab den ersten Semestern unterstützt. Das ist auch der Grund, weshalb viele Hochschulen, vor allem private,

heute nicht mehr allgemein „BWL" im Angebot haben, sondern ihre Studiengänge bereits nach dem Schwerpunkt benennen. Das ist nicht besser und nicht schlechter als ein allgemeinerer Studiengang, und oft sind die Unterschiede zu einem BWL-Studium mit Spezialisierung in den höheren Semestern marginal.

Information vor Studienbeginn – das A und O für zufriedene Studenten
Nicht alle Hochschulen bieten aber alle Vertiefungsfächer an. Wenn du etwas „Ausgefalleneres" studieren willst wie Supply Chain Management oder Tourismusmarketing, dann solltest du dich vor der Einschreibung genau informieren. Zur Verwirrung trägt außerdem bei, dass es für ein und denselben Studiengang oft unterschiedliche Namen gibt. Also frag genau nach, ob sich beispielsweise hinter „International Culture and Management" das Gleiche verbirgt wie hinter „International Business".

Und was studiere ich genau?
Über einige wirtschaftswissenschaftliche Studiengänge erfährst du Näheres in diesem Buch. Eine vollständige Auflistung aller wirtschaftswissenschaftlichen Studiengänge ist wegen ihrer Anzahl unmöglich. Viele private Hochschulen bieten zudem selbst entwickelte Programme an, um sich von der Konkurrenz abzuheben. Neben den reinen Wirtschaftsfächern gibt es einige Schnittstellen-Studiengänge, die eine Verbindung von Wirtschaft und Technik darstellen – und ebenfalls sehr beliebt sind. Wenn du dich beispielsweise in Wirtschaftsingenieurwesen immatrikulierst, dann hast du deutschlandweit rund 100.000 Kommilitonen. Das könnte eine große Studentenparty werden.

LINK-TIPPS:
- wirtschaftswissenschaftliche Studiengänge im Überblick: www.e-fellows.net/wiwi
- Online-Zeitung für Wirtschaftswissenschaften: www.wiwi-treff.de
- Online-Recherchetool für Wirtschaftswissenschaftler: www.wiwi-online.de
- Infos zum Einstiegsgehalt in deinem Wunschberuf: www.personalmarkt.de

Betriebswirtschaftslehre mit internationaler Komponente

Die weite Welt lockt – auch als Arbeitsplatz. Internationalität ist das Schlagwort der Stunde. Viele Studiengänge geben sich deshalb einen internationalen Anstrich. Aber was unterscheidet einen B.A. in International Management oder International Business von einem in „normaler" BWL? Wer in Sachen Karriere wirklich durchstarten will, der benötigt mindestens sehr gutes Englisch, idealerweise eine weitere Fremdsprache und die Fähigkeit, sich an fremde Kulturen anzupassen. Da klingt es verführerisch, nicht einfach BWL, sondern Internationales Management zu studieren.

Wirtschaftswissenschaften mit interkultureller Ausrichtung

Zunächst wird die internationale Ausrichtung des Studiengangs durch die Sprache der Vorlesungen deutlich – die finden nämlich zum überwiegenden Teil auf Englisch statt. Bis zu einem gewissen Grad ist ein Studium des International Management eine Mischung aus Wirtschaftswissenschaften und interkulturellen Studien. Die Studenten lernen Wirtschaftssprachen – Englisch, Französisch oder Spanisch – und Soft Skills wie Präsentation, Kommunikation und Selbstmanagement. Außerdem werden die klassischen Management-Inhalte mit internationaler Ausrichtung gelehrt, von Personalmanagement bis Rechnungslegung, von Wirtschaftsrecht bis zu strategischem Marketing. Auslandssemester gehören selbstverständlich dazu. Einige Studiengänge bieten sogar einen Doppelabschluss an, das heißt, du verbringst ähnlich viel Zeit im Ausland wie in Deutschland und erhältst sowohl von der deutschen als auch von der ausländischen Uni ein Bachelor-Zeugnis.

Durch die breite Ausrichtung des Lehrstoffs kann man in einigen Themenbereichen nicht so weit in die Tiefe gehen wie in einem auf Deutschland fokussierten Studium; dafür weiß man sich weltweit auf dem Management-Parkett zu bewegen. Ein kleines Aber: Manchmal besteht wenig Unterschied zu einem normalen Wirtschaftsstudiengang, den ein Student durch die Belegung von Zusatzkursen in Wirtschaftssprachen und durch Auslandsaufenthalte „internationalisiert". Bietet deine Traum-Uni dieses Studium nicht an, mach dich kundig und baue dir dein individuelles internationales BWL-Studium.

Auf in die internationale Karriere?

Ob die Chancen auf eine internationale Karriere höher sind als mit einem normalen Wirtschaftsabschluss, den du durch Zusatzfächer aufgewertet hast, ist schwer zu sagen. Auf jeden Fall sind Sprachen, interkulturelles Know-how und Soft Skills heute ebenso zentral für die Karriere wie das pure Fachwissen. Deine Chancen sind also gut. Allerdings solltest du auch hier neben dem Studium weitere Qualifikationen und Praxiserfahrung erwerben.

In English, please!

Sehr gute Englischkenntnisse sind Pflicht, auch schon zu Beginn des Studiums. Diese gilt es in der Regel nachzuweisen. Der Standardtest ist der TOEFL (Test of English as a Foreign Language); mit britischen Unis kooperierende Hochschulen verlangen teilweise aber auch den IELTS (International English Language Testing System).

Wirtschaft

Miriam Dütthorn

Jahrgang 1995

International Business (Bachelor)

Hochschule für Technik und Wirtschaft Dresden

Wirtschaft

… aus der Theorie

Wann und warum hast du dich für deinen Studiengang entschieden?

Ich habe mich erst sehr spät für den Studiengang International Business entschieden, weil ich lange nicht gewusst habe, was ich studieren will. Ich war mir relativ sicher, dass ich irgendetwas mit Fremdsprachen machen möchte. Allerdings war ich mir unsicher im Hinblick auf mögliche Kombinationen. Erst bei dem Hochschulinformationstag im Januar vor meinem Abitur bin ich auf den Studiengang Internationales Management aufmerksam geworden. Die Kombination aus Wirtschaft und einer internationalen Komponente fand ich sehr spannend. Ein reines BWL-Studium wäre für mich wahrscheinlich nicht infrage gekommen, aber die Möglichkeit im Ausland zu studieren und später auch zu arbeiten, hat mich überzeugt. Deshalb habe ich mich ohne langes Zögern nach dem Abitur an zwei Hochschulen für diesen Studiengang beworben und mich letztendlich für International Business an der HTW Dresden entschieden.

Haben sich deine Erwartungen erfüllt?

Ich muss ganz ehrlich sagen, dass mir vorher gar nicht so richtig bewusst war, was ich mir eigentlich konkret von dem Studium verspreche. Ich hatte mir aber auf alle Fälle ein abwechslungsreiches Studium erhofft, und das hat sich definitiv erfüllt! Zu den Modulen im International Business Studium gehören sowohl grundlegende Fächer der Wirtschaftswissenschaften als auch vertiefende Kurse, bei denen man meistens aus einer vielfältigen Palette wählen kann. Außerdem steht fast immer Fremdsprachenunterricht auf dem Modulplan, und oftmals wird auch ein Teil der Vorlesungen in Englisch gehalten. Um die vermittelte interkulturelle Kompetenz und die erworbenen Fremdsprachenkenntnisse praktisch anzuwenden, habe ich im Rahmen eines integrierten Auslandssemesters und -praktikums ein Jahr im Ausland verbracht und dabei unglaublich viele spannende Erfahrungen gesammelt. Deshalb kann ich jedem nur empfehlen, die Chancen, ins Ausland zu gehen, zu nutzen!

Wem würdest du das Studium weiterempfehlen?

Wenn ihr Interesse an der (Zusammen-)Arbeit über Grenzen hinweg habt und euch vielfältige Optionen für den Job nach dem Studium offenhalten wollt, dann seid ihr in diesem Studiengang richtig. Obwohl bei International Business sicherlich nicht alle Module so tiefgründig gelehrt werden wie in einem reinen BWL-Studium, solltet ihr ein gewisses Grundverständnis für Fächer wie Wirtschaftsmathematik oder Rechnungswesen mitbringen. Für alle, die dabei nicht nur Theorie pauken wollen, ist meiner Meinung nach eine Hochschule für angewandte Wissenschaft empfehlenswert, weil dort der Fokus häufig stärker auf der Anwendung von Wissen auf konkrete, praxisbezogene Beispiele liegt. Das ist zumindest mein persönlicher Eindruck aus meinem Studium.

Allen, die sich für ein Studium im Bereich Internationale BWL entschieden haben, kann ich noch empfehlen, außerhalb der Vorlesungen über den Tellerrand zu blicken. An jeder Uni gibt es Austauschstudierende, die dankbar für Unterstützung sind. Also macht euch beispielsweise auf die Suche nach einer Organisation an eurer Hochschule, bei der ihr Gleichgesinnte trefft und sammelt schon in Deutschland wertvolle Erfahrungen für eure eigene Zeit im Ausland!

… aus der Praxis

Worin besteht deine jetzige Tätigkeit?
Nach meiner Tätigkeit im Produktmarketing für ein internationales Sportunternehmen in Dubai habe ich mich 2016 mit subcultours selbständig gemacht. Bei subcultours geht es darum, neugierige Traveler und Locals mit einheimischen Künstlern und Kreativschaffenden zu vernetzen. Meine Vision ist es, die einheimische Community im kreativen Wachstum zu unterstützen und zugleich nachhaltigen Tourismus und gegenseitiges kulturelles Verständnis auszubauen. In Zeiten der Globalisierung möchte ich die Sensibilität für kulturelle Unterschiede stärken und dazu beitragen kulturelle Werte zu erhalten.

Seit der Gründung von subcultours 2016 bin ich mit meinem Team in Berlin und auf dem deutschen Markt tätig. Langfristig möchte ich das Konzept international ausrollen und stets eine lokale Infrastruktur im jeweiligen Markt aufbauen, damit die Nachhaltigkeit und Authentizität gewährleistet sind.

War dein Studiengang eine gute Vorbereitung und Ausbildung dafür?
Mein Master-Studium war insofern hilfreich, als dass ich viele Präsentationen gehalten und viel im Team gearbeitet habe. Die Erfahrung mit Microsoft Office brauche ich, um Präsentationen, Analysen und Tabellen zu erstellen. Jedoch würde ich behaupten, dass ich 70 Prozent des Wissens erst im Job erworben habe.

Würdest du dich als Abiturient wieder für denselben Studiengang entscheiden?
Ich würde mich wieder für das Doppelstudium entscheiden, da man fließend Wirtschaftsfranzösisch spricht und schreibt und viel Auslandserfahrung gesammelt hat, wenn man das Studium nach fünf Jahren abschließt. Zudem ist die finanzielle Seite interessant, da man im Studium von der deutsch-französischen Hochschule unterstützt wird und keine Studiengebühren für die französische Partner-Business-School zahlen muss. Wenn man einen sehr guten Abiturschnitt sowie sehr gute Ergebnisse in Französisch hat, eine internationale Karriere anstrebt und sich in Richtung Wirtschaft weiterentwickeln möchte, ist dieser Studiengang mit Sicherheit die richtige Wahl.

Katja Krämer

Jahrgang 1989

International Management, HWR Berlin (Bachelor)

International Marketing Management, ESCE Paris (Master)

Gründerin von subcultours

Wirtschaft

Betriebswirtschaftslehre mit Schwerpunkt Finance

Eine Vertiefungsrichtung der Betriebswirtschaft ist die Finanzwirtschaft. Wie der Name schon sagt, dreht sich hier alles um die finanziellen Aspekte von Unternehmen. Damit sind vor allem Fragen der Finanzierung und Investition gemeint: Wie beschafft sich ein Unternehmen Kapital, wie finanziert es sich? Und wofür setzt es diese Geldmittel ein, wie und wo investiert es? Ein weiterer wichtiger Bereich ist das Risikomanagement, also das Erkennen, Bewerten und Verhindern von finanziellen Risiken. Die Studiengänge mit diesem Schwerpunkt haben meist Namen wie Bachelor of Finance oder Bachelor in Finanzmanagement. Wenn noch speziellere Schwerpunkte gesetzt werden, wirst du Bezeichnungen begegnen wie Banking & Finance, International Finance, Insurance & Finance und Corporate Finance.

Vermögen verwalten oder Fusionen leiten

In den ersten Semestern des Studiums erlernst du zunächst einmal die allgemeinen betriebswirtschaftlichen Grundlagen, bevor du dann tiefer in Finanzthemen einsteigst. Diese sind in mehrere Spezialgebiete aufgeteilt. Folgende werden dir im Laufe deines Studiums sicherlich begegnen oder je nach Studiengang sogar deinen Schwerpunkt bilden:

- **Asset Management:** die Vermögensverwaltung (Treffen von Anlageentscheidungen)
- **Controlling:** die Planung, Überwachung und Steuerung der Wirtschaftlichkeit des Unternehmens
- **Mergers & Acquisitions:** Fusionen und Übernahmen von Unternehmen
- **Investment Banking:** die Unterstützung von Unternehmen bei der Beschaffung von Kapital oder beim Durchführen von Transaktionen
- **Risk Management:** die Bewertung und Bewältigung von Risiken

Die Mitgestaltung von Investitionen, Fusionen, Unternehmenskäufe – und das oft über Staatsgrenzen hinweg – erfordert Kenntnisse der jeweiligen rechtlichen Situation. Deshalb eignest du dir im Studium auch rechtliche, insbesondere steuerrechtliche Grundlagen an.

Soft Skills stehen auch auf dem Studienplan

Zudem wird Wert darauf gelegt, dass die Studenten neben ausgeprägtem Fachwissen auch Management-Kompetenzen erwerben. Dazu gehören zum Beispiel problemlösendes Denken, Teamfähigkeit und Kommunikationsstärke. Projekt- und Gruppenarbeiten sowie Fallstudien zählen ebenso zum Studienplan wie Vorlesungen. Das Studium bereitet dich vor auf eine Arbeit in Banken, Versicherungen, Finanzabteilungen von Unternehmen oder bei Finanzdienstleistern. Aber auch in Wirtschaftsprüfungs- und Steuerberatungsgesellschaften oder in Unternehmensberatungen hast du gute Jobaussichten.

Wirtschaft

LINK-TIPP:
- Brancheninfos zu Banking: www.e-fellows.net/banking

… aus der Theorie

Wann und warum hast du dich für deinen Studiengang entschieden?
Vor meinem Studium habe ich eine Ausbildung zur Bankkauffrau in einer Sparkasse absolviert. Während der dualen Ausbildung durchliefen wir alle Abteilungen sowie diverse Filialen und konnten Eindrücke in den verschiedensten Bereichen sammeln. Nach Abschluss der Ausbildung hatte ich das Bedürfnis, meinen Horizont zu erweitern und mir ein breiteres Wissen anzueignen, das mir neue Möglichkeiten eröffnet. Damals war ich vor allem vom Wertpapiergeschäft fasziniert und träumte insgeheim davon, später bei der Deutschen Börse AG in Frankfurt zu arbeiten – am liebsten natürlich als Analyst oder Broker. Da ich außerdem thematisch auf meiner Berufsausbildung aufsetzen wollte, stand für mich bereits von vornherein fest, dass ich Betriebswirtschaftslehre mit Schwerpunkt auf Finance an einer international ausgerichteten Hochschule studieren wollte. Mir war zudem wichtig, dass ich im Studium ein Auslandssemester absolvieren kann.

Haben sich deine Erwartungen erfüllt?
Mittlerweile habe ich mein Studium mit zwei Auslandssemestern und einem dreiwöchigen Seminar in Indien innerhalb der Regelstudienzeit erfolgreich abgeschlossen und kann auf überwiegend sehr positive, aber auch einige ernüchternde Erfahrungen zurückblicken. Das Studium ist üblicherweise in unterschiedliche Phasen unterteilt, die an der University of Applied Sciences in Frankfurt aus Grundstudium, Internationalisierung und Vertiefungsstudium bestehen. Die Inhalte im Grundstudium haben meine Erwartungen leider nicht erfüllt, ich fühlte mich oft nicht richtig gefordert. Die positiven Aspekte meines Studiums waren die internationale Ausrichtung und die zahlreichen Möglichkeiten ein Auslandsstudium wahrzunehmen. Man sollte sich also vor allem in generalistischen Studiengängen wie BWL bewusst werden, welche Erwartungen man an sein Studium hat – ganz egal, ob dies Internationalisierung, Vernetzung mit Unternehmen, spezifische Seminare, oder sonstige Möglichkeiten betrifft.

Die finale Phase im Rahmen des Vertiefungsstudiums stellte im Nachhinein betrachtet den herausforderndsten, aber auch interessantesten Teil des Studiums dar. Die Vorlesungen ermöglichen einen offenen Austausch und förderten Diskussionen, die einen soliden Wissenstransfer und eine praxisnahe Anwendung der theoretischen Inhalte unterstützten.

Wem würdest du das Studium weiterempfehlen?
Das Studium empfiehlt sich prinzipiell für jeden, der vielfältig interessiert ist und sich alle Türen offenhalten möchte, da es eine Vielzahl an Vertiefungs- und Spezialisierungsmöglichkeiten bietet. Der sehr sinnvoll gestaltete Studienaufbau ermöglicht eine schrittweise Aneignung, Vertiefung und anschließend, im Rahmen eines Praktikums, Anwendung der gelernten Inhalte – das macht das Lernen sehr nachhaltig. Studieninteressierte dürfen jedoch nicht vergessen, dass BWL und vor allem Finance, sehr zahlenlastig sind. Ohne eine gewisse Affinität zu Zahlen sollte man die Wahl insofern gut überdenken.

Lisa Schmidt

Jahrgang 1994

International Business Administration (Bachelor)

Frankfurt University of Applied Science

Wirtschaft

Daniel Kiefl

Jahrgang 1995

Betriebswirtschafts-
lehre (Bachelor),
Hochschule München

Portfoliomanager,
WealthCap GmbH

Wirtschaft

… aus der Praxis

Worin besteht deine jetzige Tätigkeit?

Ich bin direkt nach meinem dualen Studium von dem Unternehmen übernommen worden, bei dem ich meine Spezialisierung absolviert hatte. Seit März 2017 arbeite ich bei der WealthCap in München als Portfoliomanager für die Multiassetfonds. Die WealthCap ist eine Tochter der HypoVereinsbank. Mein Fachbereich sind dabei die Multiassetfonds, die mehr als eine Anlageart im Portfolio führen. Zu meinen Aufgaben zählt zum einen die Liquiditätssteuerung der Fonds, bei der es darum geht, darauf zu achten, dass der Fonds all seine finanziellen Verpflichtungen einhalten kann. Zum anderen erhalte ich von den Gesellschaften, in die die Fonds investiert sind, regelmäßige Reportings. Nach deren Lektüre gehe ich bei Bedarf auf das Management zu, um mir Fragen und etwaige Unstimmigkeiten erklären zu lassen. Hier geht es vor allem darum, Risiken und die Performance bestehender Beteiligungen im Auge zu behalten. Neben diesem Tagesgeschäft unterstütze ich meinen Kollegen bei der wirtschaftlichen Risikoprüfung von potenziellen neuen Investments. Hier liegt der Fokus auf Immobilien, Private Equity und Infrastrukturinvestitionen.

War dein Studiengang eine gute Vorbereitung und Ausbildung dafür?

Ich habe im Studium den Schwerpunkt Finance gewählt und an der Hochschule München eine sehr fundierte und zugleich breite Ausbildung erhalten, die ich in den Praxisphasen und auch nach dem Studium in meiner jetzigen Position optimal nutzen kann. Die behandelten Inhalte reichen von Investitionsrechnung mit der Analyse von Cash Flows über die Bewertung von Unternehmen bis hin zu den Grundlagen derivativer Finanzinstrumente.

Würdest du dich als Abiturient wieder für denselben Studiengang entscheiden?

Das duale Studium ist nicht ganz ohne, da man im Vergleich zu den Kommilitonen erheblich weniger Freizeit hat. Nichtsdestotrotz würde ich alle Entscheidungen wieder genauso treffen, da ich die Kombination aus theoretischem Wissen und praktischer Anwendung sehr gut finde. Wenn ihr mit dem Gedanken spielt, diese Richtung einzuschlagen, solltet ihr eine Affinität zu Zahlen mitbringen. Ein großer Teil meiner Arbeit basiert darauf, Zahlen zu analysieren und auf Plausibilität zu prüfen. Des Weiteren sollte auch ein Interesse für Märkte und wirtschaftliche Zusammenhänge vorhanden sein, da diese immer Teil einer Investitionsentscheidung sind. Neben diesen analytischen Gesichtspunkten ist mein Bereich aber immer noch „people's business", wie es so schön heißt. Das bedeutet, man arbeitet sehr viel mit verschiedenen Menschen zusammen, sowohl mit den Kollegen im Team oder in anderen Abteilungen als auch mit externen Partnern, wie anderen Fondsmanagern, Rechtsanwälten und Wirtschaftsprüfern. Man sollte keine Scheu haben, auf Leute zuzugehen oder seine Meinung zu äußern. Englisch spielt eine wichtige Rolle, wobei ich zugeben muss, dass ich viele der notwendigen Vokabeln und Begrifflichkeiten erst im Büro gelernt habe und noch lerne. Euer Englisch sollte gut sein, aber lasst euch nicht von den vielen Fachbegriffen abschrecken, denn die lernt ihr nach und nach.

Betriebswirtschaftslehre mit Schwerpunkt Management

Für eine Führungsposition in einem Unternehmen sind tiefgreifende betriebswirtschaftliche Kenntnisse natürlich unverzichtbar: Schließlich muss der Chef die wirtschaftlichen Zusammenhänge seines Betriebs am besten verstehen. Jedes BWL-Studium bildet somit eine gute Voraussetzung dafür, später einmal „ganz oben" mitzumischen und eine Führungsposition einzunehmen oder sogar ein Unternehmen zu leiten.

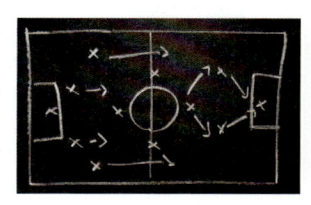

Fachkenntnisse allein reichen nicht für den Chefsessel
Aber: Wenn ökonomische Fachkenntnisse allein reichen würden, könnte ja jeder Chef werden. Zum Manager-Dasein gehören noch andere Fähigkeiten: Manager müssen – wie das Wort schon sagt – vor allem „managen", also planen und organisieren, sich Strategien überlegen, deren Realisierbarkeit beurteilen können, für deren Umsetzung sorgen und deren Erfolg überprüfen. Das setzt ausgeprägte analytische Fähigkeiten sowie strategisches und interdisziplinäres Denken voraus.

Zudem sind Manager auch Führungskräfte: Sie müssen Mitarbeiter überzeugen und motivieren, ihnen Aufgaben übertragen, bei Konflikten vermitteln, mit Geschäftspartnern verhandeln, Anweisungen ihrer eigenen Vorgesetzten „nach unten" weitergeben und umgekehrt Anliegen der Mitarbeiter gegenüber der nächsthöheren Hierarchieebene vertreten. Das erfordert ausgeprägte soziale und kommunikative Fähigkeiten.

Manager sein: Wie lernt man das im Studium?
Doch wie lernt man diese Fähigkeiten an einer Hochschule? Zunächst einmal müssen künftige Führungskräfte Generalisten sein, also alle Bereiche eines Unternehmens verstehen, um den Überblick zu behalten und Strategien und Lösungen überhaupt realistisch beurteilen zu können. Deshalb ist ein Studium mit Schwerpunkt Unternehmensführung ein Rundumschlag durch die ganze Betriebswirtschaftslehre: Marketing, Controlling und Logistik gehören ebenso dazu wie Steuerrecht und Personalmanagement. Hinzu kommen Kurse, die dir explizit Management-Kompetenzen vermitteln, wie Informationsmanagement oder Wirtschaftsethik. Englisch sollte in der Schule nicht dein schlechtestes Fach gewesen sein, da du dir im Studium auch sehr gute Kenntnisse in Wirtschaftsenglisch aneignen musst.

Die ebenso wichtigen sozialen Fähigkeiten sind durch Vorlesungen und Bücher natürlich schwerer zu vermitteln. Dafür gibt es Gruppenarbeiten, Übungen zu Selbstmanagement und Teamverhalten, Fallstudien und Planspiele, in denen der Umgang mit Problemen aus dem Manager-Alltag trainiert wird, sowie Seminare zu Rhetorik und Business-Etikette, damit du dich später als Vertreter eines Unternehmens in der Geschäftswelt zu verhalten weißt.

Wirtschaft

Tomás Gero Herrmann

Jahrgang 1994

Business Administration (Bachelor)

ESADE Business School

Wirtschaft

… aus der Theorie

Wann und warum hast du dich für deinen Studiengang entschieden?
Eigentlich habe ich mich ziemlich spontan für den Studiengang entschieden – davor wollte ich lange Zeit Genetik und Biotechnologie studieren. Durch Gespräche mit meiner Familie und meinen Lehrern habe ich aber dann ein halbes Jahr vor dem Studium gemerkt, dass meine Persönlichkeit zu einem Business-Studium passt: Ich bin ein ausgesprochen offener Mensch, habe ein internationales Profil und habe schon zu Schulzeiten immer Führungsrollen übernommen. Ein besonderer Reiz war für mich außerdem das Auslandsstudium – Barcelona ist eine wunderschöne und sehr lebendige Stadt, und die Universität ist sehr international ausgerichtet. Außerdem war mir ein Austauschprogramm wichtig, um auch weitere Länder und Universitäten kennenzulernen.

Letztendlich habe ich mir auch gedacht, dass ich mir durch ein BWL-Studium viele Optionen offenhalte, um später zu entscheiden, in welchem Feld und in welcher Funktion ich eine Karriere starten möchte – auch, weil in meinem Studium mindestens ein Praktikum vorgesehen ist, und ich auf die Weise die Möglichkeit hatte, verschiedene Einblicke in die Arbeitswelt zu erhalten.

Haben sich deine Erwartungen erfüllt?
Meine Erwartungen haben sich nicht nur erfüllt, sie wurden klar übertroffen! Erstens habe ich jetzt ein ziemlich gutes Verständnis für die Unternehmenswelt als Ganzes und dafür wie verschiedene Bereiche wie z. B. Finance, Marketing, Operations und HR zum Erfolg einer Firma beitragen können. Darüber hinaus hat mir das Studium die Möglichkeit gegeben, Leute aus aller Welt kennenzulernen und so meinen Horizont zu erweitern – zum Beispiel habe ich letzten Sommer mein Austauschsemester an einer Ivy League School in den Vereinigten Staaten absolviert. Am wichtigsten ist mir jedoch, dass ich durch das Studium viel über mich selbst gelernt habe: Um ein erfolgreicher Manager und Leader zu sein, muss man nämlich lernen, gut im Team zu arbeiten, überzeugend aufzutreten und Ideen zu präsentieren und ein starkes Selbstbewusstsein haben. Das Studium hat mir geholfen, mich in all diesen Bereichen weiterzuentwickeln.

Wem würdest du das Studium empfehlen?
Falls du in deinem Freundeskreis häufig die Entscheidungen triffst und z. B. Reisen organisierst oder in der Schule immer schon gerne Projekte oder AGs leitest und in Gruppenarbeiten eine Führungsrolle übernimmst, dann hast du ein natürliches Talent zum Managen. Wenn du zudem gerne präsentierst, gut mit Leuten umgehen kannst, sehr sozial bist und es dir schwerfällt, ein Lieblingsfach zu nennen, weil dich irgendwie alles interessiert, bist du in einem Business-Studium gut aufgehoben. Wenn du darüber hinaus gerne Verantwortung übernimmst und dir vorstellen kannst, später eine Führungsposition zu übernehmen, bist du wahrscheinlich der perfekte Kandidat für den Studiengang Business Administration.

... aus der Praxis

Worin besteht deine jetzige Tätigkeit?
Als Product Owner bin ich vollumfänglich für mein Produkt verantwortlich. Die Verantwortung erstreckt sich von der Aufnahme von Feedback über die Generierung von Ideen für neue Funktionen, die Priorisierung und Planung der nächsten Entwicklungsschritte bis hin zum Aufbereiten von Marketing- und Support-Materialien und der Verwaltung des Entwicklungsbudgets. Als „Besitzer" meiner App bin ich Schnittpunkt zwischen den Nutzern der App, der Unternehmensstrategie und der Entwicklung – eine Aufgabe, die einiges an Organisationsgeschick, Planung und viel zielgruppengerechte Kommunikation erfordert. Dank der Vielfalt der Aufgaben gleicht kein Tag dem anderen. Höhepunkte sind für mich immer die Momente, wenn eine einst auf Papier skizzierte Idee zum ersten Mal live zu sehen und nutzbar ist.

War dein Studiengang eine gute Vorbereitung und Ausbildung dafür?
Absolut – und zwar vor allem aufgrund der Punkte, die nicht ganz vorne im Studienplan stehen: Ein International Management Double Degree-Studium an der ESB Reutlingen ist eine vierjährige Abenteuerreise durch mindestens zwei Länder, Kulturen und Sprachen, bei der man Freunde in der ganzen Welt findet und dazu noch mit einem Jahr Berufserfahrung in die Jobsuche startet! Neben der interkulturellen, sprachlichen und kommunikativen Kompetenzen erhält man durch die beiden fest eingeplanten Praxissemester auch einen unglaublich wertvollen Einblick in die Berufswelt bei dem man auch das erlangte Wissen direkt einbringt. Die Verknüpfung aus Erlernen des Fachwissens während der Studiensemester und dem Anwenden während der Praxissemester war für mich immer ungemein motivierend. Darüber hinaus – und das ist fast noch wichtiger – sorgen diese Herausforderungen dafür, dass man beim Berufseinstieg einen riesigen Erfahrungs- und Kompetenzvorsprung gegenüber anderen Bewerbern hat. Ein Vorsprung, der sich auch in den ersten Berufsjahren noch bezahlt macht.

Würdest du dich als Abiturient wieder für denselben Studiengang entscheiden?
Jederzeit und ohne auch nur eine Sekunde zu zögern! Ich würde mich gleich morgen wieder einschreiben, nur, um all die tollen Momente und Erfahrungen noch einmal erleben zu dürfen. Ich kann mir keinen Studiengang vorstellen, der so viel Freude macht und dabei perfekt auf die Zeit danach vorbereitet.

Thomas Leitermann

Jahrgang 1990

International Management Double Degree (Bachelor),
ESB Reutlingen

Product Owner,
inovex

Wirtschaft

Betriebswirtschaftslehre mit Schwerpunkt Marketing

Gute Ware zu produzieren reicht nicht; ohne Strategien zur Vermarktung würde sie nie einen Käufer finden. Deshalb kommt längst kein Unternehmen mehr ohne Marketing aus. Dabei geht es nicht nur darum, ein fertiges Produkt möglichst gewinnbringend unters Volk zu bringen, sondern vielmehr darum, die Bedürfnisse der potenziellen Kunden in die gesamte Planung und Gestaltung des Produkts einzubeziehen, ja sogar in die gesamte Führung des Unternehmens einfließen zu lassen. Zudem hat sich Marketing in den letzten Jahren durch die Möglichkeiten der Digitalisierung stark verändert. Hieß es sonst immer: „Die Hälfte der Marketing-Ausgaben schmeißt man zum Fenster hinaus – man weiß nur nicht, welche", kann man heute mit Web-Analyse-Tools sehr genau nachvollziehen, welche Werbekampagnen sich gelohnt haben und welche nicht. Dafür muss im Studium natürlich das entsprechende Know-how vermittelt werden.

Mehr als nur Verkauf
Ein Unternehmen nutzt in der Regel verschiedene Marketing-Instrumente: Zuerst einmal muss das Produkt vom Design bis zur Verpackung so gestaltet werden, dass es den Käufern attraktiv erscheint. Dann muss ein angemessener Preis für das Produkt festgesetzt werden, den die Käufer bereit sind zu zahlen und der möglichst viel Gewinn abwirft. Dann kommt das zum Einsatz, was die meisten Menschen unter Marketing verstehen: die Werbung für das Produkt. Und schließlich muss entschieden werden, auf welchem Weg das Produkt zum Kunden kommen soll: Soll es über Ladengeschäfte oder über einen eigenen Online-Shop vertrieben werden?

Marketing-Spezialisten braucht jedes Unternehmen
Marketing ist also in jedem Unternehmen ein zentrales Kriterium bei sehr vielen Entscheidungen. Viele Firmen haben eine eigene Marketing- oder Vertriebsabteilung. Einige lagern aber auch Teile ihres Marketings aus, lassen also zum Beispiel eine Werbekampagne für ein neues Produkt komplett von einer Marketing-Agentur planen. In solche Agenturen steigst du meist als Volontär ein, machst also nach dem Hochschulabschluss eine Art Praktikum, das rund ein Jahr dauert und bei dem du auch etwas verdienst.

Da Marketing – wie du gesehen hast – nicht erst mit dem Vertrieb der Ware beginnt, werden viele Marketing-Spezialisten als sogenannte Produktmanager für ein Unternehmen tätig. Diese machen aus einer Idee ein marktreifes Produkt: Sie analysieren den Markt hinsichtlich Nachfrage und Konkurrenzprodukten, prüfen, ob sich die Einführung eines bestimmten Produkts lohnen würde, und bestimmen Preis, Aussehen, Vertriebswege und so weiter. Wenn dich vor allem die erste Phase der Produktentwicklung, die Marktanalyse, interessiert, ist vielleicht auch ein Marktforschungsinstitut eine gute Jobadresse für dich. Weitere mögliche Arbeitgeber sind Unternehmensberatungen: Hier kannst du Firmen helfen, ihre Marketing-Strategien zu optimieren.

Wirtschaft

... aus der Theorie

Wann und warum hast du dich für deinen Studiengang entschieden?
Ich habe mich ungefähr ein Jahr vor den Abiturprüfungen für den Studiengang entschieden und beworben, da es bereits damals mein großer Wunsch war, eines Tages in der Werbebranche zu arbeiten. Während meiner Schulzeit hatte das Praktikum in einer Werbeagentur meine Begeisterung für Marketing und Medien geweckt. Neben diesem Ziel war es mir aber auch wichtig, eine betriebswirtschaftliche Basis für meine Laufbahn zu legen, um mir langfristig weitere Möglichkeiten offenzuhalten. Darüber hinaus hoffte ich, mit diesem Studiengang einen tieferen Einblick in die Arbeitswelt von Kommunikatoren, Marketing-Abteilungen und Werbeagenturen zu gewinnen und eigene Erfahrungen mit Kommunikationsstrategien und -techniken zu machen.

Haben sich deine Erwartungen erfüllt?
Mein Studiengang zeichnet sich, wie erhofft, durch seine Vielfalt an Aufgaben und Möglichkeiten aus: Einerseits kann ich meine mathematischen und analytischen Fähigkeiten erproben, andererseits erfordern Gruppenarbeiten, Referate und Konzeptionen sowohl interaktive als auch kreative Kompetenzen. Der Schwerpunkt Marketing bietet eine große Bandbreite kommunikativer Herausforderungen und ermöglicht die Spezialisierung in einer spannenden Branche. Das Studium hat meine Erwartungen dank praxisorientierter Ausrichtung und direktem Bezug zu realwirtschaftlichen Problemen sogar noch übertroffen.

Wem würdest du das Studium empfehlen?
Meinen Studiengang möchte ich insbesondere den Abiturienten empfehlen, die sich für Medien, Wirtschaft und Marketing interessieren und sich für strategisches und kreatives Problemlösen begeistern. Des Weiteren ist es wichtig, dass sie neben der betriebswirtschaftlichen Theorie auch an einem praxisbezogenen Studium interessiert sind, bei dem sie zum Beispiel an Marktforschungsprojekten oder Marketing-Kampagnen arbeiten. Der Studiengang ist ideal für Abiturienten, die ihre Kreativität erproben und ihre kommunikativen Fähigkeiten weiterentwickeln möchten. Insgesamt sollten die Abiturienten für den Studiengang Teamfähigkeit, Interesse an vielfältigen Problemstellungen und natürlich Spaß an Kommunikation mitbringen.

Mijka Ghorbani

Jahrgang 1995

Marketing & Communications Management (Bachelor)

International School of Management (ISM), Dortmund

Wirtschaft

Christoph Goeken

Jahrgang 1990

Business Administration, Hamburg School of Business Administration (Bachelor)

Psychology of Advertising, University of Illinois at Urbana-Champaign (Master)

Fellow bei McKinsey & Company

… aus der Praxis

Worin besteht deine jetzige Tätigkeit?

Den typischen Berater-Alltag gibt es nicht. Vielmehr bringen die wechselnden Herausforderungen auch eine spannende Vielfalt an Aufgaben und Einsatzgebieten mit sich. Dennoch versuche ich in meinen Beratungsprojekten, einen inhaltlichen Fokus zu legen: Der direkte Bezug zum Konsumenten ist mir wichtig. So habe ich unter anderem in einem internationalen Team analysiert, warum eine traditionell erfolgreiche Produktkategorie nicht mehr vom Konsumenten angenommen wird und wie das Unternehmen das Werteversprechen anpassen müsste, damit das Produkt wieder oben auf der Einkaufsliste landet. Ein anderes sehr prägendes Projekt war die Einführung einer vollständig neuen Marke für einen großen Konzern – hier war ich von der Namensfindung bis hin zum ersten Werbespot bei allen Entscheidungsprozessen involviert.

War dein Studiengang eine gute Vorbereitung und Ausbildung dafür?

In meiner Arbeit fühle ich mich manchmal wie in einem interaktiven Lehrbuch: Sehr oft erinnere ich mich an ähnliche strategische Problemstellungen aus Vorlesungen oder Fallstudien aus dem Studium. Dies hilft mir dann auch in der Praxis. Häufig greife ich auch auf theoretische Modelle oder wissenschaftliche Konzepte aus meinen Kursen zurück, die mir zu Beginn eines Projektes helfen, den jeweiligen Fall zu strukturieren. Darüber hinaus habe ich im Studium vor allem auch die dynamische Arbeit in Gruppen kennengelernt. Rückblickend war dies die wichtigste Vorbereitung, denn meine tägliche Arbeit ist fast wie ein Mannschaftssport. Als Team ist man nur erfolgreich, wenn alle entsprechend ihrer Stärken eingebunden werden.

Würdest du dich als Abiturient wieder für denselben Studiengang entscheiden?

Ja, denn ich habe von Anfang an die Themen in meinen Lehrplan aufgenommen, die mich wirklich begeistern – auch in meiner Freizeit. Im Studium habe ich mit Begeisterung gelernt, wie Unternehmen mit verschiedenen Marketing- und Vertriebsstrategien das Kaufverhalten von Konsumenten beeinflussen können. Einen Tipp habe ich aber: Wenn man sich für Marketing oder Werbung interessiert und ein entsprechendes Studium wählt, sollte man sich zusätzlich ein gutes betriebswirtschaftliches Fundament zulegen. So kann ich jedem Marketing-Studenten nur empfehlen, auch verschiedene Kurse zu Finanzthemen zu belegen. Der sichere Umgang mit Zahlen ist selbst im kreativsten Job heutzutage ein entscheidender Vorteil.

Wirtschaft

Volkswirtschaftslehre

Was in der Wirtschaft so passiert, interessiert dich durchaus. Aber wieso sollte man sich nur mit den Unternehmen beschäftigen, wenn die Wirtschaftspolitik doch deren Rahmenbedingungen festlegt? Und war da nicht außerdem noch etwas mit regionalen und internationalen und vollkommenen Märkten …? Dieser Ansatz ist ausgesprochen volkswirtschaftlich. Natürlich beschäftigt sich die VWL auch noch mit anderen Themen als Märkten. Unternehmenstheorie, ein bisschen Wirtschaftsinformatik, sogar Buchhaltung wird dir in diesem Studium begegnen. Immer aber vor dem Hintergrund größerer (makroökonomischer) Zusammenhänge. Diese großen Muster finden sich aber auch auf mikroökonomischer Ebene – im Miteinander von einzelnen Haushalten oder auch Unternehmen auf dem Markt.

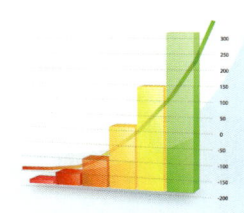

Was macht man denn als VWLer?
Teilweise – besonders in den ersten Semestern – lernen VWL-Studenten dasselbe wie BWLer; schließlich müssen sie dieselben Wirtschaftsgrundbegriffe beherrschen wie alle anderen Wirtschaftswissenschaftler. In den höheren Semestern erfolgt dann oft, ebenfalls wie bei BWL, eine Spezialisierung. Das kann „Geld und Währung" sein, „Wirtschaftsentwicklung" oder „internationale Wirtschaft". Einige Fakultäten bieten auch Mischprogramme an. Dort kannst du dann beispielsweise VWL mit Vertiefung in Management studieren, also in einem klassischen BWL-Fach.

Generell widmet sich die Volkswirtschaftslehre vor allem gesamtwirtschaftlichen Zusammenhängen. Wie funktioniert der Markt? Wie wirkt sich die staatliche Wirtschaftspolitik auf den Markt aus? Auf welcher Grundlage entscheiden die Marktteilnehmer? Statistik und Methodenlehre sind zentrale Elemente des Studiums, zum einen, um die wirtschaftlichen Prozesse abzubilden, zum anderen, um Entwicklungen vorhersagen zu können.

Mit geschärftem Profil zum Job
Seit Ende der 1990er Jahre sinkt die Zahl der Abschlüsse in Volkswirtschaftslehre beständig – wohl deshalb, weil BWL-Absolventen vielfältiger einsetzbar sind. VWLer dagegen haben sehr gute Karten bei nationalen und internationalen Organisationen oder staatlichen Institutionen. Dort werden sie in den Bereichen Planung oder Beratung gebraucht. Wer in die Privatwirtschaft will, konkurriert mit den Betriebswirten und sollte sein Profil daher bereits im Studium durch eine Spezialisierung schärfen. Je nach Schwerpunkt bieten sich als Arbeitgeber dann Finanzdienstleister, Personalberatungen oder auch die Medienbranche an.

LINK-TIPP:
- Infos und Tipps für alle Wirtschaftswissenschaftler: www.wiwi-treff.de

Rowen Pham

Jahrgang 1993

Volkswirtschaftslehre
(Bachelor)

Universität St. Gallen

… aus der Theorie

Wann und warum hast du dich für deinen Studiengang entschieden?
Ich habe mich erst kurz vor Abschluss des Abiturs dazu entschieden, ein wirtschaftswissenschaftliches Studium zu absolvieren, da ich lernen wollte, wie die Wirtschaft funktioniert und wieso einzelne Volkswirtschaften so stark miteinander verknüpft sind. Ich hatte die Wahl zwischen der Betriebswirtschaftslehre (BWL) und der Volkswirtschaftslehre (VWL), wobei ich mich schließlich für VWL entschieden habe, weil man in VWL lernt, wie man die Zusammenhänge in einer Wirtschaft ganzheitlich analysieren kann. Ein weiterer Grund war meine Affinität zur Mathematik, da VWL mathematischer ausgerichtet ist als BWL und man mehr mit Modellen arbeitet.

Haben sich deine Erwartungen erfüllt?
Die theoretischen Grundlagen, die im VWL-Studium gelehrt werden, ermöglichen einem, reale politische, gesellschaftliche und ökonomische Fragestellungen zu beantworten. Das habe ich bald nach Beginn des Studiums gemerkt, als ich beispielsweise in die Zeitung schaute und etwas zur Geldpolitik der Europäischen Zentralbank las. So stellte ich fest, dass ich bereits nach kurzer Zeit die Gründe und Auswirkungen einer bestimmten Politik objektiver analysieren und bewerten konnte. Außerdem ist das VWL-Studium sehr spannend, weil man sich mit Themen auseinandersetzt, die einem vorher nicht aufgefallen wären. Ein Beispiel dafür ist die Spieltheorie, die sich mit strategischen Entscheidungen von Individuen beschäftigt. Mit einem VWL-Studium erwirbt man sehr wertvolle analytische Fähigkeiten, um reale und relevante Probleme zu lösen. Insofern wurden meine Erwartungen sogar übertroffen.

Wem würdest du das Studium empfehlen?
Da die Wirtschaft sehr vielfältig ist und der Studiengang in der Regel unterschiedliche Spezialisierungen bietet, kann ich das Studium allen empfehlen, die sich für wirtschaftliche oder politische Zusammenhänge interessieren, weil beide in der Realität sehr eng miteinander verknüpft sind. Egal ob man sich für Entwicklungspolitik, Geldpolitik, Finanzmärkte oder einen anderen Bereich der Wirtschaft interessiert: Man wird sicherlich fündig werden. Davon, dass die VWL mit Modellen hantiert und für den Außenstehenden gelegentlich etwas theoretisch wirken mag, sollte man sich nicht abschrecken lassen. Man lernt alle nötigen Grundlagen im Studium.

Wirtschaft

... aus der Praxis

Worin besteht deine jetzige Tätigkeit?
Bei der AGI arbeite ich als Analyst an einem Themenfonds mit, in dem wir versuchen, die großen wirtschaftlichen und gesellschaftlichen Trends zu erkennen, um dann in Firmen zu investieren, die davon profitieren werden. Was hat es mit dem „self driving car" und dem „Internet of Things" auf sich? Wie geht es mit den globalen Wasservorkommen weiter? Werden Streaming-Anbieter wie Amazon und Netflix wirklich das Fernsehen verdrängen? Diese Fragen stellen wir uns täglich. Um die richtigen Investments herauszufiltern, analysieren wir Geschäftsberichte und Bilanzen, wir treffen Experten aus der Industrie und das Management der Firmen. Neben den Zahlen kommt hier die „menschliche" Komponente hinzu: Glauben wir dem Management von Tesla, Rocket Internet oder Netflix, dass sie mit ihren Produkten Strukturen und Konsumentenverhalten verändern können? Wenn uns die Firmenchefs im Managementmeeting nicht von ihrer Strategie und Kompetenz überzeugen, investieren wir auch nicht. Da sich die Welt permanent weiterentwickelt, müssen wir unsere bestehenden Annahmen immer wieder hinterfragen und anpassen. Was gestern richtig war, kann morgen falsch sein. Dadurch lernt man permanent dazu, und kein Tag gleicht dem anderen.

War dein Studiengang eine gute Vorbereitung und Ausbildung dafür?
Während ich im VWL-Studium gelernt habe, abstrakt zu denken, konnte ich mich im Finance-Master gut darauf vorbereiten, Unternehmen und Märkte zu analysieren. Meiner Meinung nach sind aber Neugier, Weltoffenheit sowie Interesse an politischen Geschehnissen und strukturellen gesellschaftlichen Veränderungen genauso wichtig, wenn nicht sogar wichtiger als das Studium. Bilanzen zu lesen kann man sich antrainieren, nicht aber die Neugier und den Drang, die Welt mit ihren gesellschaftlichen, wirtschaftlichen und politischen Trends besser zu verstehen.

Würdest du dich als Abiturient wieder für denselben Studiengang entscheiden?
Wer kann schon sagen, was passiert wäre, wenn ich nach dem Abi beispielsweise ein Start-up gegründet hätte? Studium und Praktika haben mich gut auf meinen Job vorbereitet und rückblickend bereue ich keine meiner Entscheidungen. Aber auch ein anderer Weg hätte sich für mich gut entwickeln können. Für mich war immer wichtig: Kann ich zu der Entscheidung, die ich heute treffe, auch in zehn Jahren noch stehen?

Moritz Benjamin Dufner

Jahrgang 1987

International Economics, Eberhard-Karls Universität Tübingen (Bachelor)

Finance, Stockholm Business School (Master)

Analyst, Allianz Global Investors (AGI)

Wirtschaft

Wirtschaftswissenschaften/Ökonomie

Wer weiß, dass er etwas Wirtschaftswissenschaftliches studieren will, aber das große Ganze im Auge behalten möchte, statt sich zu spezialisieren, ist im Studiengang Ökonomie wahrscheinlich am besten aufgehoben. Hier lernst du zu gleichen Teilen BWL und VWL, Finance und Marketing. Während in anderen wirtschaftswissenschaftlichen Studiengängen meist nur in den ersten Semestern ein verhältnismäßig grober Überblick über alle Teilgebiete vermittelt wird, soll im Ökonomie-Studiengang deine Sichtweise nicht durch die Beschränkung auf einen Bereich eingeengt werden. Stattdessen soll dir ein möglichst breites Wissen mitgegeben werden. Gepaart mit den richtigen Analyse- und Problemlösungsmethoden kannst du im Berufsleben dann interdisziplinärer denken und damit kreativer im Finden von Strategien sein.

Generalist statt Spezialist

Soweit die Theorie. Ganz praktisch hat dieses allgemein gehaltene Studium zudem den Vorteil, dass du dein ganzes Bachelor-Studium lang nicht entscheiden musst, welchen Bereich du vertiefen willst. Du wirst ohnehin zum Generalisten ausgebildet. Es ist sicherlich auch wahr, dass dir der gleichzeitige Einblick in alle wirtschaftswissenschaftlichen Gebiete hilft, Zusammenhänge zwischen den Teilbereichen der BWL sowie zwischen BWL und VWL besser zu verstehen.

Ein bisschen Spezialwissen muss trotzdem sein

Aber: Sich in gar nichts sehr gut auszukennen ist auch nicht ideal. Wie in den meisten anderen Wirtschaftsstudiengängen sind auch im Ökonomie-Studium meist Praktika im Studienablauf vorgesehen – wenn nicht, solltest du auf alle Fälle trotzdem welche machen, um dir Spezialwissen anzueignen. Denn – so wertvoll dein breit gefächertes Wirtschaftswissen auch ist – besondere Kenntnisse, die dich vor anderen Bewerbern auszeichnen, brauchst du in jedem Job. Du kannst natürlich auch noch einen Master in einem wirtschaftswissenschaftlichen Spezialgebiet absolvieren, um diese Lücke zu schließen. Bedenke aber, dass dein Spezialisierungsgrad trotzdem geringer sein wird als beispielsweise bei einem BWLer, der sich schon während des Bachelors auf Marketing spezialisierte und anschließend einen Master in Marketing draufsattelte.

Manche Bachelor-Studiengänge mit dem Namen „Wirtschaftswissenschaften" sind allerdings auch nichts anderes als BWL-Studiengänge, in denen du dich in den höheren Semestern ohnehin bereits spezialisieren musst. Der einzige Unterschied zu einem rein betriebswirtschaftlichen Studiengang ist dann der höhere VWL-Anteil. Lass dich also von den Namen der Studiengänge nicht irreführen und informiere dich genau über den Studienplan, wenn du eine möglichst breit gefächerte wirtschaftliche Ausbildung willst.

Wirtschaft

... aus der Theorie

Wann und warum hast du dich für deinen Studiengang entschieden?
Ich habe mich schon zu Beginn der Oberstufe dazu entschieden, Wirtschaftswissenschaften (Wiwi) zu studieren, da mich die dazugehörigen Themen im Sozialkundeunterricht sowie das wirtschaftspolitische Tagesgeschehen interessiert haben. Des Weiteren war mir schon früh bewusst, dass ich ein Studium wählen wollte, das zwar auf der einen Seite wissenschaftlich, aber auf der anderen Seite auch auf die reale Welt anwendbar ist. Diese Punkte sah ich in Wiwi am besten erfüllt. Da ich mich zu diesem Zeitpunkt noch nicht auf BWL oder VWL festlegen wollte, erschien es mir sinnvoll, einen Studiengang zu wählen, bei dem ich mich erst nach einem Jahr definitiv entscheiden musste.

Haben sich deine Erwartungen erfüllt?
Meine Erwartungen haben sich insoweit erfüllt, als dass ich tatsächlich ein tiefes Verständnis für volks-und betriebswirtschaftliche Inhalte vermittelt bekam und mir auch die Möglichkeit gegeben wurde, wissenschaftlich zu arbeiten. Allerdings waren der Studiengang und die zugehörigen Veranstaltungen sehr theoretisch und der Praxisbezug wurde nicht immer deutlich. Rückblickend muss ich sagen, dass mir das allerdings nicht geschadet, sondern eher weitergeholfen hat. Das Studium gab mir die Möglichkeit, einerseits fundierte theoretische Kenntnisse zu erwerben und andererseits auch mir selbst Praxisbeispiele herzuleiten, was mein Verständnis für wirtschaftliche Zusammenhänge weiter vertieft hat.

Wem würdest du das Studium empfehlen?
Ich empfehle das Wiwi-Studium allen, die ein wissenschaftliches Studium mit Bezug zur Wirklichkeit suchen und die gleichzeitig an wirtschaftlichen Themen interessiert sind. Außerdem eröffnet ein guter Abschluss in diesem Bereich hervorragende Jobperspektiven. Man sollte außerdem keine Mathephobie haben und zumindest grundlegende Dinge wie Ableitungen halbwegs sicher beherrschen. Auch rate ich allen, die Wiwi (oder auch BWL) nur studieren wollen, weil ihnen nichts Besseres einfällt, stark davon ab, da man das Studium zwar mit viel Fleiß trotzdem bestehen kann, allerdings wird es nach spätestens einem Jahr zur absoluten Qual. Zu guter Letzt sei noch gesagt, dass das Studium keineswegs nur auf Auswendiglernen ausgelegt ist und auch Verständnis verlangt wird.

Kai Anlauf

Jahrgang 1992

Wirtschaftswissenschaften, Johannes Gutenberg-Universität Mainz (Bachelor)

Management, Universität Mannheim (Master)

Wirtschaft

Julian Ziob

Jahrgang 1989

Betriebswirtschaftslehre (Bachelor), Ludwigs-Maximilians-Universität München

Wirtschaftsprüfungsassistent bei EY (Ernst & Young GmbH)

… aus der Praxis

Worin besteht deine jetzige Tätigkeit?

Nach meinem Bachelor-Abschluss an der Ludwig-Maximilians-Universität bin ich im November 2013 bei EY im Bereich Assurance für Banken und Finanzdienstleistungsinstitute eingestiegen. In der sogenannten „Busy Season" (Herbst bis Frühjahr) stehen mir arbeitsreiche und lernintensive Wochen bevor. Gemeinsam mit meinen Kollegen prüfen wir Jahres- und Konzernabschlüsse nach HGB, IFRS und US-GAAP. Das stellt aufgrund der sich stets ändernden Rechnungslegungsvorschriften und aufsichtsrechtlichen Vorgaben jedes Jahr eine neue Herausforderung dar. Wir prüfen nicht nur unsere Mandanten, sondern beraten sie auch, überprüfen Geschäftsprozesse und identifizieren Risiken. Frühzeitig Beziehungen zu Mandanten zu knüpfen, um meine Aufgaben bewältigen zu können, reizt mich besonders an diesem Beruf. Seit 2014 nehme ich am berufsbegleitenden AuditXcellence-Master-Programm der Universitäten Bochum und Münster teil. Mein Ziel ist es, das Wirtschaftsprüferexamen im Herbst 2017 abzulegen.

War dein Studiengang eine gute Vorbereitung und Ausbildung dafür?

Das BWL-Studium an der LMU hat mich vielseitig auf meinen Start ins Berufsleben als Wirtschaftsprüfungsassistent vorbereitet. Nicht nur die erworbenen fachlichen Kompetenzen in meinen Schwerpunkten Internationale Rechnungslegung, Prüfungswesen und Steuerlehre halfen mir, in der komplexen Welt der Rechnungslegungsvorschriften Fuß zu fassen. Die Module eines BWL-Studiums sind alltäglicher Bestandteil meiner Arbeit, die bei der Mandantenakquise, dem Recruiting neuer Mitarbeiter oder dem allgemeinen Prozessverständnis von großer Bedeutung sind. Die Ausbildung in den unterschiedlichen Modulen während des Bachelor-Studiums eröffnet im Berufsleben die Flexibilität, sich auf neue Sachverhalte einzustellen.

Würdest du dich als Abiturient wieder für denselben Studiengang entscheiden?

Mit dem BWL-Studium hat man für seine spätere Berufswahl alle Optionen. In den ersten Semestern erhält man einen breiten Überblick über die einzelnen Fachbereiche, in denen man in höheren Semestern seine Schwerpunkte setzen kann. Mit einem Abschluss in BWL hat man in allen Branchen sehr gut Einstiegschancen. Wo sonst genießt man eine so breite Ausbildung?

Wirtschaft

Technische Studiengänge

Letztlich war bereits die Erfindung des Rads ein erster Schritt in Richtung moderne Technik. Weil die technische Weiterentwicklung ohne Strom und Dampfmaschinen jedoch nur schleppend voranging, entwickelten sich die Ingenieurwissenschaften erst in jüngster Zeit zu einem Studien- und Berufsfeld mit überragender Bedeutung. Schließlich funktioniert heute nichts mehr ohne Technik – weder das Dampfbügeleisen noch der Start eines Raumfahrzeugs.

Studiengänge für alle Interessen
Kaum jemand kann sich der Begeisterung entziehen, wenn eines der riesigen Spaceshuttles ins All abhebt, um im weiten Weltraum punktgenau eine Sonde abzusetzen. Oder gilt deine Bewunderung eher der Nanotechnologie, also mikroskopisch kleinen Robotern, die beispielsweise im Organismus des Menschen gesundheitliche Probleme analysieren und therapieren können? Vielleicht arbeitest du auch gerne mit sichtbarem Ergebnis. Ist ein hundertstöckiger Wolkenkratzer sichtbar genug?

Die Vielfalt der Technik
Wer „Technik" hört, denkt zunächst vielleicht lediglich an seinen Computer oder sein Tablet. Die sogenannten technischen Studiengänge bereiten aber auf viel mehr vor als die Entwicklung und Verbesserung von Rechnermodellen. Grundsätzlich wird unter diesem Oberbegriff alles zusammengefasst, was mathematisches Können (für die Berechnung der Ergebnisse), naturwissenschaftliche Kenntnisse (zum Beispiel über das Verhalten bestimmter Werkstoffe) und Fachwissen aus dem jeweiligen Bereich (beispielsweise das Fahrverhalten von Autos, die Statik beim Gebäudebau oder die unterschiedlichen Computer-Programmiersprachen) verlangt. Wer „Technik" studiert, wird also nicht Techniker, sondern Mechatroniker, Bauingenieur oder Informatiker.

Interesse an Technik ist nicht genug
Der erste Schritt für Technikbegeisterte muss es also sein, sich einen groben Überblick über die eigenen Talente und Interessen zu verschaffen. Eine gewisse Freude am Rechnen muss da sein, denn ohne sie kommt man durch keine Ingenieurwissenschaft. Darüber hinaus lauten die Fragen: Bin ich glücklich, wenn ich viel Zeit beim Tüfteln am Rechner verbringen kann, oder will ich auch hinaus und am lebenden Objekt arbeiten? Habe ich zum Beispiel auch Interesse an der Medizin und möchte mit meiner Arbeit kranken Menschen helfen? Oder sollen meine IT-Lösungen ganze Bankkonzerne organisieren?

Der Ingenieur, ein Analytiker …
All diese Studiengänge schulen analytische Fähigkeiten. Meist geschieht dies über einen hohen Anteil an Mathematik und Physik in den ersten Semestern. Technische Studiengänge sind damit aber keine staubtrockenen Detailklaubereien: Kreativität, Fantasie und Teamfähigkeit gehören zu den wichtigsten Anforderungen an Ingenieure. Daneben lebt die Ingenieurausbildung von den Praxisphasen – bereits während des Studiums wird die Fähigkeit der Studenten, ihr erlerntes Wissen umzusetzen, immer wieder in Praktika und praktischen Lerneinheiten abgeprüft. Schließlich sind Ingenieure unter Umständen nach ihrem Abschluss für Menschenleben oder viel Geld verantwortlich, wenn sie Straßen und Gebäude planen oder die Datensysteme von Großbanken verbessern.

Technik

...und ein Manager in spe

Genügte es früher für einen Ingenieur, ein professioneller Technik-Freak zu sein, haben sich die Anforderungen inzwischen deutlich gewandelt. So muss der Informatiker oder Maschinenbauer auch ein solides Grundwissen in Sachen Kundenbetreuung, Marketing und Vertrieb besitzen, wenn er Karriere machen will. Wer eine Position mit Personalverantwortung anstrebt, muss sich zudem mit seinen Kenntnissen und seinem Fingerspitzengefühl in der Personalführung beweisen. Übrigens: Wer diese Skills besitzt, kommt auch in technikfremden Branchen später gut an. Zum Beispiel suchen einige der internationalen Unternehmensberatungen gezielt Ingenieure, unter anderem für die Beratung von Energieunternehmen oder Computerproduzenten.

Die großen Studiengänge...

Wie bei den Wirtschaftswissenschaften ist es auch bei den technischen Fächern unmöglich, alle Varianten zu benennen. Die großen Zweige, die an beinahe jeder Hochschule gelehrt werden, sind zweifelsohne Elektrotechnik, Maschinenbau und Mechatronik, Informatik oder Wirtschaftsinformatik. Da aber auch diese Themenfelder noch riesige Mengen an Wissen umfassen, findet üblicherweise nach den ersten Semestern eine weitere Spezialisierung nach Wahl statt. So kann ein Maschinenbau-Student seinen Schwerpunkt auf Schiffbau, Mikrosystemtechnik oder Wasserwirtschaft legen.

...und die etwas selteneren Fächer

An vielen Unis oder (Fach-)Hochschulen wird aber gar nicht „Maschinenbau" angeboten, sondern entweder „Maschinenbau/Produktionstechnik" oder gleich nur „Produktionstechnik". Das erschwert dem Studienanfänger den Überblick über das ohnehin schon riesige Angebot an Studiengängen und Hochschulen. Noch schwieriger wird es, wenn die Hochschulen ganz eigene Bezeichnungen für ihre Programme wählen. Wer Maschinenbau studieren will, kann daher auch unter dem Stichwort „Mechanical Engineering" fündig werden oder je nach Interesse unter anderem bei Konstruktions- oder Umwelttechnik. Daneben gibt es Bachelor-Programme, die tatsächlich nur an einzelnen Hochschulen angeboten werden, zum Beispiel Ingenieurwissenschaften mit internationaler Ausrichtung und Kraftwerkstechnik. Frag also im Zweifelsfall an der Hochschule deiner Wahl nach, wenn du deinen Wunschstudiengang auf deren Website nicht finden kannst – vielleicht läuft er ja einfach nur unter einer anderen Bezeichnung.

Reine Männerfächer?

Technische Studiengänge erfreuen sich bei männlichen Studierenden großer Beliebtheit. So steht bei den Top Five, was die Studentenzahlen im Wintersemester 2015/2016 anbelangt, zwar BWL auf Platz eins – dann aber folgen Maschinenbau, Informatik und Elektrotechnik. Kein Wunder: Die Ingenieurwissenschaften bieten nicht nur aufgrund der großen Bandbreite an Studiengängen für jeden etwas; auch die Jobchancen nach dem Studium sind derzeit hervorragend. Der Ausdruck „Ingenieurmangel" ist nicht ohne Grund in aller Munde. Bei den Frauen sieht es jedoch etwas anders aus. Die studieren außer BWL vor allem Germanistik, Jura, Medizin und Pädagogik. Von den insgesamt rund 200.000 Maschinenbauern an deutschen Hochschulen sind nur ein Zehntel Studentinnen. Die aber stehen ihren männlichen Kommilitonen in nichts nach. Im Gegenteil: Sie bringen oft genug neue Ideen und Herangehensweisen in die Branche und haben zudem einen positiven Einfluss auf das Miteinander in den Teams. Die Vorurteile gegen Frauen in technischen Berufen sind also nicht nur uralt, sondern schlicht falsch.

Ein Wort zu deinen Jobchancen

Nicht nur, wenn du in einem technischen Beruf arbeiten möchtest, freuen sich viele Unternehmen auf deine Bewerbung. Was viele nicht wissen, ist, dass sich mit einem Ingenieurstudium in zwei ganz anderen Bereichen Chancen ergeben. Der eine ist die Unternehmensberatung. Viele Consulting-Firmen stellen gerne Berater mit technischem Hintergrund ein, weil diese die Prozesse in den zu beratenden Industrieunternehmen besser nachvollziehen und mit den Technikern vor Ort auf Augenhöhe sprechen können. Ein weiterer Berufszweig für Ingenieure ist das Patentrecht. Patentanwälte sind Ingenieure oder Naturwissenschaftler mit einer Zusatzausbildung, in der sie alles über den gewerblichen Rechtsschutz lernen. Sie stellen zum Beispiel sicher, dass neue Erfindungen patentiert werden und dass Fälscher eingetragene Marken nicht einfach kopieren. Du siehst: Ingenieure sind extrem vielseitig.

LINK-TIPPS:
- allgemeine Infos rund ums ingenieurwissenschaftliche Studium: www.think-ing.de
- Fakultätentag Maschinenbau und Verfahrenstechnik: studieninfo.ftmv.de
- Verein Deutscher Ingenieure e. V.: www.vdi.de
- Infos zum Berufsfeld Patentrecht: www.e-fellows.net/patentrecht
- Übersicht über technische Studiengänge: www.e-fellows.net/technik

Technik

Chemie

Was haben Sonnencreme, die Herstellung von Wein und die Produktion von umweltfreundlichem Pflanzenschutzmittel gemeinsam? Sie alle werden erst durch chemische Prozesse möglich gemacht. Wer diese Prozesse verstehen will, ist im Studiengang Chemie genau richtig. Die Chemie beschäftigt sich mit Aufbau, Zusammensetzung, Eigenschaften und Umwandlung von Stoffen. Dabei ist sie so komplex, dass sie in viele verschiedene Bereiche untergliedert wird. Im Studium kannst du dich auf ein Forschungsgebiet spezialisieren und damit den Grundstein für deine spätere Berufswahl legen.

Lernen im Hörsaal, Forschen im Labor

Zu Beginn des Studiums werden grundlegende Kenntnisse aus Physik und Mathematik aufgefrischt. Anschließend steigen die Studenten in die Chemie ein und lernen die Teilbereiche allgemeine, organische, anorganische, physikalische und analytische Chemie kennen. Später bietet der Studienplan die Möglichkeit zur Spezialisierung auf ein Fachgebiet, in dem du auch deine Abschlussarbeit verfasst. Da auf die korrekte Anwendung des theoretischen Wissens großer Wert gelegt wird, sind zeit- und arbeitsintensive Laborpraktika Teil des Studienplans. In Abhängigkeit von den an der Hochschule vorhandenen Professuren werden manchmal zusätzliche Kurse in Biochemie, medizinischer Chemie oder Umweltchemie angeboten. Neben dem klassischen Chemiestudium gibt es spezialisierte Studiengänge wie Industrie-, Wirtschafts- oder Lebensmittelchemie, für die es an einigen Hochschulen Zulassungsbeschränkungen gibt. Außerdem bieten manche Hochschulen die Möglichkeit an, Theorie und Praxis in einem dualen Chemiestudium zu verbinden.

Was du mitbringen solltest

Wichtige Voraussetzungen für das anspruchsvolle Studium sind Durchhaltevermögen und starke Nerven. Lange Arbeitstage im Labor werden ebenso zu deinem Alltag gehören wie unbefriedigende Klausurergebnisse – gerade in den ersten Semestern wird gerne unter den Studenten „ausgesiebt". Außerdem sind gute Englischkenntnisse von Vorteil, da manche Vorlesungen auf Englisch gehalten werden und Fachbücher in der Fremdsprache zum Studienplan gehören.

Forschung oder Wirtschaft

Mit einem Hochschulabschluss im Studiengang Chemie eröffnen sich dir viele Berufsperspektiven. So bieten beispielsweise die pharmazeutische oder auch die kosmetische Industrie Einstiegschancen. Wer in die Forschung möchte, kann entweder der Universität treu bleiben oder in Forschungseinrichtungen von Unternehmen arbeiten. Allerdings steigen die meisten Absolventen nicht sofort in den Beruf ein, sondern erweitern ihre Kenntnisse im Zuge eines Master-Studiums oder einer Promotion.

LINK-TIPP:
- Gesellschaft Deutscher Chemiker: www.gdch.de

... aus der Theorie

Wann und warum hast du dich für deinen Studiengang entschieden?
Ich habe als Kind einen Chemiebaukasten geschenkt bekommen und war fasziniert von den verschiedenen Experimenten. Diese Begeisterung hat mich seitdem begleitet und war letztlich auch wegweisend für mein Studium. In der Schule hatte ich das Glück, von tollen und motivierten Lehrern unterrichtet zu werden, und der Chemie-Leistungskurs hat mir dann endgültig gezeigt, dass das wohl das Richtige für mich ist. Das Chemiestudium ist vielseitig, man muss sich nicht so früh spezialisieren wie in anderen Studiengängen. Man kann erst einmal herausfinden, in welchem der Bereiche man sich am wohlsten fühlt, da sie sich stark voneinander unterscheiden. So ist für jeden etwas dabei. Auch stehen einem mit dem Abschluss viele Türen offen, man ist nicht auf wenige Stellen beschränkt, sondern kann sich vielfältig einbringen.

Haben sich deine Erwartungen erfüllt?
Was die Praxis angeht, wurden meine Erwartungen übertroffen. So viel Zeit im Labor zu verbringen, motiviert enorm, da man das Gelernte direkt umsetzt. Mir war vorher nicht bewusst, wie vielseitig, aber auch zeitintensiv das Studium ist. Neben Anorganik, Organik und physikalischer Chemie gibt es viele Bereiche, die mir zunächst unbekannt waren. Auch den Anteil nicht-chemischer Fächer habe ich unterschätzt: Bio, Physik und besonders Mathe spielen eine große Rolle. Dennoch bin ich mit dem Studium sehr zufrieden.

Wem würdest du das Studium empfehlen?
Jeder, der sich für Naturwissenschaften interessiert und eine gute Portion Neugierde an den Tag legt, ist in der Chemie richtig. Du musst dir bewusst sein, dass neben Chemie auch Physik, Mathe und Bio während des Studiums wichtig sind. Einen Leistungskurs belegt zu haben ist sicherlich hilfreich, aber nicht notwendig. Denn wenn du den Willen und die Bereitschaft hast, auch mal einen Nachmittag mehr im Labor zu stehen, wirst du letztlich mit einem interessanten und vielseitigen Studium belohnt. Allerdings sollte dir bewusst sein, dass ein Chemiestudium meist mit einer Promotion abgeschlossen wird, wodurch sich das Studium um mehrere Jahre verlängert.

Luisa Merz

Jahrgang 1993

Chemie (Bachelor)

Universität Stuttgart

Technik

Philipp Jäker

Jahrgang 1990

Chemie (Master),
Ludwig-Maximilians-
Universität München

Doktorand,
ETH Zürich

... aus der Praxis

Worin besteht deine jetzige Tätigkeit?

Ich promoviere momentan an der ETH Zürich im Department für Materialwissenschaften, bin also der Universität treu geblieben und forsche im Bereich der künstlichen Photosynthese. Genauer gesagt untersuche ich Materialien, die mittels Sonnenlicht Treibstoffe wie Wasserstoff oder Ethanol aus Wasser und Kohlendioxid herstellen können, also die pflanzliche Photosynthese nachahmen. Dies ist ein sehr interdisziplinäres Forschungsgebiet und es macht mir unglaublichen Spaß, mit Chemikern, Physikern, Materialwissenschaftlern und Ingenieuren zusammen zu arbeiten. Innerhalb der Promotion, die voraussichtlich vier Jahre dauern wird, betreue ich Bachelor- und Master-Studenten z. B. während ihrer Abschlussarbeiten. Ich bringe ihnen experimentelles Arbeiten bei, Experimente zu planen und auszuwerten sowie ein komplexes Projekt zu organisieren.

War dein Studiengang eine gute Vorbereitung und Ausbildung dafür?

Mein Chemiestudium hat mich sehr gut auf meine Promotion in den Materialwissenschaften vorbereitet. Mir wurden im Bachelor breite naturwissenschaftliche Grundlagen sowie gute experimentelle Fähigkeiten vermittelt, auf die ich im Master aufbauen konnte. Ich hatte das Glück, an der LMU München meine Schwerpunkte, allen voran die physikalische Chemie, sehr frei zu wählen und mich materialwissenschaftlich zu spezialisieren. Durch die direkte, experimentelle Herangehensweise in der Chemie erlebt man Naturphänomene wirklich, anstatt sie nur theoretisch zu begreifen. Außerdem konnte ich dieses Wissen bei der Herstellung von Molekülen und Materialien unglaublich schnell anwenden und die Faszination davon lässt mich seitdem nicht mehr los. Was ich allerdings vermisst habe, ist das Erlernen von Problemlösungskompetenzen und das Entwickeln guter wissenschaftlicher Fragen. Wir wurden fachlich exzellent ausbildet, können uns aber schwer von diesem Wissen lösen uns neuen Fragestellungen zuzuwenden. Ich glaube, dass dies ein grundsätzliches Problem unserer momentanen universitären Ausbildung ist und nicht nur spezifisch auf das Chemiestudium zutrifft. Das Wichtigste für meine Promotion, und das gilt wahrscheinlich auch für die Arbeit in der Industrie, sind nicht bloße Fachkenntnisse, sondern das Erkennen von Zusammenhängen sowie die gezielte Suche nach und das Aufbereiten von Informationen.

Würdest du dich als Abiturient wieder für denselben Studiengang entscheiden?

Gegen Ende meiner Schulzeit interessierte ich mich sehr für naturwissenschaftliche Fragen wie beispielsweise die Wahrnehmung von Farben. Ich wollte die Welt um mich herum besser verstehen. Gleichzeitig wollte ich dieses Wissen nutzen, um gesellschaftliche Probleme, wie die unserer zukünftigen Energieversorgung, zu lösen. Daher schwankte ich in meiner Entscheidung zwischen Chemie und Materialwissenschaft. Ein Physikstudium fand ich damals zu mathematisch und zu theoretisch, auch wenn ich heute mehr denn je fasziniert bin. Nach wie vor gibt es allerdings wenige Universitäten die ein modernes Materialwissenschaftsstudium anbieten, allein schon, weil es kaum entsprechende Fakultäten gibt und der Bereich nicht als eigene Disziplin wahrgenommen wird. Daher würde ich mich vermutlich noch heute für ein Chemiestudium entscheiden.

Technik

Elektrotechnik

Aus praktisch keinem Lebensbereich ist Elektronik heute noch wegzudenken. Allein an der Produktion dieses Buchs waren bereits zahlreiche Druckautomaten beteiligt, die irgendwann einmal ein findiger Elektrotechniker ausgetüftelt hat. Ob im Auto oder am Arbeitsplatz: Immer mehr elektronische Systeme spielen ineinander. Damit dieses Zusammenspiel noch reibungsloser funktioniert, werden Elektrotechniker gebraucht. Unter den Ingenieurwissenschaften ist Elektrotechnik eines der beliebtesten Fächer und seit Jahren Spitzenreiter bei der Anzahl der Studienanfänger. Und tatsächlich sind die Absolventen sehr gefragt – oft auch in Branchen, an die man zunächst nicht denkt.

Die Qual der Wahl

Nach einem eher allgemein gehaltenen Studium in den ersten beiden Semestern, das auf Mathe, Physik, Mechanik und anderen Fächern basiert, die beispielsweise auch für Maschinenbauer und Mechatroniker relevant sind, setzt relativ bald eine Spezialisierung ein: Du entwirfst und montierst komplexe elektronische Schaltkreise, entwickelst die Software für den Schaltungsentwurf oder Verfahrenstechniken für deren Herstellung. Ein weiterer Schwerpunkt ist oft die Automatisierungstechnik (Automation). Hier werden beispielsweise Fertigungsstraßen für Automobilhersteller geplant, aber ebenso Mess- und Regelungssysteme, die die Qualität der Produktion sicherstellen. Eng verwandt mit diesem Arbeitsbereich ist daher die Sensortechnik.

In vielen Branchen gefragt sind auch Mikroelektroniker. Die von ihnen entwickelten Mikrochips kommen in der Medizintechnik, in Autos und Computern, im Maschinenbau und in der Umwelttechnik zum Einsatz. Ein junges, aber an Bedeutung gewinnendes Forschungsfeld ist die Nanoelektronik. Ebenfalls mit der Mikroelektronik verwandt ist die Mikrosystemtechnik. Sie entwickelt winzige technische Systeme, die als Messsonden oder Mini-Werkzeuge einsetzbar sind. Wer Nachrichten- und Informationstechnik studiert, könnte nach seinem Abschluss als Fernseh- oder Radartechniker arbeiten, aber auch an der Entwicklung neuer oder der Verbesserung bestehender Übertragungstechniken.

Facettenreiche Aufgaben – gute Karrierechancen

So vielfältig wie die Spezialisierungsmöglichkeiten sind auch die Arbeitsfelder, in denen Elektrotechniker eingesetzt werden. Von der Medizin- bis zur Computertechnik, von der Automobilproduktion bis zur Unterhaltungselektronik – die Nachfrage nach gutem Nachwuchs ist hoch. Die meisten Unternehmen finden bei Weitem nicht so viele Absolventen, wie sie bräuchten. Die Karrierechancen für E-Techniker sind also hervorragend. Achte aber auf eine vielseitige Ausbildung: Der Ingenieur von heute muss nicht nur rechnen können, sondern auch soziale Kompetenz und wirtschaftliches Basiswissen nachweisen.

Technik

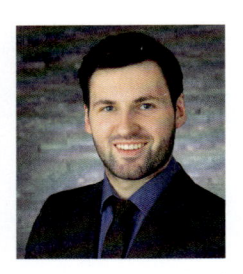

Alexander Marcel Bäumle

Jahrgang 1993

Elektrotechnik und Informationstechnik (Bachelor)

Technische Universität Darmstadt

… aus der Theorie

Wann und warum hast du dich für deinen Studiengang entschieden?

Ich habe vor meinem Elektrotechnikstudium bereits eine Ausbildung zum Elektroniker gemacht. Dadurch kam mir in den Sinn, Elektrotechnik zu studieren. Ich habe mich auch sehr ausgiebig mit anderen Studiengängen auseinandergesetzt, bin aber zu dem Schluss gekommen, dass Elektrotechnik für mich die beste Entscheidung ist. Ich hatte bei diesem Studiengang die Erwartung, einen besonders tiefen Einblick in viele verschiedene Disziplinen zu bekommen. Und da es mir nach meiner praktischen Ausbildung wichtig war, auch die Theorie zu lernen, habe ich mich dafür entschieden, an einer Universität zu studieren.

Haben sich deine Erwartungen erfüllt?

In meinem Grundstudium (erste vier Semester) erhielt ich, wie erwartet, Einblick in viele verschiedene Bereiche. Auch die Annahme, dass das Studium an einer Universität sehr theorielastig ist und einen hohen Mathematikanteil aufweist, hat sich bewahrheitet. Die Studenten haben ähnliche Interessen und Hintergründe. Das Klischee vom typischen Nerd-Studiengang ist definitiv weit hergeholt. Alles in allem bin ich sehr zufrieden mit der Wahl meines Studienfachs, auch da sich mir dadurch viele tolle Möglichkeiten wie Auslandssemester und Praktika geboten haben.

Wem würdest du das Studium empfehlen?

Um erfolgreich durch das Elektrotechnikstudium zu kommen, solltest du ehrgeizig und diszipliniert sein. Du solltest dir darüber im Klaren sein, dass nach der Vorlesungszeit erst einmal Lernen angesagt ist, da Prüfungen in Ingenieurstudiengängen oft bis zum Ende der Semesterferien stattfinden. Wer bereit ist, die nötige Zeit zu investieren und Disziplin mitbringt wird jedoch merken, wie überraschend schnell man lernt, mit komplizierten Problemen umzugehen und sich fundiertes Wissen aneignet, was einem letztlich ein gutes Gefühl gibt. Ich kann jedem versichern, dass er am Ende zufrieden auf ein anspruchsvolles Studium zurückblicken wird.

Technik

... aus der Praxis

Worin besteht deine jetzige Tätigkeit?
Aktuell absolviere ich ein 24-monatiges Trainee-Programm beim Stromübertragungsnetzbetreiber 50Hertz Transmission GmbH. Das Programm bietet immer wieder neue technische, wirtschaftliche, kommunikative und organisatorische Herausforderungen in verschiedenen Unternehmensbereichen. Begonnen habe ich in der strategischen Netzplanung. Dort habe ich den Netzentwicklungsplan 2025 mit erstellt und die Regionalisierung erneuerbarer Energien analysiert. Anschließend habe ich den Instandhaltungsprozess in Umspannwerken untersucht und optimiert, um eine bessere Planung und Durchführung von Wartungs- und Reparaturmaßnahmen zu gewährleisten. Ebenfalls interessante Erfahrungen konnte ich sammeln, während ich die unternehmensweiten Beschaffungsprozesse optimiert habe. Dabei konnte ich meine BWL-Kenntnisse vertiefen, die in technischen Studiengängen oft vernachlässigt werden. Insgesamt beschäftige ich mich mit sehr unterschiedlichen Themen, was mir einen guten Überblick über verschiedene potenzielle Arbeitsbereiche verschafft. Das Trainee-Programm ist somit eine optimale Basis für einen guten Einstieg.

War dein Studiengang eine gute Vorbereitung und Ausbildung dafür?
In meinem Studiengang mit dem Schwerpunkt elektrische Energietechnik habe ich das Fachwissen erworben, das mir hilft, Kernprozesse des Unternehmens zu verstehen. Daneben sind die im Studium erlernten Soft Skills wichtig. Vor allem meine Teamfähigkeit habe ich während des Studiums durch Gruppenarbeiten und mein interkulturelles Verständnis durch persönliches Engagement verbessert. Das hilft mir sehr bei der täglichen Arbeit im Unternehmen.

Würdest du dich als Abiturient wieder für denselben Studiengang entscheiden?
Nach meinem sehr theoretischen Bachelor hat mich mein praxisorientierter Master sehr gut auf spätere Aufgaben in der Wirtschaft oder Forschung vorbereitet. Das Studium erfordert natürlich ein hohes Maß an Selbstdisziplin und Organisationsfähigkeit – Faktoren, die in der Arbeitswelt für eine erfolgreiche Karriere von großer Bedeutung sind. Daher würde ich mich wieder für ein Elektrotechnikstudium entscheiden.

Marius Morgenweg

Jahrgang 1988

Elektrotechnik (Master), RWTH Aachen

Trainee im Bereich der Energietechnik, 50Hertz Transmission GmbH

Technik

Informatik

Andere lernten neben der Schule Spanisch oder Schwedisch, du sprichst dagegen C++ oder Java? Diese Programmiersprachen sind nur eines der Themen, denen du während des Informatikstudiums begegnen wirst. Aber keine Sorge, du musst sie bei Studienbeginn nicht beherrschen. Wenn du noch Vorurteile gegen all die Computer-Nerds hast: Auch Informatiker brauchen heute Soft Skills. Informatik bedeutet zunächst nichts weiter als die Wissenschaft von der maschinenunterstützten Informationsverarbeitung. Im Vordergrund steht also nicht der Rechner, sondern der Mensch, der die Systeme konzipiert, nach denen der Computer mit den jeweiligen Daten umgeht. Diese Konzepte sind heute unverzichtbar – sie finden in Autos ebenso Anwendung wie in der Pharmaindustrie, und fast alle Unternehmen haben einen Internet-Auftritt, der technisch gepflegt werden will.

Zwischen Theorie und Technik

Informatik zu studieren setzt zunächst Talent und Begeisterung für Mathematik voraus. Da dies nicht immer mit dem Talent fürs Programmieren einhergeht, ist die fehlende Mathe-Begabung oft der Grund für einen Studienwechsel. Mathematik fördert die Fähigkeit, Probleme exakt zu analysieren und Lösungskonzepte zu erstellen. Nur wer das kann, vermag eine Software zu planen, die dem Menschen bei seinem Problem hilft. Das eigentliche Informatikstudium teilt sich in theoretische und technische Fächer. In den theoretischen werden Datenbanken und Informationssysteme, künstliche Intelligenz und Software-Programmierung behandelt. In der technischen Informatik geht es um die Hardware: Wie ist ein Computer aufgebaut, wie funktioniert er? Damit reicht dieser Studienteil in andere Disziplinen wie Elektrotechnik hinein. Andere Themengebiete sind die Sensor- und Automatisierungstechnik, die Robotik oder die Netzwerktechnologie.

Suchen IT-Profi mit Führungskompetenz

Nach dem Studium findest du mit großer Wahrscheinlichkeit rasch eine Anstellung in einem Unternehmen. Informatiker und IT-Spezialisten werden immer stärker gesucht, je mehr Prozesse automatisch ablaufen sollen und je komplexer die Informationsverarbeitung auch in technikfernen Branchen wird. Zudem sinkt seit Jahren die Zahl der Studienanfänger in Informatik. Das liegt auch am schlechten Image der Informatiker, die angeblich völlig abgeschottet von der Welt im stillen Kämmerchen programmieren. Das aber ist längst überholt: Heute werden auch von IT-Profis BWL-Grundwissen, Führungskompetenz und Fremdsprachenkenntnisse verlangt.

Technik

… aus der Theorie

Wann und warum hast du dich für deinen Studiengang entschieden?
Die Entscheidung für Informatik ist bei mir recht früh gefallen. In der Schule hatte ich Informatik von der neunten bis zur zwölften Klasse. Ich war nie der typische Nerd-Informatiker, meine Hobbys während der Schulzeit lagen eher in den Bereichen von Sport und Theater. Nachdem mir in der Schule das analytische Problemlösen, mit welchem man in der Informatik regelmäßig konfrontiert wird, sehr viel Spaß gemacht hat, habe ich in der elften Klassen ein Schüler-Praktikum gemacht. Während dieser Woche habe ich festgestellt, dass die angewandte Informatik viel mehr als stupides Hacken in irgendeinem Kämmerchen ist.

Meine Entscheidung für das Informatik-Studium war somit eher von dem späteren Berufsfeld abhängig als durch die Studieninhalte.

Haben sich deine Erwartungen erfüllt?
Ob sich meine Erwartungen erfüllt haben, ist eine Frage, die ich nicht eindeutig beantworten kann. Die Praxisphasen bei meinem Ausbilder sind toll, die Arbeitsatmosphäre ist sehr angenehm. Ich bearbeite immer für drei Monate ein Projekt, wobei ich bei Schwierigkeiten von allen Kollegen unterstützt werde. Ein bisschen stressig ist hier ein wenig die Projektarbeit für die DHBW, welche zu jedem Projekt abgegeben werden muss.

Die Theoriephasen an der DHBW sind leider nicht ganz so wie ich sie mir erhofft hatte. Viele Dozenten nutzen die Vorteile der kleinen Kursgrößen von max. 30 Studierenden leider nicht aus und machen kaum angewandte Vorlesung. Hier würde ich mir noch mehr Bezug zu aktuellen Themen der Praxis in der Vorlesung wünschen.

Wem würdest du das Studium empfehlen?
Ich empfehle das Informatik-Studium an der DHBW allen, die schon während des Studiums die gelehrten Inhalte auch praktisch anwenden wollen und im Bachelor einen Schwerpunkt setzten möchten. In Abhängigkeit vom Ausbildungsbetrieb kann man in sehr unterschiedliche Teilbereiche der Informatik hereinschnuppern, in die Software-Entwicklung, die Nutzung von Informatik in den typischen E-Technik- bzw. Maschinenbaubereichen, in die Web-Entwicklung oder in die IT-Administration.

Auch sind Vorkenntnisse heute im Informatikstudium nicht bzw. kaum mehr notwendig, zu Beginn des Studiums wird jeder bei seinem Kenntnisstand abgeholt. Interesse an Neuem und an analytischem Denken sind wichtig.

Ich kann nur sagen: Traut euch, Informatik zu studieren. Mal lernt viele tolle, offene, querdenkende Menschen kennen, die jeden so akzeptieren, wie er oder sie ist. Die typischen Nerds findet man an den Unis eher weniger. Als Frau hat man keinerlei Nachteile, allerdings muss man damit rechnen, gelegentlich die Quotenfrau zu sein.

Michelle Martin

Jahrgang 1996

Medizinische Informatik (Bachelor)

DHBW Karlsruhe

Moritz Rupp

Jahrgang 1992

Angewandte Informatik (Bachelor), Duale Hochschule Baden-Württemberg Stuttgart

Technical Consultant bei Hewlett Packard Enterprise

… aus der Praxis

Worin besteht deine jetzige Tätigkeit?

Als Technical Consultant in Software Services bin ich für eines der größten IT-Unternehmen der Welt und Urgestein des Silicon Valley – Hewlett Packard Enterprise – bei deutschen und internationalen Kunden vor Ort, um sie bei der Lösung von Problemen zu unterstützen. Das bedeutet, dass ich viel reise und viele verschiedene Menschen zum Thema IT-Value-Chain berate. Spezialisiert auf ein bestimmtes Produkt implementiere ich dieses bei Kunden vor Ort und passe es an die Prozesse und speziellen Gegebenheiten des Kunden an. Das heißt, ich muss fit sein im Programmieren, benötige übergreifendes Know-how zu Themen wie Databases, Enterprise Applications, Storage, Networking, Operating Systems, etc. Immer im Blick sollte man auch die gesamte Lösungsarchitektur beim Kunden haben. Diese zu entwickeln bedeutet den nächsten Schritt auf der Karriereleiter.

War dein Studiengang eine gute Vorbereitung und Ausbildung dafür?

Durch mein duales Studium hatte ich bereits früh Kontakt zu Kunden. Das macht einen wichtigen Teil des Jobs aus: Gute Kommunikation mit dem Kunden ist Gold wert. Der andere (größere) Teil ist natürlich die Technik. Im Studium habe ich gelernt, komplexe IT-Themen zu verstehen. Das hilft mir, mich schnell in Neues hineinzudenken. Genau das ist wichtig, denn fast jeder Kunde setzt Software anders ein. Jeder neue Kunde bringt neue Herausforderungen mit sich – sowohl im Hinblick auf die IT als auch im persönlichen Umgang. Mein duales Studium in Angewandter Informatik hat mich auf beides vorbereitet: Ich konnte mir ein breites Wissen in der Informatik aneignen und meine persönlichen Skills weiterentwickeln.

Würdest du dich als Abiturient wieder für denselben Studiengang entscheiden?

Ja! Jederzeit wieder. Vor ungefähr fünf Jahren habe ich meine Entscheidung getroffen. Eins wusste ich: Ich liebe die Technik, insbesondere Informatik. Hier will ich Fuß fassen und mich mit den komplizierten Themen der Nerds auseinandersetzen. Denn mir war klar: Mit IT kann man sehr viel bewegen. Inzwischen umgibt sie uns überall und ich kann ein Teil davon sein. In meinem heutigen Beruf fühle ich mich sehr wohl und er macht mir Spaß. Mein Studium hat mir das ermöglicht. Es ist toll, zu sehen, wie die eigenen Lösungen und Ideen bei anderen großen Unternehmen ihren Weg gehen und dabei helfen, den Betrieb voranzubringen.

Technik

Maschinenbau

Bestimmte Spezialrichtungen des Maschinenbaustudiums wie Fahrzeugkonstruktion und Luft- und Raumfahrttechnik spiegeln die Träume vieler kleiner Jungen wider. Sein eigenes Traumauto entwerfen und bauen... Dass diese Träume Realität werden können, beweisen im Studiengang Maschinenbau nicht nur große Jungs, sondern auch immer mehr Frauen. Viele denken bei „Maschinen" dagegen nicht an Sportautos, sondern an Traktoren und Mähdrescher. Alles ist möglich, sobald man sich in den höheren Semestern spezialisiert. Vor diese Spezialisierung haben die Unis allerdings sehr viel Mathe gesetzt – ein Grund, warum manche der Träume bereits im ersten Semester zu platzen drohen.

Erst die Grundlagen, dann die Spezialisierung

In den ersten Semestern musst du dir die allgemeinen ingenieurwissenschaftlichen Grundkenntnisse aneignen. Das bedeutet: viel Mathematik und naturwissenschaftliche Seminare, daneben Informatik und Elektrotechnik, Mechanik, Werkstoffkunde, Technisches (CAD-)Zeichnen und anderes. Später findet dann meist eine Spezialisierung statt – beispielsweise in Produktions-, Werkstoff- oder Energietechnik, Luft- und Raumfahrttechnik, Fahrzeugkonstruktion oder Schiffsbau. Damit ist Maschinenbau eine ungeheuer vielseitige akademische Ausbildung. Absolventen sollen Maschinen jeder Größe und Funktion entwerfen, planen, konstruieren und bauen sowie anschließend warten und optimieren können.

Das Studium gemeistert – und dann?

Maschinenbauer sind gesucht – aber natürlich nicht um jeden Preis. Das bedeutet: Ohne fachspezifische Praktika in relevanten Unternehmen (die aber in der Regel ohnehin verpflichtend sind), ohne Fremdsprachenkenntnisse und eine fachliche Spezialisierung musst du unter Umständen auch mit Maschinenbau-Abschluss ein wenig suchen. Kannst du all das jedoch vorweisen, dann bist du auf dem Arbeitsmarkt mit hoher Wahrscheinlichkeit gefragt.

Mathe ja, aber bitte nicht nur!

Was du mitbringen solltest? Begeisterung für Mathematik und – in geringerem Maße – für Naturwissenschaften, vor allem Physik und Chemie. Auch räumliches Vorstellungsvermögen ist wichtig. Daneben haben die Hochschulen inzwischen erkannt, dass auch Ingenieure nicht im luftleeren Raum arbeiten, sondern Kommunikationsstärke, Teamfähigkeit und Management-Grundkenntnisse benötigen.

LINK-TIPP:
- Infos vom Verband Deutscher Maschinen- und Anlagenbau: www.vdma.de

Technik

Pauline Böhnke
Jahrgang 1994
Maschinenbau (Bachelor)
Ruhr-Universität Bochum

… aus der Theorie

Wann und warum hast du dich für deinen Studiengang entschieden?
Die Idee für das Maschinenbaustudium kam mir erst während der Vorbereitung auf meine Abiturprüfungen. Mit den Abifächern Englisch, Mathe, Deutsch und Philosophie war ich bis dato eher auf dem Trip, Jura oder Psychologie zu studieren. An der Mathematik hat mich gereizt, dass man immer klare und eindeutig richtige Lösungen erhält. Hat man einmal die Zusammenhänge in der Theorie durchblickt, kann man sie auf andere Probleme übertragen. Zusammen mit dem Drang, meine Umgebung zu verstehen und die Dinge wortwörtlich zu „begreifen", kam ich dann zum Maschinenbau.

Haben sich deine Erwartungen erfüllt?
Was habe ich überhaupt erwartet? Meine vage Vorstellung war, dass man im Studium lernt, wie zum Beispiel ein Auto funktioniert. Das ist aber nur eine mögliche Richtung, die man nach dem Erwerb der Grundlagen vertiefen kann. Wie breit das Fach tatsächlich gefächert ist, war mir zuvor nicht bewusst. Fakt ist: Mein technisches und physikalisches Verständnis hat sich enorm gesteigert und meine Erwartungen wurde dahingehend sogar übertroffen. Das merke ich oft auch im Alltag: Dem Ingenieur ist eben „nichts zu schwör".

Wem würdest du das Studium empfehlen?
Wer Mathe verabscheut, ist hier definitiv falsch. Für Physik sollte man sich ebenso interessieren wie für Technik und Naturwissenschaften im Allgemeinen. Jedoch kann ich aus eigener Erfahrung sagen, dass schulische Kenntnisse in den MINT-Fächern keine zwingende Voraussetzung sind, um im Studium gut zurechtzukommen. Für wen praktische Arbeit mit den Händen pure Folter ist, der sollte sich bewusst sein, dass Pflichtpraktika auf ihn zukommen, bei denen Blaumann und Sicherheitsschuhe dazugehören. Mein Tipp: Das Grundpraktikum schon vor Studienbeginn absolvieren, da später im Studium nur wenig Zeit dafür bleibt.

Wer viel Motivation mitbringt, sich in physikalische und technische Zusammenhänge reinzufuchsen und obendrein gerne den Bezug zur Praxis behalten möchte, sollte sich überlegen, was eigentlich gegen Maschinenbau spricht. Die späteren Jobaussichten und Gehälter sind es sicherlich nicht!

Technik

... aus der Praxis

Worin besteht deine jetzige Tätigkeit?

Ich arbeite in einem Start-up, das Brennstoffzellen entwickelt und produziert. Zudem stellen wir ein Blockheizkraftwerk (BHKW) her, das mit Brennstoffzellen betrieben wird und in Einfamilienhäusern als Strom- und Wärmequelle eingesetzt werden kann. Hier habe ich vor gut eineinhalb Jahren als Produktions- und Entwicklungsingenieurin angefangen. Meine wesentlichen Aufgaben waren die Optimierung des Wärmeübertragers im BHKW sowie die Entwicklung, Konstruktion und Umsetzung von neuen Produktionsanlagen. Mittlerweile leite ich dort das Engineering-Team, wodurch sich meine Hauptaufgaben immer mehr von meinem Studienschwerpunkt entfernen, was aber dennoch unheimlich viel Spaß macht. Ich bin unter anderem verantwortlich für das Ramp-up der Brennstoffzellen, also für die gesamte Stückzahlerhöhung in der Produktion. Das ist gerade in einem so jungen Unternehmen sehr spannend: Innerhalb des letzten Jahres haben wir unsere Produktionskapazität beispielsweise mehr als verzehnfacht.

War dein Studiengang eine gute Vorbereitung und Ausbildung dafür?

Da sich das Studium zu Beginn sehr stark an den Grundlagenfächern der Maschinenbauingenieure orientiert, habe ich ein breites technisches Grundwissen erlangt. Diese Grundlagen sind für jeden Ingenieur essenziell und helfen mir in meinem Beruf enorm weiter. Durch das selbstständige Arbeiten während des Studiums lernt man, strukturiert und effizient vorzugehen, wovon ich jeden Tag profitiere. Im weiterführenden Studium konnte man sich anhand der vielen unterschiedlichen und teilweise sehr speziellen Vorlesungen ein Bild von den möglichen Berufszweigen machen. Was man beachten muss, ist, dass eine Uni natürlich hauptsächlich theoretisches Wissen vermittelt. Um darüber hinaus praktische Erfahrung zu sammeln, habe ich während des Studiums ein freiwilliges Praxissemester eingelegt – worüber ich übrigens meinen jetzigen Arbeitgeber kennengelernt habe.

Würdest du dich als Abiturient wieder für denselben Studiengang entscheiden?

Die Energiewende gewinnt immer mehr an Bedeutung und ist ein zentrales politisches und gesellschaftliches Thema. Ob erneuerbare oder konventionelle Energiegewinnung, Umwandlung und Speicherung, Netzbetrieb und -ausbau oder energiepolitische Themen; das Studium ermöglicht viele interessante Einsatzbereiche. Mir ist dieses Thema sehr wichtig und ich würde mich sofort wieder für dieses Studium entscheiden.

Alexa Schlipf

Jahrgang 1988

Energietechnik (Master), TU München

Teamleitung Engineering bei elcore GmbH

Technik

Mathematik

Wer Quadratwurzeln, Stochastik und die Mitternachtsformel liebt, für den scheint Mathematik die richtige Wahl zu sein. Aber die Kunst der Zahlen steckt nicht nur in theoretischen Gleichungen – sondern auch in jedem Navigationsgerät, Computer, S-Bahn-Fahrplan und in jeder Strahlentherapie zur Krebsbekämpfung.

Mathematik ist vielfältig und geht weit über das simple Rechnen hinaus. Auf dem Semesterplan stehen etwa Module wie Lineare Algebra, Analysis, Wahrscheinlichkeitstheorie, Numerik, Logik und Geometrie. Auch Grundwissen aus Nachbarfächern wie Physik, Maschinenbau, Elektrotechnik und vor allem Informatik wird dir in der Regel vermittelt.

Mathe macht dir zwar Spaß, aber so ganz taufrisch sitzt der Stoff aus der Oberstufe nicht mehr? Keine Sorge, vor Semesterstart bieten fast alle Unis Kompaktkurse an, in denen der Stoff der letzten zwei Schuljahre im Schnellverfahren wiederholt wird. Das gleicht auch die unterschiedlichen Niveaus der einzelnen Schulen und Bundesländer aus.

Es gibt nichts Praktischeres als eine gute Theorie

Auch während des Studiums wirst du gut betreut. Der Stoff der Vorlesung wird häufig in einer Übung wiederholt. Dabei musst du allerdings auch zäh sein: Jede Woche gibt es Aufgabenblätter, an denen du durchaus mehrere Stunden sitzt – am Ende vielleicht immer noch ohne Lösung. Ein bisschen Knobeln und Ausprobieren gehört also dazu. Neben theoretischen Rechnereien beantwortest du aber auch konkrete Fragen: Wie kommt die Bahn rechtzeitig von Hamburg nach Berlin? Woher weiß ich, ob es morgen regnet oder schneit? Und wie viel Treibstoff braucht man für eine Reise zum Mond? Dabei darfst du dich von furchteinflößenden Fachbegriffen nicht abschrecken lassen: Hinter „Kombinatorische Optimierung" steckt beispielsweise die Konstruktion von guten Fahrplänen. Und „Systeme von nichtlinearen Differenzialgleichungen" brauchst du für jede ernsthafte Wetterprognose.

Ein Mathe-Ass in der Schule musst du für ein Mathematik-Studium nicht unbedingt gewesen sein. Denn im Studium geht es beim Problemlösen vor allem ums Verständnis. Der Taschenrechner bleibt da oft links liegen, stattdessen lernst du eine ganz neue Sprache aus Variablen, Konstanten und Funktionen. Eine gewisse Leidenschaft und vor allem Durchhaltevermögen solltest du auf jeden Fall mitbringen – fast die Hälfte der Studenten gibt nach den ersten beiden Semestern auf.

Durchhalten – und durchstarten

Wer aber durchhält, dem eröffnen sich als Lohn glänzende Berufsperspektiven. Mathematik gehört in Deutschland nicht gerade zu den beliebtesten Schul- und Studienfächern. Genau darin liegt deine Chance. Denn mathematische Kenntnisse sind in fast jedem Beruf gefragt. Ob Softwareunternehmen, Logistik, Telekommunikation, Unternehmensberatung, Autobranche oder Forschung – überall kommst du mit deinem analytischen Denken an. Ob du damit am Ende Fahrpläne taktest, das Wetter vorhersagst oder Leben rettest, bleibt ganz dir überlassen.

Technik

... aus der Theorie

Wann und warum hast du dich für deinen Studiengang entschieden?
Schon während meiner frühen Schulzeit war ich mir sicher, dass ich eines Tages Mathematik studieren will. Als es dann so weit war, dass ich mich tatsächlich für ein Studienfach entscheiden musste, zögerte ich. Immerhin ist Mathematik ein Fach, das viele Menschen erst abschreckt. Das hat mich dazu veranlasst, im Rahmen eines Studium generale erstmal verschiedene Fächer kennenzulernen. Währenddessen habe ich gemerkt, dass mich nichts so sehr wie Logik und mathematische Rätsel fasziniert. Da ich in München studieren wollte, habe ich mir die beiden Unis vor Ort angeschaut und mich schließlich für das Mathematik-Studium an der TU München entschieden.

Haben sich deine Erwartungen erfüllt?
Schon am ersten Tag an der Uni spürt man, dass man die Schule hinter sich gelassen hat. Es geht nicht mehr darum, weiter die Kurvendiskussion zu perfektionieren, sondern Mechanismen zu lernen, die die Mathematik als großes Ganzes beschreiben. Es werden nicht mehr die Zahlen betrachtet sondern die Konzepte, die dahinter stehen. Dabei lernt man eine Sprache der Logik, die unglaublich präzise, stringent und nicht zu widerlegen ist. Gleichzeitig lernt man sich in Geduld zu üben. Immer wieder steht man vor einem Problem, das zu komplex scheint. Aber irgendwann findet man die Zeilen, mit denen es sich beschreiben lässt.

Während des Studiums werden die Bereiche Geometrie, Stochastik und Analysis aus dem Abitur durch weitere Grundpfeiler der Mathematik ergänzt. Man lernt verschiedene Werkzeuge und praktische Anwendungen kennen, z. B. wie man Mathematik mit dem Computer betreibt, wie man dem Postboten berechnet, in welcher Reihenfolge er seine Pakete abliefern sollte oder was die Unendlichkeit ist. Am Ende seines Studiums versteht man auch viele alltägliche Dinge besser – von den Börsenkurse bis zu den besten Gewinnstrategien für Brettspiele.

Wem würdest du das Studium weiterempfehlen?
Die Entscheidung für ein Mathestudium sollte nicht innerhalb von einem Tag fallen. Damit einem der Unterschied zwischen Schule und Universität richtig bewusst wird, sollte man am besten vorab eine Vorlesung besuchen. Viele Unis bieten einen Tag der offenen Tür, bei denen man erleben kann, wie eine Mathematikvorlesung abläuft.

Im Mathematik-Studium erwirbt man nicht nur Rechenfähigkeiten, sondern lernt auch Herangehensweisen an Probleme. Deshalb sind Mathematiker nach dem Studium sehr begehrt, da sie unlösbar erscheinende Probleme formalisieren und dadurch strukturieren und aufs Wesentliche herunterbrechen können. Vereinfachung durch Abstraktion ist der Reiz an höherer Mathematik und sollte keine Angst machen.

Was Mathematik für mich ausmacht? Es macht mir Spaß, mich zu hundert Prozent in ein Problem festzubeißen und nicht aufzugeben, bis eine Lösung gefunden ist. Ich habe Spaß am Knobeln und am Denken. Aber auch Kommunikation und Gemeinschaft gehören dazu. Die meisten Probleme löst man nicht im stillen Kämmerchen, sondern zusammen mit seinen Kommilitonen durch Diskussion und gegenseitiges Erklären.

Martin Bullinger

Jahrgang 1994

Mathematik (Master)

Technische Universität München

Technik

Felix Günther

Jahrgang 1989

Mathematik (Promotion), Humboldt-Universität zu Berlin und TU Berlin

Forscher an der Université de Genève

… aus der Praxis

Worin besteht deine jetzige Tätigkeit?

Für viele Jungs im Grundschulalter ist Profifußballer ja der Traumberuf schlechthin. Bei mir war das anders. Statt zu köpfen arbeite ich lieber mit Köpfchen und mit Brüchen rechne ich lieber, als sie zu erleiden. Dank eines Stipendiums verfolge ich gerade selbst gewählte Forschungsprojekte. Zwar erfülle ich hin und wieder das gängige Klischee und arbeite in meinem stillen Kämmerlein an abstrakten Problemen. Unabdingbar für meine Arbeit ist jedoch der Austausch mit anderen Mathematikern, wofür ich Forschungsaufenthalte einlege und zu Konferenzen reise. Das hat den schönen Nebeneffekt, dass man viel von der Welt sieht. Ebenso spielt das Präsentieren meiner Ergebnisse, sei es in Artikeln oder Vorträgen, eine wichtige Rolle. Besonders viel Spaß macht es mir, auf Science Slams meine Forschung unterhaltsam vorzustellen. Auf der Bühne durchsteche ich auch mal eine Gurke, zeige Bilder von Waschmaschinen oder bringe einen Fußball mit – natürlich in seiner Eigenschaft als Polyeder.

War dein Studiengang eine gute Vorbereitung und Ausbildung dafür?

Ich hatte schon immer mehr Spaß daran, Theoreme zu beweisen, als Rechenaufgaben zu lösen. Entsprechend angenehm fand ich den Wechsel von der Schule an die Universität. An Übungsaufgaben zu knobeln machte mir am meisten Spaß. In gewisser Weise ist meine jetzige Arbeit nicht viel anders, nur, dass die Aufgaben viel schwerer sind und ich nicht immer wissen kann, ob es eine Lösung gibt. Eine gute Vorbereitung waren zudem meine Tätigkeit als studentische Forschungskraft sowie die Forschung an den Themen meiner Diplom- und Doktorarbeit. Als sehr bereichernd empfand ich den Kontakt zu internationalen Studierenden in der Berlin Mathematical School, einer gemeinsamen Berliner Graduiertenschule. So übte ich schon früh, mich auf Englisch über Mathematik zu unterhalten und profitierte von Soft-Skills-Seminaren.

Würdest du dich als Abiturient wieder für denselben Studiengang entscheiden?

Auch denjenigen, die Mathematik in der Schule mögen, aber (noch) nicht die wissenschaftliche Laufbahn anstreben, kann ich das Mathematikstudium ans Herz legen. So wurde ich von mehreren Unternehmensvertretern dazu ermuntert, mich bei ihnen zu bewerben. Das Studium machte mir sehr viel Spaß und dank der vielen Wahlmöglichkeiten belegte ich fast nur Kurse, die mich besonders interessierten. Vor allem wegen des großen Vorlesungsangebotes der drei Universitäten und der Internationalität würde ich mich auch wieder für ein Studium in Berlin und einen Auslandsaufenthalt entscheiden.

Technik

Physik

Denkst du manchmal darüber nach, wann das Universum entstanden ist? Was das kleinste Teilchen der Welt ist? Warum Vögel nicht vom Himmel fallen? Oder warum der schiefe Turm von Pisa nicht umstürzt? Mit solchen Fragen beschäftigen sich Physiker. Physik gilt als die grundlegendste Wissenschaft, auf der die anderen Naturwissenschaften aufbauen. Anders als Biologen oder Chemiker beschäftigen sich Physiker mit unbelebter Natur, die sich stofflich im Allgemeinen nicht verändert.

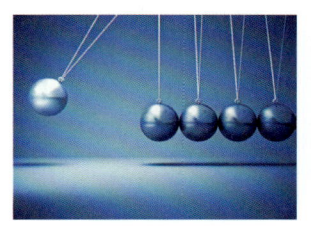

Physik bestimmt unser Leben und alle Vorgänge in der Natur. Egal ob es um kleinste Teilchen, Luft, Zeit, das Holz eines Tisches oder um Muskelkraft geht – Physik ist überall. Deshalb bietet auch das Physikstudium eine unglaubliche Breite.

Mit Mathe muss man rechnen
Das Studium teilt sich in der Regel in drei Bereiche auf: Experimentalphysik, Theoretische Physik und Mathematik. Von Mechanik und Atomphysik über die Thermodynamik bis zur Quantenphysik ist alles dabei. Dafür verbringst du auch einige Zeit in Laborpraktika mit Versuchsprotokollen und Messinstrumenten. Aber nicht nur das: Praktisch alle physikalischen Phänomene lassen sich mit Zahlen beschreiben – daher ist auch Mathe ein Muss.

Physikstudenten denken aber nicht nur in Zahlen und Formeln. Naturgesetze werden in anschaulichen Bildern und Analogien begreifbar gemacht. Dafür wird während der Vorlesungen auch gerne das ein oder andere spannende Experiment durchgeführt. Vieles von dem, was dem Physikstudium nachgesagt wird, ist leider wahr: Es ist schwer und sehr zeitaufwändig. Die Durchfallquoten sind hoch, und mit „Bulimie-Lernen" vor den Klausuren kommt man nicht weit. Gute Noten bekommt man auch nicht gerade geschenkt – besonders in den ersten Semestern sind die Ergebnisse trotz extremen Aufwands nicht immer befriedigend. Mit diesen Problemen bist du aber nicht alleine. In Übungen bereitest du den Stoff der Vorlesung nach, und durch wöchentliche Übungsblätter bleibst du automatisch am Ball. Zudem bieten Hochschulen vor Studienstart Vor- und Brückenkurse an, in denen die Grundlagen nochmals wiederholt werden. Typisch für den Studiengang Physik sind auch Lerngruppen, zu denen du dich mit Kommilitonen zusammenschließen kannst.

Weltverstehern steht die Welt offen
Das Pauken lohnt sich: Offene Stellen für Physiker gibt es mehr als genug, auch die Verdienstaussichten sind rosig. Die Palette an Angeboten für ausgebildete Physiker ist groß: Von der Grundlagenforschung an Instituten bis zum Unternehmensberater ist alles dabei – denn Physiker sind Allrounder.

Neben der klassischen Physik gibt es mittlerweile aber auch zahlreiche artverwandte Studiengänge – so etwa die Spezialisierungen Bauphysik, Astrophysik oder Meteorologie. Aber Achtung: Nicht zu verwechseln ist Physik mit Ingenieurwissenschaften. Die beschäftigen sich zwar auch mit den praktischen Anwendungen und Grundlagen der Physik, arbeiten aber weniger wissenschaftlich und gehen weniger in die Tiefe.

Technik

Selina Kerscher
Jahrgang 1994
Physik (Bachelor)
Universität Regensburg

… aus der Theorie

Wann und warum hast du dich für deinen Studiengang entschieden?
Oberstufe, Studienorientierungsseminar, Entscheidungszeit! Ich habe das Angebot der Schule wahrgenommen und mir zu dieser Zeit ernsthaft Gedanken gemacht, wie es nach der Schule weitergehen soll. Trotz Begeisterung für Sprachen und kreative Tätigkeiten bin ich zu dem Schluss gekommen, dass die Naturwissenschaften das größte Entdeckungspotenzial für mich bereithalten: Physik mit Grundlage Mathematik, eine Sprache, die weltweit gesprochen und verstanden wird und zudem immer wieder neues Vokabular entwirft, das gelernt werden will. Ich überlegte, Geowissenschaften zu studieren, habe aber letztlich entschieden, dass mir mit Physik auch diese Tür offensteht. Sowohl die interdisziplinären Themen als auch Projekte in der ganzen Welt sind möglich, und genau diese Vielfalt und diese Chancen haben mich überzeugt und in meiner Studienwahl bestätigt.

Haben sich deine Erwartungen erfüllt?
So schön alle Pläne klingen und so interessant die Themen sein mögen, es steckt auch viel Arbeit dahinter! Meine Erwartungen haben sich schon dahingehend erfüllt, dass ich die Möglichkeit haben werde, einen Teil meines Studiums im Ausland zu absolvieren und diesen anrechnen lassen kann – Stichwort: Internationalität. Auch für die Zeit nach dem Bachelor habe ich bereits tolle Projekte ausfindig gemacht, an denen ich teilhaben kann – ob im Bereich der erneuerbaren Energien, Astrophysik oder Bio-/ Geophysik. Der Klärung der Frage, was die Welt im Innersten zusammenhält, bin ich zwar schon ein Stück nähergekommen. Doch das sind nur die ersten Schritte auf einem langen Weg.

Wem würdest du das Studium empfehlen?
Benötigt wird auf jeden Fall viel Arbeitseifer! Der kann anfangs auch noch entwickelt werden (erfahrungsgemäß besonders nach einer längeren Pause, wie bei mir ein Jahr Work & Travel), aber spätestens dann muss man Gas geben, um mitzukommen. Es geht um das Finden von Lösungen, das Erkennen von Zusammenhängen und um Kreativität, sodass man das gelernte Handwerkszeug Mathematik jonglieren kann. Oft werden Aufgaben gestellt, die selbst in einer Gruppe und mit allen verfügbaren Medien schwer zu lösen und vor allem auch zeitintensiv sind. Hier zählen Durchhaltevermögen und Ideen!

Technik

... aus der Praxis

Worin besteht deine jetzige Tätigkeit?
Ich habe mich nach fünf Jahren Studium dafür entschieden, an der Universität zu bleiben und zu promovieren. Warum? Um eine Laufbahn in der Forschung einzuschlagen. Während meines Studiums ist mir vor allem eines bewusst geworden: Ich habe gerade einmal an der Oberfläche gekratzt und möchte nun dazu beitragen, unser Verständnis der Natur voranzutreiben. Ich arbeite am Lehrstuhl für theoretische Teilchenphysik, an dem wir versuchen, zu verstehen, wie die kleinsten Bausteine des Universums miteinander in Wechselwirkung stehen. Nach der Doktorarbeit heißt es dann für mich: Hinaus in die Welt, um in verschiedenen Arbeitsgruppen rund um den Globus zu arbeiten und meinen eigenen Beitrag in der wissenschaftlichen Community zu leisten.

War dein Studiengang eine gute Vorbereitung und Ausbildung dafür?
Das kann ich vollständig bejahen. Die Physik zeichnet sich gegenüber vielen anderen Studiengängen dadurch aus, dass es nicht in erster Linie um das Auswendiglernen von Daten und Fakten geht, sondern darum, wie man mit eben diesen umgeht. Physiker sind Problemlöser, Entdecker und immer auch neugierige Spielkinder. Wir entwerfen neue Problemlösungsstrategien, anstatt in vorgegebenen Bahnen zu denken. Das ist spannend, aber auch herausfordernd, und gerade diese Eigenschaften machen Physiker auch außerhalb der Forschung in vielen industriellen Bereichen sehr beliebt.

Würdest du dich als Abiturient wieder für denselben Studiengang entscheiden?
Ja, das würde ich sofort wieder tun. Aber hier habe ich natürlich einen unfairen Vorteil dir gegenüber, der du gerade dein Abitur machst: Ich weiß genau, auf was ich mich einlasse. Was erwartet dich also im Physikstudium? Zum einen viel Mathematik: Egal ob du dich eher für experimentelle oder theoretische Physik interessierst, ganz ohne Mathe geht es nicht. Um physikalische Probleme zu lösen, muss man abstrahieren, und die Mathematik ist das perfekte Werkzeug dafür. Genauso wichtig wie das richtige Werkzeug ist aber auch Teamwork. Schwer zu glauben, ich weiß... Physiker sind nicht gerade als die sozialsten Wesen bekannt. Und doch: Zusammenarbeit und der Austausch von Wissen wird in der Physik ganz groß geschrieben! Immerhin findet ein Großteil heutiger Forschung in internationalen Kollaborationen statt. Wenn dir die Vorstellung von dem, was ich hier schildere, gefällt, kann ich nur empfehlen: Entscheide dich für ein Physikstudium und erlebe selbst, was das Fach zu bieten hat.

Christoph Groß

Jahrgang 1990

Physik (Master),
Julius-Maximilians Universität Würzburg

Doktorand an der
Julius-Maximilians Universität Würzburg

Technik

Wirtschaftsinformatik

Technik und Wirtschaft – das sind zwei Dinge, die auf den ersten Blick kaum zusammengehen. Auf den zweiten Blick haben sie aber viel gemeinsam, schließlich muss Technik vermarktet werden, und die Wirtschaft benötigt technische Hilfsmittel wie Datenbanken und Kommunikationssysteme, um reibungslos zu funktionieren. An der Schnittstelle zwischen Technik und Wirtschaft schlägt die Stunde der Wirtschaftsinformatiker. Ähnlich wie bei den Wirtschaftsingenieuren sagt der zweite Teil der Fachbezeichnung, welcher Fachrichtung der Studiengang zuzuordnen ist: Ausgebildet werden hier Informatiker, die auch über ein fundiertes wirtschaftswissenschaftliches Verständnis verfügen. Je nachdem, wie der Schwerpunkt gelegt wird, nennt sich der Studiengang übrigens auch Informationstechnologie oder -management.

Allrounder mit zwei Schwerpunkten
Ziel des Studiums ist, die Fähigkeiten zur Analyse, aber auch zur Konzeptionierung von Informationssystemen oder Kommunikationsprozessen zu vermitteln. Das bedeutet, dass Wirtschaftsinformatiker zum Beispiel ein Unternehmen bei der Einführung von Rechnersystemen unterstützen können, die Unternehmensabläufe kontrollieren und vereinfachen. Sie sind aber auch in der Lage, ganze Informationssysteme wie Datenbanken zu entwerfen oder als Mittler zwischen einzelnen Unternehmensabteilungen und der Software-Entwicklung zu wirken – die sie selbst tatkräftig unterstützen können. Um das alles zu erreichen, lernen Wirtschaftsinformatik-Studenten nicht nur Informatik und BWL, sondern auch Mathe, VWL und oft sogar ein bisschen Jura.

Als Ausgleich für die Studienmühen winkt ein guter Job
Die Zukunftsaussichten für Wirtschaftsinformatiker sind glänzend. Das liegt daran, dass dieses Studium „zwischen den Stühlen" sehr breit angelegt ist und damit sowohl auf Positionen im Management als auch auf spezielle technische Anforderungen vorbereitet.

Was du mitbringen solltest
Da das Studium zwei Schwerpunkte hat, ist geistige Flexibilität eine Grundvoraussetzung. Und natürlich sollten dich wirtschaftliche Abläufe ebenso interessieren wie Programmieren und Computer im Allgemeinen. Sowohl in Informatik als auch in den Wirtschaftswissenschaften musst du dich mit Mathematik auseinandersetzen – wenn es in der Schule dein Hassfach war, ist das keine ideale Voraussetzung.

LINK-TIPP:
- Linkliste zum Thema Wirtschaftsinformatik: www.wirtschaftsinformatik.net

Wirtschaft
Technik

... aus der Theorie

Wann und warum hast du dich für deinen Studiengang entschieden?
Ich habe mich für ein Studium der Wirtschaftsinformatik entschieden, da es für mich zwei extrem interessante und vielversprechende Bereiche kombiniert – BWL und Informatik. Wichtig war für mich, dass ich nicht nur wirtschaftliche Modelle und Zahlen und Formeln auswendig lerne, sondern, dass ich auch praktisch arbeiten kann. Die Hands-on-Mentalität hat mir sehr gefallen.

Haben sich deine Erwartungen erfüllt?
Meine Erwartungen an den Studiengang haben sich voll erfüllt. Ich habe entscheidende Fähigkeiten in BWL und Informatik erlangt und nun sehr gute Möglichkeiten, mich auf dem Markt zu positionieren. Da Wirtschaftsinformatik kein reines Theoriefach, sondern auch praxisorientiert ist, konnte ich bereits im Studium meine Interessen in Wirtschaftsinformatik vertiefen. Im Studium habe ich also nicht nur die Finanzierungsmöglichkeiten für Start-ups kennengelernt, ich konnte sogar selbst Apps programmieren und so den gesamten Zyklus eines kleinen Start-ups, von der Idee bis zur Umsetzung, mitmachen.

Wem würdest du das Studium empfehlen?
Ich empfehle das Studium Leuten, die einen praxisorientierten Studiengang mit exzellenten Zukunftsaussichten suchen – vor allem denjenigen, die jeden Tag neue Herausforderungen suchen, sich breit aufstellen wollen und kein abgestecktes Karriereziel haben. Denn das Berufsbild eines Wirtschaftsinformatikers erstreckt sich vom iOS-Developer über den Berater bis hin zum Chef der IT-Abteilung eines Großkonzerns. Man ist also nicht beschränkt auf einen bestimmten Bereich, sondern ausgesprochen flexibel. Man kann zum Beispiel erst Softwareentwickler werden und danach in einen Großkonzern als Entwicklungschef einsteigen. Die Möglichkeiten sind sehr vielfältig.

Ich erlebe jeden Tag selbst, welche Chancen Wirtschaftsinformatik bietet und schätze das sehr. Wirtschaftsinformatiker sind begehrt und unser Können gefragt. Mit einem gut durchdachten Schwerpunkt, der zu den eigenen Interessen passt, lässt sich das eigene Profil schärfen und man wird noch attraktiver für die Unternehmen!

Shun Long Hong

Jahrgang 1995

Wirtschaftsinformatik (Bachelor)

TU München

Wirtschaft
Technik

... aus der Praxis

Marie Fischer

Jahrgang 1993

Wirtschaftsinformatik (Bachelor), Hochschule für Wirtschaft und Recht Berlin

Junior Integration Professional bei NOKIA

Worin besteht deine jetzige Tätigkeit?

Wenn ich heute Freunden erkläre, was ich mache, gibt es zwei verschiedene Antworten. Die leicht verständliche lautet: „Ich arbeite im Software-Testing und sorge in gewisser Weise für Qualitätssicherung." Offiziell ist es der Bereich „Customer Engineering", in dem ich als „Junior Integration Professional" angefangen habe. Wir arbeiten hier an Lösungen für optische Übertragungsinfrastrukturen, um unseren Kunden zu einem möglichst niedrigen Preis eine möglichst hohe und stabile Datenübertragung zu ermöglichen. Unser Tagesgeschäft besteht aus aktivem Kundensupport, entweder durch direkte Hilfe oder die Zusammenarbeit mit unserer Entwicklungsabteilung, um eine entsprechende Lösung zu liefern. Bevor das neue Software-Release mit entsprechenden Anpassungen ausgeliefert wird, stellen wir sicher, dass alle Features wie vorgesehen funktionieren, möglichst alle Kundenwünsche eingearbeitet wurden und das System auch unter Reallast läuft. Dafür arbeiten wir viel im Bereich der Testspezifikation, in der Laborvorbereitung und der Testausführung. Finden wir Probleme, leiten wir diese direkt an unsere Entwicklung weiter und sorgen dafür, dass bis zur Auslieferung alles funktioniert. Die Tatsache, dass unsere Entwicklung nicht in Deutschland ist, macht das Ganze noch spannender.

War dein Studiengang eine gute Vorbereitung und Ausbildung dafür?

Mein duales Studium hat mir auf jeden Fall den Berufseinstieg sehr erleichtert. Umgangsformen und Firmenstrukturen waren von Anfang an klar und ich kannte bereits einige Kollegen. Fachlich ist es wohl fast überall üblich, sich im Job noch einiges anzueignen. Das Studium hat mir aber viele Grundlagen im technischen Bereich an die Hand gegeben sowie auch in Projektmanagement und Programmierung gute Methoden aufgezeigt. Wichtig war für mich ein Breitenwissen, auf das ich im Beruf setzen kann. Mit einer reinen Ausrichtung auf Informatik oder Wirtschaft wäre ich am Arbeitsplatz um einiges länger mit der Einarbeitung beschäftigt gewesen.

Würdest du dich als Abiturient wieder für denselben Studiengang entscheiden?

Ganz ehrlich? Ich glaube, die Entscheidung würde mir immer noch genauso schwer fallen. Ich weiß nach dem Studium, dass es durchaus Module gibt, die ich recht uninteressant fand. Aber ich weiß auch, dass ich mit meinem derzeitigen Job eine äußerst spannende Schnittstelle zwischen Technik (beziehungsweise Informatik) und Wirtschaft gefunden habe, die mir auch Raum für eine intensivere Entwicklung in nur einem der beiden Bereiche gibt.

Wirtschaft
Technik

Wirtschaftsingenieurwesen

Technikbegeistert bist du schon – aber das ganze Leben in einer Fertigungshalle oder auf die Tastatur einhackend verbringen? Nein danke! Da lockt dich die Wirtschaft mehr – wenn BWL und Jura nur nicht so trocken wären. Für Menschen wie dich gibt es eine Lösung: Wirtschaftsingenieurwesen! Wie der Name schon sagt, verbindet dieser Studiengang die Wirtschafts- mit den Ingenieurwissenschaften. Um das Ganze abzurunden, wurde auch noch ein wenig Jura dazugepackt. Damit ist dieser Studiengang eine klassische Schnittstellendisziplin, die unter anderem der Problematik abhelfen soll, dass die Spezialisten der einzelnen Fachgebiete nicht dieselbe Sprache sprechen.

Von Hochschule zu Hochschule verschieden
Wirtschaftsingenieurwesen ist ein sogenanntes Simultanstudium, da zwei Fächer beinahe vollwertig gleichzeitig studiert werden. Die einzelnen Unis, Technischen Universitäten, Fachhochschulen und Berufsakademien legen ihre Schwerpunkte eigenständig und oft sehr unterschiedlich fest. Während an der einen Hochschule der betriebswirtschaftliche Aspekt ein wenig in den Vordergrund gerückt wird, sieht die nächste ihre Studenten ganz klar als Ingenieure, die auch etwas BWL lernen.

Generalist und Übersetzer
Wirtschaftsingenieure werden zu echten Generalisten ausgebildet. Und so vielseitig wie der Studiengang ist auch die Liste möglicher Einsatzfelder. Produktplanung und Prozessoptimierung für die Produktion gehören ebenso dazu wie Beratertätigkeiten, Vertrieb und Logistik. Oft bilden Wirtschaftsingenieure die Schnittstelle zwischen den Betriebswirten und den Technikern in einem Unternehmen, koordinieren deren Tätigkeiten – und müssen oft genug als Übersetzer zwischen ihnen aktiv werden.

Das wird vorausgesetzt
Ingenieurwissenschaften setzen ein gewisses Mathe-Talent voraus! Daneben solltest du ein grundlegendes Verständnis für wirtschaftliche Prozesse besitzen und vielseitig interessiert sein. Noch stärker als in anderen Ingenieurstudiengängen sind hier Soft Skills gefragt, schließlich kommen aufgrund des wirtschaftlichen Schwerpunkts auch Management-Positionen als Jobs infrage. Hier benötigst du Führungskompetenzen, Teamfähigkeit und Kommunikationsstärke.

LINK-TIPPS:
- Portal für Studieninteressierte:
  www.ingenieurwesen-studieren.de/wirtschaftsingenieur-studium
- Infos vom Verband Deutscher Wirtschaftsingenieure: www.vwi.org

Wirtschaft
Technik

... aus der Theorie

Thaksan Sothinathan
Jahrgang 1992
Wirtschaftsingenieurwesen
Fachrichtung Elektrische Energietechnik (Bachelor)
RWTH Aachen University

Wann und warum hast du dich für deinen Studiengang entschieden?
Während meines Abiturs war für mich lange Zeit eigentlich gar nicht klar, was ich studieren soll: „Irgendetwas mit Mathe und Physik!", „Wirtschaft hört sich gut an!", „Später eine Führungsposition fände ich auch nicht schlecht". Durch Gespräche mit Studierenden und Praktika während der Oberstufe habe ich gemerkt, dass mich zwar ingenieurswissenschaftliche Themen interessieren, ich aber später nicht unbedingt in die rein technische Forschung und Entwicklung möchte. Eher wollte ich später mit dem technischen Hintergrundwissen in einem Unternehmen eine Managementposition einnehmen und interdisziplinär arbeiten. Es musste also ein Mittelweg zwischen Ingenieurwissenschaften (in meinem Fall Elektrotechnik) und BWL sein und da schien das Wirtschaftsingenieurwesen einfach perfekt.

Haben sich deine Erwartungen erfüllt?
Meine Erwartungen haben sich voll erfüllt. Das Studium bietet einen hervorragenden Mittelweg zwischen Ingenieurwissenschaft und BWL. Das Klischee des Wirtschaftsingenieurs als Ente („Kann weder schwimmen noch fliegen") ist definitiv falsch. Eher bietet das Studium einem die Möglichkeit, Einblicke in verschieden Gebiete zu gewinnen und sich dann zu spezialisieren. Man hat (nachdem man die Grundlagenfächer in beiden Bereichen absolviert hat) genug Wahlfreiheit und kann eigene Schwerpunkte setzen. Generell kann man sein Studium eher technisch oder eher mit BWL-Ausrichtung gestalten, und im Speziellen wählt man innerhalb seiner Ausrichtung seine Vertiefung.

Besonders gefällt mir das interdisziplinäre Lernen. Dadurch ist das Studium sehr abwechslungsreich und selbst die Lernphasen sind nicht ganz so monoton – von Fächern, in denen man viel rechnet beziehungsweise quantitativ arbeitet, bis hin zu Fächern, in denen man praktisch diskutiert und qualitativ arbeitet.

Wem würdest du das Studium empfehlen?
Generell empfehle ich das Studium allen, die sowohl ingenieurswissenschaftliche als auch betriebswirtschaftliche Interessen haben und sich ein breites Studium als Grundlage für ihren späteren Werdegang wünschen. Der Studiengang ist insbesondere für diejenigen interessant, die weniger tief in die Forschung und Entwicklung einsteigen wollen, sondern später in der Wirtschaft an der Schnittstelle zwischen Management und Technik arbeiten möchten.

Wirtschaft
Technik

… aus der Praxis

Worin besteht deine jetzige Tätigkeit?
Als Maschinenverantwortlicher Elektrik bin ich für die elektrische Auslegung von Druckmaschinen im Sondermaschinenbau verantwortlich. Das Aufgabengebiet im Sondermaschinenbau unterscheidet sich vom Serienmaschinenbau dadurch, dass man auch über den Tellerrand schauen kann und sich eigenständig in andere Bereiche einarbeitet. Dadurch erhält man sehr schnell sehr viele Aufgaben zugeteilt. Neben der exakten Auslegung und Auswahl der elektrischen Maschinenbauteile gehören die Auslegung und Parametrierung von Antriebssystemen und die Unterstützung der Software-Programmierer zu meinen Hauptaufgabengebieten. Sehr interessant ist die Maschineninbetriebnahme der Prototypen, bei denen man das Resultat seiner Arbeit endlich in Aktion sehen kann.

War dein Studiengang eine gute Vorbereitung und Ausbildung dafür?
Ich habe dual studiert, das heißt, ich habe abwechselnd studiert und in einer Firma in den Fachabteilungen gearbeitet. Dadurch bekommt man zum einen die notwendige Theorie an der Hochschule vermittelt und zum anderen in der Firma einen sehr detaillierten Einblick in die Unternehmenswelt. Mit steigendem Theoriewissen erweitern sich auch die Aufgaben im Unternehmen. Der Übergang in den Berufsalltag nach dem Studium verläuft fließend. So habe ich bereits einen Monat nach Studienende an einem der neuesten und innovativsten Maschinentypen unserer Firma maßgeblich mitgearbeitet. Durch das duale Studium entfiel die Einarbeitungszeit komplett.

Würdest du dich als Abiturient wieder für denselben Studiengang entscheiden?
Da ich nach dem Abitur unbedingt etwas Technisches machen wollte, habe ich mich bereits ein Jahr vor dem Abi bei verschiedenen Firmen für dieses Studium beworben. Diese wählen die geeignetsten Studenten aus. Nach der Zusage war für mich daher klar, was ich studieren werde. Ich kann das Studium all denjenigen empfehlen, die ebenfalls ein zielorientiertes Studium und einen schnellen Einstieg in die Praxis wollen, ohne dafür erst lange an der Hochschule Theorie zu pauken. Außerdem bekommt man ab dem ersten Studienjahr ein Gehalt und muss sich somit nicht um das notwendige Kleingeld sorgen. Wer nach dem Bachelor schließlich noch einen Master machen möchte, kann – wie ich – berufsbegleitend studieren. So kann man weiterarbeiten und dennoch den gewünschten Abschluss erreichen.

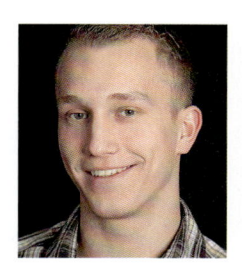

Dominik Sterk

Jahrgang 1989

Elektrotechnik, DHBW Mosbach (Bachelor)

Wirtschaftsingenieurwesen, Wilhelm Büchner Hochschule (Master)

Maschinenverantwortlicher Elektrik bei KBA NotaSys AG & Co. KG

Wirtschaft
Technik

Rechtswissenschaftliche Studiengänge

Jura – damit wird man doch Anwalt oder Richter? Das ist zwar richtig, aber nur die halbe Wahrheit. Als Jurist stehen dir mehr Berufe und Branchen offen, als du vielleicht denkst: Juristen sorgen bei der Fusion von globalen Konzernen dafür, dass alles mit rechten Dingen zugeht, retten Firmen vor der Insolvenz, setzen sich bei den Vereinten Nationen für Menschenrechte ein oder helfen bei der Gestaltung von Gesetzen im Bundestag.

Keine Angst vor dicken Büchern
Wenn du an ein Jurastudium denkst, hast du vielleicht dicke Gesetzesbücher vor Augen, voll mit schwer verständlichen Paragrafen, die alle auswendig gelernt werden müssen... Keine Angst, du musst keine Paragrafen auswendig herunterbeten können. Die einzelnen Gesetze eignest du dir vielmehr dadurch an, dass du sie in Fallbeispielen anwendest. Und in Prüfungen darfst du sogar in den Gesetzestexten nachschlagen. Du solltest aber keine Angst davor haben, dich durch die anfangs ungewohnten Formulierungen der Gesetzestexte zu beißen, um diese zu interpretieren und anzuwenden. Ein gutes Sprachgefühl und Stärke im Argumentieren helfen dabei. Du solltest auch keine Abneigung gegen intensive Lektüre haben. Jurastudenten müssen viel über Büchern brüten – und später im Job meist viel über Akten.

In ihrem Studium lernen angehende Juristen zunächst einmal alle Rechtsgebiete. Grob werden drei Bereiche unterschieden: das Zivilrecht, dazu gehören zum Beispiel das Erbrecht und das Familienrecht; das öffentliche Recht, das unter anderem das Verwaltungsrecht und Steuerrecht beinhaltet, aber auch das Völkerrecht; und das Strafrecht. Für das Erste Staatsexamen muss dann ein Schwerpunkt aus diesen Gebieten gewählt werden.

Im Referendariat praktische Erfahrung sammeln
Nach dem Ersten und vor dem Zweiten Staatsexamen erlebst du die Arbeit eines Juristen zwei Jahre lang live: im sogenannten Referendariat. In verschiedenen Stationen lernst du den Arbeitsalltag eines Richters, Staatsanwalts, Verwaltungsbeamten und Rechtsanwalts kennen. Dann schließt sich noch eine Wahlstation an, bei der du selbst bestimmst, wo du hinwillst. Viele nutzen diese Zeit für einen Auslandsaufenthalt.

Die Berufsklassiker: Richter und Staatsanwalt
Hast du beide Staatsexamen gemeistert, bist du „Volljurist" und hast damit die Qual der Berufswahl. Die nächstliegenden Tätigkeiten sind natürlich die, die du in deinen Referendariatsstationen kennengelernt hast: Richter, Staatsanwalt, Verwaltungsbeamter in einem Ministerium oder einer Behörde und Rechtsanwalt. Die ersten drei sind allesamt Berufe im Öffentlichen Dienst; für sie spricht also schon mal ein gesicherter Arbeitsplatz und – besonders bei Richtern und Staatsanwälten – ein hohes gesellschaftliches Ansehen.

Boutique oder Großkanzlei: Perspektiven als Rechtsanwalt
Die meisten Juristen werden jedoch Rechtsanwälte. Doch Rechtsanwalt ist nicht gleich Rechtsanwalt: Du kannst dich natürlich selbstständig machen und deine eigene Kanzlei eröffnen. Doch ohne vorher viele gute Kontakte aufgebaut zu haben, wird das nicht von Erfolg gekrönt sein. Besser ist es deshalb, in eine bestehende Kanzlei

einzusteigen, die diese Kontakte schon hat. Solche Kanzleien können aus nur drei oder vier Anwälten bestehen (sogenannte Boutiquen) oder aus mehreren Hundert (sogenannte Großkanzleien).

Je kleiner die Kanzlei, desto eher spezialisiert sie sich auf Nischenthemen. Die Arbeit in einer Großkanzlei bedeutet dagegen automatisch Wirtschaftsrecht, das heißt, die Mandanten sind Unternehmen, die du – je nachdem, auf welches Gebiet du spezialisiert bist – in Sachen Steuern, Arbeitsrecht, Kartellrecht und so weiter berätst. Die Konkurrenz um diese Arbeitsplätze ist hart, und die Arbeitsbelastung ist hoch, das Gehalt allerdings auch – wesentlich höher als das von Richtern.

Als Jurist in die Wirtschaft
Damit sind die Berufsperspektiven für Juristen aber keineswegs erschöpft. Statt Unternehmen in einer Kanzlei zu beraten, kannst du auch „hauseigener" Jurist einer Firma werden. Solche Syndikusanwälte sind meist fachlich breiter aufgestellt, sie beraten das Unternehmen in verschiedenen juristischen Belangen. Große Unternehmen haben oft nicht nur einen Syndikusanwalt, sondern eine ganze Rechtsabteilung für diese Aufgaben. Aber nicht nur die Rechts-, sondern auch die Personalabteilung kann für Jura-Absolventen interessant sein: Dort arbeiten sie Arbeitsverträge so aus, dass sie rechtlich gültig sind, und prüfen, ob die Beförderung eines Mitarbeiters gerechtfertigt ist oder was bei Auslandsentsendungen zu beachten ist. Für Unternehmensberatungen arbeiten nicht nur Wirtschaftswissenschaftler, sondern auch Juristen. Hier kannst du dein juristisches Fachwissen für verschiedenste Unternehmen einsetzen, bei denen du vor Ort in Projektteams mitarbeitest.

UN, EU und NGO: ausgefallene Jura-Berufe
Daneben gibt es noch einige „exotischere" Jura-Berufe. Vielleicht hast du Lust, statt nur an der Rechtssprechung auch an der Gesetzgebung mitzuwirken: Als Referent für eine Bundestagsfraktion verfasst du beispielsweise Rechtsgutachten, erstellst Pressemitteilungen und bereitest Bundestagsreden und Pressekonferenzen für die Abgeordneten vor. Wenn du eine Verwaltungslaufbahn einschlagen möchtest, dir aber ein Landesministerium eine Nummer zu klein ist, kannst du als Rechtswissenschaftler auch für supranationale Organisationen wie die EU oder die NATO arbeiten.

Vielleicht willst du dein Fachwissen ja auch für idealistische Ziele wie Frieden oder die Wahrung der Menschenrechte einsetzen: Dann könnte eine Mitarbeit bei den Vereinten Nationen das Richtige sein – oder auch in einer Nichtregierungsorganisation (NGO). Natürlich bekommt weder in den Vereinten Nationen noch bei Amnesty International oder Human Rights Watch jeder, der das möchte, eine Stelle. Aber es gibt auch kleinere NGOs mit idealistischen Anliegen und Bedarf an juristischen Fachleuten. Für eine solche Tätigkeit solltest du dich aber nicht nur auf Bestnoten in deinen Examina konzentrieren, sondern dich vor allem schon während des Studiums gesellschaftlich engagiert haben.

LITERATUR-TIPP:
- e-fellows.net wissen: *Perspektiven für Juristen 2018,* München.

Rechtswissenschaften/Jura

Die Rechtswissenschaften – auch Jura genannt – gehören zu den ältesten Universitätsdisziplinen und werden an beinahe jeder öffentlichen Universität angeboten. Zudem gibt es private „Law Schools", an denen ausschließlich Jura gelehrt wird. Neben dem Interpretieren von Gesetzestexten lernst du Rechtsgeschichte, Rechtsphilosophie, Rechtstheorie und Rechtssoziologie – Fächer, die die Gesetze in einen größeren Zusammenhang stellen und deren Entstehung und Sinn erklären. Jura gehört zu den wenigen Studiengängen, die du normalerweise nicht auf Bachelor studierst. Es gibt zwar ein paar Hochschulen, die einen Bachelor of Laws anbieten, jedoch ist dieser Abschluss dann eher eine Zusatzqualifikation, weil er zur Ausübung der meisten juristischen Berufe nicht ausreicht. Das klassische Jurastudium läuft nach dem Schema Uni-Studium – Erstes Staatsexamen – Referendariat – Zweites Staatsexamen ab.

Staatsexamina und Referendariat statt Bachelor und Master

Mit dem Ersten Staatsexamen, der sogenannten Ersten Juristischen Prüfung, die du nach neun bis zehn Semestern ablegst, ist das eigentliche Hochschulstudium beendet, und du kannst theoretisch auch bereits einen Beruf ergreifen. Die meisten Jurastudenten machen aber noch das Zweite Staatsexamen, da erst dieses zur Ausübung der „klassischen" juristischen Berufe berechtigt, etwa Richter, Rechtsanwalt und Staatsanwalt. Vor dem Zweiten Staatsexamen musst du das sogenannte Referendariat machen: Darunter versteht man den praktischen Teil der juristischen Ausbildung. Der dauert zwei Jahre und führt durch verschiedene Stationen, in denen du unter der Anleitung von Rechtsanwälten, Staatsanwälten, Richtern und Verwaltungsbeamten praktische Erfahrung sammelst. Nach dem Zweiten Staatsexamen stehen dir dann alle Möglichkeiten offen, egal, ob du nun Richter oder Staatsanwalt werden, in einer Kanzlei oder als selbstständiger Rechtsanwalt arbeiten oder die Rechtsabteilung eines Unternehmens unterstützen willst.

Das Examen: ein Fall für disziplinierte Lerner

Gute Noten sind zwar in jedem Studium wichtig, im Jurastudium aber noch einmal mehr. Je nach Bundesland und angestrebtem Beruf kann ein Abschluss mit mindestens „befriedigend" oder sogar „vollbefriedigend" Einstellungsvoraussetzung sein – das gilt vor allem für die Berufe Richter und Staatsanwalt –, und besser als „befriedigend" schaffen nur ca. 15 Prozent aller Absolventen. Zusätzlich ist der Stoff, der für die Examen zu lernen ist, umfangreicher als in den meisten anderen Fächern. Deshalb solltest du für ein Jurastudium besonders viel Disziplin aufbringen.

LINK-TIPPS:
- Berufsfelder für Juristen: www.e-fellows.net/juristen
- Porträts von juristischen Hochschulen und Studiengängen: www.e-fellows.net/jurastudium

Recht

… aus der Theorie

Wann und warum hast du dich für deinen Studiengang entschieden?
Vor meinem Abitur hatte ich keine Ahnung, was ich studieren möchte – zu vielseitig waren meine Interessen. Auch nach dem Abi war ich lange unentschlossen, ob ich Jura oder ein wirtschaftswissenschaftliches Fach studieren soll. Erst kurz vor Bewerbungsschluss habe ich mich für Jura entschieden. Überzeugt haben mich letzten Endes die Vielfalt im Studium selbst sowie die vielen Möglichkeiten, die sich nach dem Studium bieten. Ich wollte und will mich nicht auf ein Berufsbild festlegen, daher war Jura die perfekte Lösung. Zudem kann ich im Studium auch meinem Interesse an wirtschaftlichen Zusammenhängen nachgehen, zum Beispiel durch Wahl eines entsprechenden Schwerpunktes.

Haben sich deine Erwartungen erfüllt?
Hier muss ich zur unter Juristen beliebtesten Antwort greifen: „Es kommt darauf an". Inhaltlich bin ich sehr zufrieden und meine Erwartungen wurden sogar übertroffen. Für mich waren die meisten Fächer nie trocken oder langweilig, da man von Beginn an mit praxisnahen Fällen und Problemen konfrontiert wird. Auch wird so manches Klischee über Jurastudenten täglich bestätigt. Ich muss jedoch zugeben, dass ich eine gerechtere und nachvollziehbarere Benotung erwartet hätte, was leider zu oft nicht der Fall ist. Besonders froh bin ich, dass ich während des Studiums gemerkt habe, dass Jura das richtige Fach für mich ist und mir die Vielfalt bietet, die ich mir gewünscht habe.

Wem würdest du das Studium empfehlen?
Ist Jura nur für Streber geeignet, die gerne den ganzen Tag vor Büchern verbringen? Nein! Zwar sollte besonders im gesellschaftswissenschaftlichen Bereich Interesse bestehen, mehr aber auch nicht. Wer vielfältige Interessen hat und diese in seinem Studium wiederfinden möchte, sollte sich das Jurastudium einmal näher anschauen. Jura als Notlösung? Nein! Wer nur Jura studieren möchte, weil ihm nichts Besseres einfällt, sollte lieber die Finger davon lassen. Für ein erfolgreiches Studium sind Leistungsbereitschaft und Frustrationstoleranz notwendig. Zwar mag manchen das juristische Denken leichter fallen als anderen, sich nur in Vorlesungen zu setzen und zu hoffen, dass einem der Stoff zufliegt, ist aber kaum möglich. Wer jedoch Interesse hat, die viele beruflichen Möglichkeiten schätzt und sich klarmacht, dass ein in der Schule leicht zu erreichendes „sehr gut" oder nur ein „gut" in juristischen Klausuren sehr selten ist, ist mit einem Jurastudium gut beraten.

Daniel Dahler

Jahrgang 1995

Jura (Staatsexamen)

Eberhard-Karls-Universität Tübingen

Recht

Oliver Rieche

Jahrgang 1989

LBB Law with Politics, University of Manchester (Bachelor)

LLM Public International Law, University of Cambridge (Master)

Public Access/ Human Rights Paralegal bei Garden ourt Chambers

… aus der Praxis

Worin besteht deine jetzige Tätigkeit?

Nach meinem Jura- und Politikstudium und meiner Spezialisierung im Völkerrecht entschied ich mich für eine Menschenrechtskarriere. Garden Court Chambers gehört zu den renommiertesten Anwaltskanzleien Londons, die auf Völkerrecht, Strafverteidigung, Familienrecht, Wohnungsrecht und Einwanderungsrecht spezialisiert sind. Als sogenannter „Public Access Paralegal" nehme ich Anfragen der Öffentlichkeit entgegen und identifiziere die Probleme potenzieller Klienten. Nachdem ich den Klienten die nächsten Schritte in unserem Prozess verdeutlicht habe, setze ich mich mit einem der Rechtsanwälte in Verbindung, um die Stichhaltigkeit des Falles zu prüfen und die nächsten Schritte festzulegen. Im Anschluss arrangiere ich ein Treffen zwischen Klienten und Rechtsanwälten und bin darüber hinaus für die Administration und Kostenabwicklung des Falles zuständig. Je nach Bedarf helfe ich den Rechtsanwälten auch bei der Fallvorbereitung.

War dein Studiengang eine gute Vorbereitung und Ausbildung dafür?

Jein. Um in England eine juristische Tätigkeit ausüben zu können, muss man entweder einen dreijährigen Bachelor in Jura (LL.B.) oder nach einem beliebigen Bachelor-Studium den einjährigen Jura-Konvertierungskurs (GDL) absolvieren – daran führt kein Weg vorbei. Allerdings: Wie so oft ist das Studium nicht wirklich vorbereitend für die alltäglichen Aufgaben im Job. Die lernt man eben „by doing". Wenn man sich später als Anwalt auf eine Fachrichtung spezialisiert, geht man noch viel weiter in die Tiefe als während des Studiums. Der große Vorteil am englischen Jurastudium ist, dass einem am Ende des Studiums keine Staatsexamen drohen, sondern nur drei Examen pro Semester. Je nachdem, ob man sich nach dem Studium dazu entscheidet, es als „Barrister" (also vor Gericht mit Perücke) oder als „Solicitor" (in der Anwaltskanzlei) zu probieren, muss man noch den Bar Professional Training Course oder den Legal Practice Course ablegen – das entscheide ich später.

Würdest du dich als Abiturient wieder für denselben Studiengang entscheiden?

Auf jeden Fall. Ich konnte mich damals nicht zwischen Internationalen Beziehungen und Jura entscheiden, da kam mir der Bachelorstudiengang „Law with Politics" sehr entgegen. Die Politikthemen standen zwar nicht im Vordergrund, halfen aber immer wieder über Längen im trockenen Jura-Alltag hinweg. Wer alles über Menschenrechte, internationales Strafrecht & Co. lernen möchte und mit einer internationalen Karriere liebäugelt, dem ist ein Völkerrechtsstudium (Public International Law) unbedingt zu empfehlen!

Recht

Dein Studiengang war nicht dabei?

Natürlich gibt es in den Bereichen Wirtschaft, Technik und Recht zahlreiche weitere Studiengänge – und nicht nur dort. Wenn du auf den vorangegangenen Seiten dein Wunschfach nicht gefunden hast, kannst du auf der Website von e-fellows.net (siehe Link-Tipps) noch mehr Erfahrungsberichte von Studenten lesen. Die Auswahl der Studiengänge reicht von Automotive Management über Energietechnik, Kommunikationsmanagement, Kulturwirtschaft, Medizin und Psychologie bis hin zu Verfahrenstechnik.

Wenn du dich schon für ein Fach entschieden hast, aber noch nicht weißt, wo du es studieren möchtest, findest du auf der Website von e-fellows.net ebenfalls hilfreiche Informationen. In der Rubrik „Uni-Städte von A bis Z" berichten Studenten von ihren Uni-Städten und geben dir Insider-Tipps, sodass du einen ersten Eindruck von deiner künftigen Wahlheimat gewinnen kannst.

LINK-TIPPS:
- Vorstellung weiterer Studiengänge und Hochschulen:
  www.e-fellows.net/bachelorstudium
- Studenten berichten über ihre Studienfächer: www.e-fellows.net/studiengaenge
- Uni-Städte aus Sicht von Studenten: www.e-fellows.net/uni-staedte

3. Ausgewählte Unternehmen und Hochschulen im Porträt

140 Unternehmensgruppe ALDI SÜD
144 Bayerische Landesbank (BayernLB)
146 Católica Lisbon School of Business & Economics
150 EBS Universität für Wirtschaft und Recht
154 ESB Business School Hochschule Reutlingen
158 ESCP Europe Berlin
162 Fachhochschule Wedel
166 Fachhochschule Westküste
170 Freie Universität Bozen
174 Hochschule für Life Sciences FHNW
178 Hochschule für Technik Stuttgart
182 Hochschule für Wirtschaft und Umwelt Nürtingen-Geislingen
186 Hochschule Karlsruhe Technik und Wirtschaft
190 IE University
194 ISM International School of Management
198 Kühne Logistics University – KLU
202 Rechtswissenschaftliche Fakultät der Universität zu Köln
206 WHU – Otto Beisheim School of Management

Unternehmensgruppe ALDI SÜD

Branche: Lebensmitteleinzelhandel

Standorte: 30 Regionalgesellschaften in Süd- und Westdeutschland sowie zentrale Dienstleistungsgesellschaft in Mülheim an der Ruhr

Mitarbeiter: mehr als 124.200 weltweit, davon mehr als 40.100 in Deutschland

Zahl der dual Studierenden: ca. 230

Geplante Studienplätze 2018: ca. 60

Auszubildende: ca. 5.200

Geplante Ausbildungsplätze 2018: ca. 2.500

Vergütung im dualen Bachelor-Studium:
1. Jahr: 1.400 Euro pro Monat
2. Jahr: 1.600 Euro pro Monat
3. Jahr: 1.800 Euro pro Monat

Vergütung im Abiturientenprogramm:
1.–6. Monat: 1.050 Euro pro Monat
ab 7. Monat: 1.200 Euro pro Monat
ab Bestehen der Prüfung zum Kaufmann für Einzelhandel: 2.400 Euro pro Monat

Herzlich willkommen in der weltweit erfolgreichen Unternehmensgruppe ALDI SÜD. Spannende Herausforderungen, jede Menge Praxis, vielfältige Tätigkeiten und Raum für Eigenverantwortung – das erwartet Abiturienten beim dualen Bachelor-Studium oder Abiturientenprogramm zum Geprüften Handelsfachwirt. Einsteigen und die spannende Welt des Handels bei ALDI SÜD entdecken!

Burgstraße 37
45476 Mülheim an der Ruhr
karriere.aldi-sued.de

Jessica Urbanski
HR Marketing
karriere@aldi-sued.de

Herzlich willkommen bei ALDI SÜD

Du warst bestimmt schon einmal in einer unserer Filialen einkaufen. Hast du denn auch schon einmal darüber nachgedacht, in der weltweit erfolgreichen Unternehmensgruppe zu arbeiten? Vielleicht hättest du von einem Discounter nicht unbedingt gedacht, dass er dir als Abiturient spannende Einstiegsmöglichkeiten mit top Zukunftsaussichten bietet. Erfahre mehr über deinen ganz persönlichen Karrierestart bei ALDI SÜD!

Duales Bachelor-Studium bei ALDI SÜD

Wenn du dein Abitur oder Fachabitur gut gemeistert hast, steht deiner persönlichen Karriere bei uns nichts im Weg. Ob du dich für ein Studium im Bereich Wirtschaftswissenschaften, International Business, Handelsmanagement oder Wirtschaftsingenieurwesen entscheidest: Die Unternehmensgruppe ALDI SÜD bietet hervorragende Zukunftschancen. Deinen theoretischen Teil absolvierst du an angesehenen dualen Partnerhochschulen und in der Praxis lernst du alle Bereiche unserer Unternehmensgruppe kennen. Mit den Hochschulabschlüssen Bachelor of Arts, Bachelor of Science und Bachelor of Engineering qualifizierst du dich anschließend für große Herausforderungen bei uns.

Ablauf und Inhalte deines dualen Studiums

Wie genau sich Theorie- und Praxisphasen abwechseln, ist abhängig vom gewählten Studiengang. Grundsätzlich kooperieren wir für deinen dualen Studiengang nur mit ausgesuchten Hochschulen und Fachhochschulen. Parallel zum theoretischen Teil durchläufst du eine intensive Praxisausbildung in einer ALDI SÜD Regionalgesellschaft, in der ALDI SÜD Kaffeerösterei in Ketsch oder in der zentralen Dienstleistungsgesellschaft in Mülheim an der Ruhr. Während deines Studiums musst du dich weder um Praktika noch um Studentenjobs kümmern, da du bereits einen Vertrag mit uns hast, der dir eine überdurchschnittliche monatliche Vergütung inklusive Weihnachts- und Urlaubsgeld zusichert. Nach Beendigung deines dualen Studiums stehen dir viele Wege in unserer Unternehmensgruppe offen, wie zum Beispiel unser Training-on-the-Job zum Regionalverkaufsleiter, das duale Master-Studienprogramm oder ein Direkteinstieg in spannenden Fachabteilungen von ALDI SÜD.

Abiturientenprogramm bei ALDI SÜD

Für alle (Fach-)Abiturienten, die direkt in der Praxis durchstarten wollen, bieten wir das Abiturientenprogramm zum Geprüften Handelsfachwirt. In 36 Monaten erwirbst du hier gleich drei Abschlüsse: die Ausbildung zum Kaufmann im Einzelhandel, die Weiterbildung zum Geprüften Handelsfachwirt und schließlich die Ausbildung der Ausbilder. Das Abiturientenprogramm rüstet dich für eine steile Karriere im Verkauf und bietet dir viel Abwechslung sowie eine überdurchschnittliche Vergütung.

Infos zur Bewerbung

Wir freuen uns über deine Bewerbung unter karriere.aldi-sued.de. Eine Bewerbung ist jederzeit möglich. ALDI SÜD Standorte befinden sich in Süd- und Westdeutschland. Auf unserer Karriere-Webseite findest du alle freien Stellen in deiner Region. Uns ist es wichtig, dass du Interesse an der Welt des Handels und viel Eigeninitiative mitbringst, gerne Verantwortung übernimmst und kontaktfreudig bist. Wenn du dich hier wiederfindest, bist du bei ALDI SÜD genau richtig – wir freuen uns auf dich!

Wirtschaft
Technik

Linda Elsässer

Duales Master-Studium

Wann und warum hast du dich für deinen Studiengang entschieden?
Nach dem Abitur wollte ich von den Vorteilen eines dualen Studiums profitieren und finanziell unabhängig sein. Durch ständige Entwicklungen im Einzelhandel mit täglich neuen Herausforderungen hat mich diese Branche besonders inspiriert. Ein Jahr vor Antritt meines dualen Studiums habe ich mich daher bei ALDI SÜD beworben und kurze Zeit später meinen Ausbildungsvertrag unterschrieben. Zum Wintersemester 2013 habe ich mit dem dualen Studiengang International Business mit dem Schwerpunkt Change Management an der Dualen Hochschule in Bad Mergentheim begonnen. Mittlerweile habe ich ein Auslandssemester in Singapur absolviert und mein Studium erfolgreich abgeschlossen. Mein Weg bei ALDI SÜD ging danach nahtlos mit dem dualen Master-Studienprogramm zur Regionalverkaufsleiterin weiter, das ich seit Oktober 2016 absolviere. Ich bin schon sehr gespannt, welche weiteren Herausforderungen hier auf mich warten.

Haben sich deine Erwartungen erfüllt?
Von meinem dualen Studium erhoffte ich mir mehr Vorteile, mehr Verantwortung, mehr Praxis und mehr Mitarbeit. Diese Erwartungen haben sich im Laufe des Studiums erfüllt: Mehr Vorteile durch finanzielle Unabhängigkeit, mehr Verantwortung und mehr Mitarbeit durch spannende und verantwortungsvolle Aufgabenbereiche in jeder Abteilung und mehr Praxis durch das Kennenlernen aller Geschäftsbereiche, um mir einen Überblick über das Kerngeschäft zu verschaffen. Das duale Studium sehe ich persönlich als attraktive Kombination für den Karriereeinstieg. Für mich war es die beste Vorbereitung, um danach in der Managementkarriere von ALDI SÜD voll durchzustarten. Als angehende Regionalverkaufsleiterin bin ich zukünftig für eigene Filialen und Mitarbeiter zuständig und kann mich täglich beweisen.

Wem würdest du das Studium empfehlen?
Wer Interesse für den Einzelhandel zeigt, viel Eigeninitiative und Flexibilität mitbringt und sich auf Neues schnell einlässt, ist für ein duales Studium bei ALDI SÜD bestens geeignet. Im dualen Studium liegt das Augenmerk auf dem Verkauf. Von der Pike auf lernte ich alle Tätigkeiten kennen, zu denen unter anderem das Kassieren, das Abpacken von Ware, die Warenpräsentation und der Aufbau von Aktionswaren gehören. Durch vier- bis sechswöchige Filialzeiten pro Praxisphase konnte ich alle notwendigen Kenntnisse schnell erlernen und direkt umsetzen. Im Anschluss daran durfte ich erfahrene Regionalverkaufsleiter bei ihrer täglichen Arbeit begleiten, um so meine angestrebte Position nach dem Studium kennenzulernen. Abgesehen vom Verkauf wurden mir alle kaufmännischen Abteilungen in der Verwaltung gezeigt, in welchen ich ebenso aktiv mitarbeitete. Hierzu zählten die HR-Abteilung, die Buchhaltung, die Beschaffung sowie das Sekretariat. Das Logistikzentrum war ein weiterer Bestandteil des Studiums. Mit jeder neuen Theorie- und Praxisphase konnte ich so neue Puzzleteile zusammensetzen und habe mich jeden Tag aufs Neue gefreut, meine Persönlichkeit ins Unternehmen einzubringen.

Wirtschaft
Technik

Unternehmesgruppe ALDI SÜD

MEHR ... aus Ihrem Abitur machen.

- **Abiturientenprogramm zum Geprüften Handelsfachwirt (m/w)**
- **Duales Bachelor-Studium (m/w)**

WAS MACHE ICH?	WAS BRINGE ICH MIT?	WAS ERWARTET MICH?	WAS VERDIENE ICH?*
ABITURIENTEN-PROGRAMM ZUM GEPRÜFTEN HANDELS-FACHWIRT (M/W)	• gute allgemeine bzw. fachgebundene Hochschulreife oder Fachhochschule • Offenheit und Flexibilität • Kontaktfreude und Kundenorientierung • Lust auf Verantwortung und Eigeninitiative • Interesse für den Handel	• abwechslungsreiche und verantwortungsvolle Aufgaben • interne Seminare • ein offenes, kollegiales Miteinander sowie eine optimale Unterstützung • sehr gute Perspektiven in unserem Programm zum Filialführungsnachwuchs	1.050,00 Euro (1. – 6. Monat) 1.200,00 Euro (ab 7. Monat) 2.400,00 Euro (ab Bestehen der Prüfung zum Kaufmann im Einzelhandel)
Abschluss: **BACHELOR OF ARTS (M/W)** **BACHELOR OF SCIENCE (M/W)** **BACHELOR OF ENGINEERING (M/W)**	• gute allgemeine bzw. fachgebundene Hochschulreife oder Fachhochschulreife • Begeisterung für unternehmerisches Handeln • viel Eigeninitiative • gute Englischkenntnisse • analytisches Denkvermögen und Kontaktfreude • Bereitschaft zur Mobilität	• Studium an einer unserer Partnerhochschulen • parallel dazu intensive Praxisausbildung in der Unternehmensgruppe ALDI SÜD • optional: Je nach Partnerhochschule besteht die Möglichkeit eines Auslandssemesters (z. B. in Australien, Großbritannien, Singapur, USA)	1.400,00 Euro (im ersten Jahr) 1.600,00 Euro (im zweiten Jahr) 1.800,00 Euro (im dritten Jahr)

* Zzgl. Urlaubs- und Weihnachtsgeld.

WIE SIE SICH BEWERBEN
Bewerben Sie sich online unter **karriere.aldi-sued.de**

Einfach. Erfolgreich.
karriere.aldi-sued.de

ALDI SÜD

Um Ihnen den Lesefluss zu erleichtern, beschränken wir uns auf männliche Bezeichnungen. Bewerberinnen sind uns selbstverständlich gleichermaßen willkommen.

Bayerische Landesbank (BayernLB)

Branche: Bank

Standorte: München, Berlin, Düsseldorf, Frankfurt am Main, Hamburg, Nürnberg, Stuttgart, Asien, Frankreich, Großbritannien, Italien und USA

Gründungsjahr: 1972

Bilanzsumme (Konzern):
212,1 Mrd. Euro

Mitarbeiter (Konzern): ca. 7.000 weltweit, davon ca. 6.800 in Deutschland

Zahl der dual Studierenden: 34

Geplante Studienplätze 2018: ca. 15

Auszubildende: 30

Geplante Ausbildungsplätze 2018:
ca. 11

Vergütung pro Monat (Duales Studium):
1. Jahr: 1.038 Euro
2. Jahr: 1.100 Euro
3. Jahr: 1.161 Euro

Vergütung pro Monat (Ausbildung):
1. Jahr: 976 Euro
2. Jahr: 1.038 Euro
3. Jahr: 1.100 Euro

Die BayernLB zählt zu den führenden Geschäftsbanken für große und mittelständische Kunden in Deutschland und ist ein leistungsfähiger Unternehmens- und Immobilienfinanzierer. Als Mitglied der Sparkassen-Finanzgruppe steht die BayernLB den bayerischen Sparkassen in enger Partnerschaft und mit einem breiten Angebot zur Verfügung. Gleichzeitig erfüllt sie die Zentralbankfunktion im Verbund.

BayernLB

Brienner Straße 18
80333 München
www.bayernlb.de/karriere

Ann Keber
1630 / Personalentwicklung
+49 89 2171-27193
ausbildung@bayernlb.de

Studien- und Ausbildungsangebot der BayernLB für Abiturienten

Schon während der Ausbildung bereiten wir dich optimal auf das Berufsleben vor. Anders als in Filialbanken wirst du fast ausschließlich in unserer Zentrale ausgebildet, was vielfältige Möglichkeiten der Betreuung bietet. Durch den Einsatz in verschiedenen Geschäftsfeldern lernst du das breite Aufgabenspektrum einer Großbank kennen.

Konkret bieten wir dir folgende Ausbildungsmöglichkeiten:
- Duales Studium zum Bachelor of Arts, Fachrichtung Bank
- Duales Studium zum Bachelor of Science, Fachrichtung Wirtschaftsinformatik
- Bankkaufmann (IHK)

Ablauf und Inhalte der Studien- und Ausbildungsprogramme

Bachelor of Arts, Fachrichtung Bank
Bachelor of Science, Fachrichtung Wirtschaftsinformatik

Theorie oder Praxis? Verbinde beides im Rahmen unserer dualen Studiengänge. Nach Abschluss eines dieser ausbildungsintegrierten Studiengänge bist du in der Lage, die komplexen Problemstellungen des Bankbetriebs oder der Informationstechnologie zu lösen. Erfahrene Fachleute begleiten dich in der Praxis. Dadurch kannst du erste Einblicke in die Geschäftsbereiche der BayernLB gewinnen. Die Studieninhalte werden in Kooperation mit der Dualen Hochschule Baden-Württemberg am Standort Ravensburg vermittelt.

Bankkaufmann (IHK)
Der Klassiker unter den kaufmännischen Berufen. Freue dich auf eine erstklassige Ausbildung bei der BayernLB. Erfahrene Fachleute begleiten dich durch die Ausbildung und bereiten dich optimal auf die Prüfung vor.

Infos zur Bewerbung

Unser Wunschprofil: allgemeines (duales Studium) oder fachgebundenes (Ausbildung) Abitur, sehr gute Abschlussnoten, gute Englischkenntnisse in Wort und Schrift, Interesse an wirtschaftlichen Zusammenhängen, Teamfähigkeit und Spaß am Umgang mit Kunden. Du erfüllst diese Kriterien? Dann bewirb dich rund zwölf Monate vor dem gewünschten Starttermin mit deinen vollständigen Unterlagen bei uns (mit Bewerbungsschreiben, Lebenslauf, den letzten beiden Zeugnissen und Nachweisen über eventuelle Zusatzqualifikationen). Die Auswahl erfolgt durch Gespräche mit Vertretern der Fach- und Personalabteilung im Rahmen eines eintägigen Auswahlverfahrens.

Wirtschaft
Technik

BayernLB

Católica Lisbon School of Business & Economics

Hochschultyp/Trägerschaft:
private Business School, staatlich anerkannt

Gründungsjahr: 1972

Akkreditierung: Triple Crown
(AACSB, AMBA, EQUIS)

Zahl der Lehrenden: 60

Zahl der Studiengänge: über 50

Zahl der Studierenden: über 3.500,
davon ca. 50 Prozent aus dem Ausland

Studiengebühren pro Semester:
2.985 Euro

CATÓLICA-LISBON wurde dieses Jahr zum achten Mal vom Financial Times Ranking zur führenden Universität Portugals gewählt. Das zeigt uns, dass wir unserem Anspruch, zu den besten Business Schools Europas zu gehören, gerecht werden. Die Auszeichnung verdanken wir einer Kombination aus hervorragenden Studierenden und Lehrenden sowie starken Lehrplänen, innovativen und praxisnahen Projekten, Partnerschaften mit angesehenen Business Schools aus aller Welt und engem Kontakt zur Wirtschaft.

Palma de Cima
1649-023 Lissabon
Portugal
www.clsbe.lisboa.ucp.pt

**Marketing and Admissions
for the Undergraduate Programs**
Nuno Rolo / Rita Ferreira
+351 21 7214-296, +351 21 7214-295
undergrad.clsbe@ucp.pt

Studienangebot für Abiturienten
- International Undergraduate Program in Economics & Finance (komplett auf Englisch)
- International Undergraduate Program in Business Administration (komplett auf Englisch)

Wen wir suchen
Unsere internationalen Programme richten sich an ambitionierte Abiturienten mit internationaler Denkweise. Viele deiner künftigen Mitstudenten kommen aus dem Ausland und haben bereits internationale Erfahrung gesammelt. An der CATÓLICA-LISBON wählen wir unsere Studenten sorgfältig aus: Wir wissen, dass Kommilitonen ein wichtiger Bestandteil deiner Studienerfahrung sind – sie begleiten dich jeden Tag und helfen dir, dein Bestes zu geben.

Die Vorteile der CATÓLICA-LISBON
- Du studierst an einer der besten Business Schools in Europa und an der Nummer eins in Portugal (Ranking der Financial Times).
- Sehr gute Kontakte zu Unternehmen in Portugal und im Ausland.
- Bei der Bewerbung musst du dich noch nicht entscheiden, ob du Business Administration oder Economics & Finance studieren möchtest.
- Du hast die Möglichkeit an unserem Double-Degree-Programm und an unserem Triangle-Programm teilzunehmen.
- „Open Door Policy": Du wirst intensiv von Dozenten und Mitarbeiter betreut.

Studienablauf
Das Studium an der CATÓLICA-LISBON dauert sechs Semester. Die Vorlesungen finden auf Englisch statt. Im ersten Jahr belegst du Grundlagenkurse für Economics und Management. Erst danach musst du entscheiden, in welchem der beiden Fächer du deinen Abschluss machen möchtest. Im zweiten Jahr enthält der Studienplan auch Kurse wie Ökonometrie und Makroökonomie. Im dritten Jahr kannst du Kurse mit internationalem Fokus belegen und aus über 30 Wahlfächern diejenigen auszuwählen, die am besten zu deinen Interessen passen.

Wenn du dich für einen Doppel-Abschluss interessiert, kannst du deinen letzten Studienabschnitt an der französischen Grenoble Ecole de Management, einer der besten europäischen Business-Schools, oder an der San Diego University verbringen. Außerdem hast du die Möglichkeit, das Triangle-Programm mit zwei Partnerhochschulen zu absolvieren.

Wer sich für das Double Degree-Programm entscheidet, verbringt zwei Jahre an der CATÓLICA-LISBON und ein oder zwei Jahre an unserer Partnerschule. Die Teilnehmer des Programms können wertvolle Erfahrungen sammeln und sich auf eine internationale Karriere vorbereiten. Nach Ende des Double-Degree-Programms erhältst du zwei Abschlüsse – von der CATÓLICA-LISBON und von der Partneruniversität.

Nach deinem Abschluss kannst du eines unserer Master-Programme absolvieren, die laut Financial Times zu den besten Wirtschaftsstudiengängen der Welt gehören.

Martti Koivisto

Jahrgang 1994

International Management (Bachelor)

Warum hast du dich für deinen Studiengang entschieden?
Ich habe mich für die CATÓLICA-LISBON entschieden, weil ich es als großen Pluspunkt ansehe, mich für den internationalen Arbeitsmarkt vorzubereiten. Das erlaubt mir, mithilfe neuer Erfahrungen unterschiedliche Dinge zu lernen und vermittelt mir einen neuen Blick auf bereits erworbenes Wissen.

Haben sich deine Erwartungen erfüllt?
Ich habe unglaublich tolle Leute getroffen, darunter auch inspirierende Lehrer und motivierte freundliche Studenten. Alle Ängste, vielleicht nicht dazuzugehören, waren ein paar Stunden nach Ankunft an der Hochschule wie weggewischt. Schon nach der ersten Woche und dem Erstsemesterwochenende fühlte ich mich als Teil der CATÓLICA-Familie.

Wem würdest du das Studium empfehlen?
Ich würde das Studium jedem empfehlen, der internationale Erfahrungen sammeln möchte. Das bringt Vorteile auf dem Arbeitsmarkt und zeigt, dass du bereit bist, deine Komfortzone zu verlassen.

Florian Hübner

Jahrgang 1991

International Master in Management with major in Corporate Finance

Wann und warum hast du dich für deinen Studiengang entschieden?
Sonne, Strand und Meer. So habe ich mir ein Studentenleben in Lissabon vorgestellt. Der Hauptgrund für die Entscheidung waren allerdings das umfassende Angebot an praxisorientierten Kursen sowie der Ruf der CATÓLICA-LISBON.

Haben sich deine Erwartungen erfüllt?
Auch wenn die Hauptstadt Portugals den Erwartungen gerecht wurde, hatten die zwei Jahre Master-Studium noch viel mehr zu bieten. Sprache, Architektur, Esskultur und besonders die Offenheit der Portugiesen haben mich sofort überzeugt, in der iberischen Metropole sesshaft zu warden.

Warum würdest du das Studium empfehlen?
Besonders der enge Kontakt zu den Professoren hat mich bereichert und ermutigt, mein eigenes Unternehmen, einen mobilen Seniorenchat, aufzubauen. Neben der Qualität des Unterrichts überzeugt außerdem die große Auswahl an Partneruniversitäten. Muito obrigado, CATÓLICA-LISBON!

Wirtschaft

Católica Lisbon School of Business & Economics

06 FEB
4 PM
LISBON | BERLIN
14º | 4º

A WORLD OF OPPORTUNITIES

CATÓLICA-LISBON
UNDERGRADUATE PROGRAMS

Your Future **Starts Here**

› MANAGEMENT › ECONOMICS

This is a unique experience that will broaden your horizons. An opportunity to start your higher education in one of Europe's Top Business Schools, while discovering a sunny, trendy and beautiful city.

#1 Business School in Portugal according to the Financial Times
50% International Students
98% of our Students are placed within 3 months after graduation

CATÓLICA LISBON
BVSINESS & ECONOMICS

UNDERGRADUATE MARKETING
AND ADMISSIONS OFFICE
Tel. +351 217 214 295 / +351 217 214 296
E-mail undergrad.clsbe@ucp.pt
www.clsbe.lisboa.ucp.pt

EBS Universität für Wirtschaft und Recht

Hochschultyp/Trägerschaft:
private Universität

Gründungsjahr: 1971

Akkreditierung: FIBAA, Wissenschaftsrat, Akkreditierungsrat

Zahl der Lehrenden: 44 Kernfakultätsmitglieder (Senior- und Juniorprofessoren, Lecturers und Postdocs) sowie rund 30 außerplanmäßige Professoren und Honorarprofessoren

Zahl der Studiengänge: 13, daneben Weiterbildungsprogramme, Programme zur Promotion und Habilitation

Zahl der Studierenden: 2.300, davon ca. 20 Prozent aus dem Ausland

Studiengebühren pro Semester:
Bachelor-Studiengänge (BWL): 6.590 Euro
Master-Studiengänge (BWL): 7.950 Euro
Erste Juristische Prüfung (Jura):
3.700 Euro pro Trimester

Du hast den Willen zur Exzellenz und suchst ein anspruchsvolles Studium, das dir die besten Perspektiven ermöglicht? Dann ist die EBS Universität für Wirtschaft und Recht die richtige Adresse für dich. Mit ihren Fakultäten EBS Business School und EBS Law School ist sie eine der führenden privaten Wirtschaftsuniversitäten Deutschlands und bietet dir durch starken Praxisbezug und gezielte Förderung deiner Persönlichkeit das perfekte Sprungbrett für deine Karriere.

EBS Universität

Gustav-Stresemann-Ring 3
65189 Wiesbaden
www.ebs.edu

Siri Pommer (Jura)
+49 611 7102-1589
siri.pommer@ebs.edu

Christof Glaser (BWL)
+49 611 7102-1594
christof.glaser@ebs.edu

Die EBS Law School – ein Studium, drei Abschlüsse, top Karrierechancen

Die EBS Law School ist die jüngste juristische Fakultät in Deutschland. Als solche hat sie den Anspruch, auch die modernste und innovativste zu sein und in der deutschen Juristenausbildung neue Standards zu setzen. Seit 2011 bietet die EBS an ihrer Law School als erste und einzige Universität in Deutschland ein vollwertiges, klassisches Jurastudium mit rein wirtschaftsrechtlichen Schwerpunktbereichen an.

An der EBS sind drei akademische Abschlüsse in weniger als fünf Jahren möglich (Erste Juristische Prüfung (EJP) – ehemals 1. Staatsexamen, Bachelor of Laws (LL.B.), Master in Business (M.A./M.Sc.)), was in Kombination mit den praktisch umgesetzten Inhalten einen enormen Vorteil auf dem gehobenen Karrieremarkt darstellt. Um diese Anforderungen zu meistern, wird jeder einzelne Student individuell auf seinem Weg zur Bestnote unterstützt.

Mit einem klaren wirtschaftsrechtlichen Schwerpunkt machen wir unsere Studenten fit für die Berufswelt. Unsere Absolventen zeichnen sich durch Kommunikations-, Verhandlungs- und Methodenkompetenzen aus. Sie verfügen über exzellente juristische Fertigkeiten, sind wirtschaftswissenschaftlich versiert, in der Geschäftswelt parkettsicher und werden Teil unseres Netzwerks mit exklusiven Kontakten zu renommierten Kanzleien in ganz Deutschland.

Die EBS Business School – top Studium, top Netzwerk, top Karriere

Die EBS Business School bildet bereits seit 1971 künftige Führungspersönlichkeiten mit internationaler Perspektive aus. Mit über 230 Partneruniversitäten und 200 Unternehmenspartnern steht sie für wissenschaftliche Exzellenz in Forschung und Lehre, Innovation und Unternehmergeist. Die EBS bietet mit dem Abschluss Bachelor of Science in General Management (wahlweise als Studienrichtung International Business Studies mit der Option auf einen Doppelabschluss) einen grundständigen betriebswirtschaftlichen Studiengang an, der für Berufe in der Wirtschaft und für betriebswirtschaftliche Master-Programme qualifiziert.

Besonderen Wert legt die EBS dabei auf Praxisbezug, internationale Erfahrungen, fundierte Lehrinhalte und individuelle Persönlichkeitsentwicklung. Der Erfolg gibt der EBS Recht: EBS-Absolventen sind auf dem Arbeitsmarkt begehrt und erzielen überdurchschnittliche Einstiegsgehälter.

Wirtschaft

Recht

EBS Universität für Wirtschaft und Recht

Vida Malakooti

Jahrgang 1995

Jura/Rechts-
wissenschaft

(Erste Juristische
Prüfung & Bachelor
of Laws LL.B.)

Warum hast du dich für deinen Studiengang entschieden?
Die EBS Law School bietet als einzige Fakultät in Deutschland die Möglichkeit, Wirtschaft und Recht zu verknüpfen. Am Studium gefallen mir besonders gut der hohe Praxisbezug in den Vorlesungen und die zahlreichen Karriere-Events auf unserem Campus.

Welche Erfahrungen hast du bereits an deiner Uni machen können?
Das Studium ist sehr anspruchsvoll. Durch die familiäre Atmosphäre auf dem Campus haben wir einen guten Ausgleich zum akademischen Stoff. Die Professoren haben auch außerhalb der Vorlesungen immer ein offenes Ohr für unsere Fragen und Anliegen.

Wem würdest du das Studium empfehlen?
Ich kann das Studium uneingeschränkt empfehlen. Durch die Kontakte zu Kanzleien und Unternehmen, die ich an der EBS knüpfen kann und den obligatorischen Auslandsaufenthalt fühle ich mich jetzt schon sehr gut auf das Berufsleben vorbereitet.

Andreas Steingräber

Jahrgang 1990

General Management
(Bachelor)

Management
(Master)

Wann und warum hast du dich für deinen Studiengang entschieden?
Die EBS Business School verknüpft Theorie und Praxis so sehr, dass man sich schon zu Beginn des Studiums an realen Fragestellungen von Unternehmen beteiligt. Die kleinen Kurse und die Atmosphäre auf dem Campus machen das Studium zusätzlich attraktiv.

Haben sich deine Erwartungen erfüllt?
Meine Erwartungen wurden mehr als erfüllt. Ich bin vom Aufbau und der Qualität des Studiums vollkommen überzeugt. Ich konnte mich nicht nur fachlich, sondern auch persönlich stark weiterentwickeln und fühle mich bestens gerüstet für das Berufsleben.

Wem würdest du das Studium empfehlen?
Ich kann das Studium an der EBS jedem empfehlen, der in seinem Leben etwas erreichen will. Die EBS bietet optimale Karriereaussichten für junge Leute mit Ambitionen.

Wirtschaft

Recht

EBS Universität für
Wirtschaft und Recht

JETZT BWL ODER JURA STUDIEREN!

GROSSE KARRIEREN?
BEGINNEN MIT DER
RICHTIGEN ENTSCHEIDUNG.

Seit 1971 bilden wir die Führungskräfte von morgen aus: Unsere Jura- und BWL-Studiengänge schaffen optimale Voraussetzungen für eine bemerkenswerte Karriere im In- und Ausland. Mit Erfolg: Unsere Absolventen starten im Schnitt mit deutlich höheren Einstiegsgehältern – und sind am Arbeitsmarkt besonders gefragt.

Alle Informationen rund um die Universität und das Studium findest du im Netz: www.ebs.edu

- Auslandsstudium an Partneruniversitäten weltweit
- Hoher Praxisbezug dank bester Kontakte zu Unternehmen und Kanzleien
- Kleine Lerngruppen und einmaliger Campus-Spirit

EBS Universität für Wirtschaft und Recht
Rheingau/Wiesbaden
www.ebs.edu

EBS Universität

ESB Business School
Hochschule Reutlingen

Hochschultyp/Trägerschaft: staatliche Hochschule für Angewandte Wissenschaften

Gründungsjahr: 1971

Akkreditierung: FIBAA

Zahl der Lehrenden: 65

Zahl der Studiengänge: 21

Zahl der Studierenden: ca. 2.500, davon ca. 800 aus dem Ausland

Studiengebühren: ca. 150 Euro Semesterbeitrag

Gelebte Internationalität, Praxisorientierung und eine fundierte Ausbildung in internationaler BWL und Wirtschaftsingenieurwesen: Dafür steht die ESB Business School seit über 40 Jahren. Internationale Doppelabschlüsse, Auslandssemester und kleine multinationale Lerngruppen. Ein Career Center, eigene Karrieremessen und Zusammenarbeit mit erfolgreichen Unternehmen. Ein aktives Alumni-Netzwerk. Die ESB Business School bietet ideale Rahmenbedingungen für die Studierenden.

Alteburgstraße 150
72762 Reutlingen
www.esb-business-school.de

Studien-Service-Center
der Hochschule Reutlingen
+49 7121 271-1060
info.studium@reutlingen-university.de

Welche Bachelor-Studiengänge bietet die Fakultät ESB Business School der Hochschule Reutlingen für Abiturienten?
- International Business (B.Sc.)
- International Management Double Degree (B.Sc.)
- International Operations and Logistics Management (B.Sc.)
- Production Management (B.Sc.)

Wie sind die einzelnen Bachelor-Studiengänge aufgebaut?
International Business (B.Sc.)
Internationale BWL, Programm komplett auf Englisch; sieben Semester, „Fast Track" zum Master möglich in acht Semestern (Master/MBA an Partnerhochschule); 50 Prozent der Studienplätze gehen an internationale Bewerber; Pflichtfremdsprachen: Englisch und Deutsch für ausländische Studierende, Englisch und Französisch, Spanisch oder Chinesisch für inländische Studierende; verpflichtendes Auslandsstudium; zwei Praktika; Persönlichkeitsentwicklung und Soft Skills als verbindliche Inhalte in jedem Semester.

International Management Double Degree (B.Sc.)
Studium der Wirtschaftswissenschaften; je zwei Jahre in Reutlingen und zwei Jahre an der Partnerhochschule im Ausland inklusive zweier Bachelor-Abschlüsse; je ein Praxissemester in Deutschland und im Ausland; Partnerhochschulen in Brasilien, China, England, Frankreich, Irland, Italien, Mexiko, den Niederlanden, Polen, Spanien, den USA; Seminare in Soft Skills; Pflichtfremdsprachen: Englisch und die Landessprache der Partnerhochschule; Mitglied im Netzwerk „International Partnership of Business Schools".

International Operations and Logistics Management (B.Sc.) –
Wirtschaftsingenieurwesen
Studium an der Schnittstelle von Betriebswirtschaft und Technik mit dem Schwerpunkt internationale Logistik; hoher Praxisbezug zum Beispiel durch zwei integrierte Praxissemester im In- und Ausland, Dozenten aus der Praxis und Projektarbeiten; acht Semester, davon mindestens ein Auslandsstudiensemester und die Option zum Double Degree; Vertiefungsrichtungen Intra-Logistik (im Unternehmen) oder Extra-Logistik (z. B. zwischen Unternehmen); viele Vorlesungen finden auf Englisch statt.

Production Management (B.Sc.) – Wirtschaftsingenieurwesen
Studium an der Schnittstelle von Wirtschaft und Technik: Betriebswirtschaftliche Ausbildung und Vermittlung von technischen Inhalten mit dem Schwerpunkt Produktion; hoher Praxisbezug u. a. durch Planspiele und Projektarbeiten; Vertiefungsrichtungen Produktionsmanagement oder Produktmanagement; sieben Semester, inklusive eines Praxissemesters und eines Auslandssemesters.

Detaillierte Informationen zu den Studienprogrammen der ESB Business School, den Bewerbungsverfahren, Studieninformationstagen, dem Career Center, Alumni-Netzwerk und den Fördermöglichkeiten erhältst du unter www.esb-business-school.de.

Welche weiterführenden Studienprogramme bietet die ESB Business School?
Informationen über weiterführende Studienangebote (Master-Programme) gibt es unter: www.esb-business-school.de/studiumweiterbildung/#master.

Patrick Zuschke
International Management Double Degree deutsch-chinesisch

Wann und warum hast du dich für deinen Studiengang entschieden?
Mein Onkel, der ebenfalls an der ESB Business School studiert hat, erzählte immer viel Positives über Reutlingen. Als mein Abitur anstand, habe ich mich genauer informiert und war begeistert: Das Programm International Management Double Degree bot mir die Chance, in zwei Ländern zu studieren und neben dem Abschluss an der ESB noch einen Bachelor einer Partneruni zu erwerben. Zehn Länder stehen für den zweijährigen Auslandsaufenthalt zur Auswahl. Für mich kam nur der deutsch-chinesische Austausch in Frage, weil ich schon während der Schule drei Jahre in China gelebt habe und mich sehr für das Land interessiere. Außerdem lockte mich die Herausforderung, die Bachelor-Arbeit auf Chinesisch zu schreiben. Und es ist kein Geheimnis, dass der chinesische Markt eine große Rolle in der Weltwirtschaft spielt und auch in Zukunft spielen wird.

Haben sich deine Erwartungen erfüllt?
Wenn wir am chinesischen Wirtschaftswachstum teilhaben wollen, müssen wir uns mit der dortigen Kultur, Sprache und den Besonderheiten auseinandersetzen. Genau das lernen wir an der ESB und an der chinesischen Partneruniversität University of International Business and Economics (UIBE). Meine Erwartungen wurden also auf jeden Fall erfüllt.

Neben den betriebswirtschaftlichen Fächern standen in den ersten Semestern Vorlesungen in chinesischer Sprache und Kultur auf dem Programm. Der Sprachunterricht in kleinen Gruppen für Anfänger und Fortgeschrittene hat uns intensiv auf den Auslandsaufenthalt vorbereitet. Jetzt studiere ich an der UIBE in Peking. Noch bin ich im sogenannten freiwilligen Zwischenjahr. Ein Semester Sprachkurs habe ich hinter mir, ein weiteres folgt. So mache ich zwar den Abschluss erst ein Jahr später, doch die Zeit ist bestens investiert: Chinesische Professoren, chinesische Freunde und ein chinesisches Umfeld: Man ist gezwungen, die Sprache zu lernen. Die beste Voraussetzung für den Besuch von International Management-Vorlesungen auf Chinesisch.

Bemerkenswert am Studium an der ESB ist auch der starke Praxisbezug: Zwei integrierte Praxissemester, Karrieremessen auf dem Campus und häufige Veranstaltungen, die den Austausch mit Alumni und Professionals ermöglichen. Das hilft bei der beruflichen Orientierung.

Was mich neben dem Fachlichen am Studium an der ESB Business School übrigens am meisten beeindruckt hat, war der „ESB Spirit": Von Tag eins an fühlte ich mich in Reutlingen herzlich aufgenommen. Der Teamgeist, den man zum Beispiel bei semesterübergreifenden Events spürt, ist bewegend. Es ist schwer, dieses Gemeinschaftsgefühl in Worte zu fassen - man muss es einfach erlebt haben.

Wem würdest du das Studium empfehlen?
Allen, die weltoffen sind und Interesse an anderen Ländern, Kulturen und Sprachen mitbringen. Und allen, die Lust haben, sich mit wirtschaftlichen Zusammenhängen auseinanderzusetzen.

Wirtschaft
Technik

ESB Business School

ESB BUSINESS SCHOOL

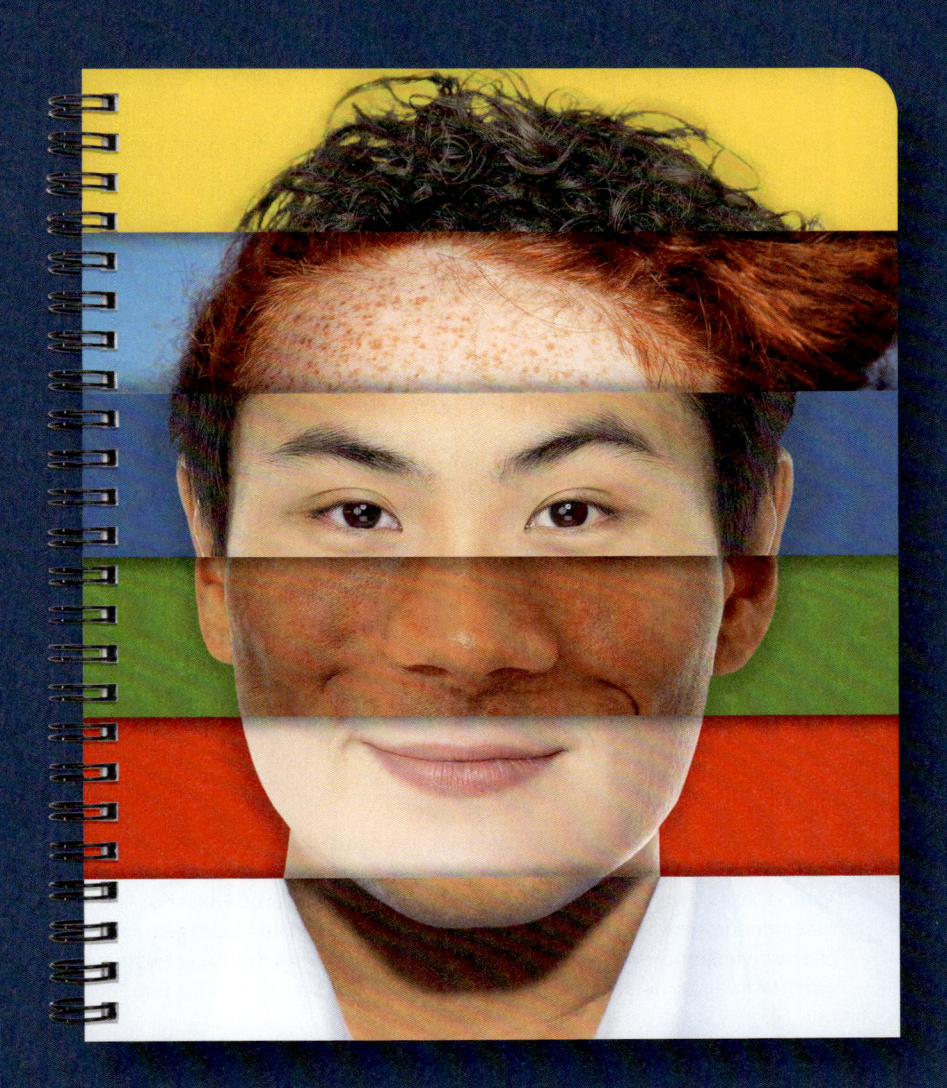

Truly international.

www.esb-business-school.de

Hochschule Reutlingen
Reutlingen University

ESCP Europe Berlin

Hochschultyp/Trägerschaft: private, staatlich anerkannte Business School mit Universitätsstatus

Gründungsjahr: 1819

Akkreditierung: dreifach akkreditiert durch AACSB, EQUIS, AMBA; Bachelor in Management zudem AQUIN akkreditiert

Zahl der Lehrenden: 140 Professoren und Dozenten aus 20 Ländern an 6 ESCP Europe Standorten

Zahl der Studiengänge: 40 Studiengänge zu General Management und spezialisierten Managementthemen

Studiengebühren: 13.100 Euro pro Jahr zzg. Immatrikulationsgebühr von 360 Euro im ersten Jahr

Die ESCP Europe, die weltweit älteste Wirtschaftshochschule (est. 1819), lebt und fördert mit ihrem seit 1973 bestehenden Multi-Campus-Modell in Berlin, London, Madrid, Paris, Turin und Warschau aktiv den europäischen Gedanken. An den sechs miteinander vernetzten Standorten wird dem internationalen Managementnachwuchs eine transnationale Ausbildung ermöglicht, die weit über ein Auslandssemester an einer Partneruni hinausgeht. Heute zählt die ESCP Europe rund 4.600 Studierende und 5.000 Executives aus über 100 Nationen.

Heubnerweg 8–10
14059 Berlin
www.escpeurope.eu

Charlotte Hillig
Programme Manager | Bachelor in Management B.Sc. (ESCP Europe Berlin)
+49 30 32007-211
bachelorberlin@escpeurope.eu

Studienangebot für Abiturienten

Der Bachelor in Management (B.Sc.) der ESCP Europe Business School ist ein einzigartiges Programm, in dem die Studierenden drei Jahre lang an drei verschiedenen europäischen Standorten der Hochschule studieren. Der Studiengang kombiniert Wirtschaftswissenschaften mit geisteswissenschaftlichen Inhalten. Sprachkurse sind ebenfalls in das Programm integriert.

Die Studierenden schätzen das interkulturelle Konzept des B.Sc., welches nicht nur von dem regelmäßigen Wechsel des Studienortes getragen wird. International sind auch die Klassen, so haben z. B. 2016 Teilnehmer aus 28 Nationen an dem Programm teilgenommen. Der Bachelor in Management richtet sich an hoch motivierte Studierende aus der ganzen Welt, die eine internationale Karriere anstreben.

Studienablauf und Inhalte

Der Bachelor in Management ist ein klassisch wirtschaftswissenschaftliches Studium mit Management-Fokus. Zu den Pflichtkursen gehören unter anderem Finance, Accounting, Recht, Mathematik, Statistik, Marketing, CSR und Wirtschaftsethik. Zusätzlich belegen die Studierenden geisteswissenschaftliche Kurse (z. B. Soziologie und Psychologie) und verbessern ihre Soft Skills (u. a. Kommunikations- und Präsentationstechniken). Fester Bestandteil des Curriculums sind zudem Sprachkurse, die auf das Studieren an den verschiedenen Standorten und Ländern vorbereiten.

Der Studiengang verbindet Theorie und Praxis eng miteinander. Um größtmögliche Nähe zur Arbeitswelt zu bieten, setzen die Dozenten z. B. Simulationen und Case Studies ein. Gearbeitet wird meist in kleinen Gruppen, um so Kreativität und soziale Kompetenz zu fördern.

Einblicke in die Unternehmenspraxis erhalten die Studierenden auch im Rahmen von zwei Pflichtpraktika am Ende des zweiten und dritten Studienjahres (Dauer: jeweils zwölf Wochen). Alternativ kann das erste Unternehmenspraktikum durch ein soziales Projekt ersetzt werden.

Weiterführende Studienprogramme

Die ESCP Europe bietet an ihren sechs europäischen Standorten verschiedene Master-Programme an, für die sich Absolventen des Bachelor in Management bewerben können. In 21 Master-Studiengängen können sich die Studierenden auf unterschiedliche Managementbereiche spezialisieren, z. B. Entrepreneurship, Finance oder Marketing & Creativity. Das Spektrum der spezialisierten Master-Programme wird regelmäßig erweitert und an die Entwicklungen im Internationalen Management angepasst. Neue Programme sind zum Beispiel der M.Sc. in Big Data and Business Analytics oder der M.Sc. in International Sustainability Management.

Die Hochschule verfügt über ein großes Netzwerk mit mehr als 120 Partneruniversitäten weltweit, bei denen Absolventen hervorragende Chancen auf einen Master-Studienplatz haben.

Natürlich steht mit dem Bachelor in Management (B.Sc.) Abschluss auch der direkte Berufseinstieg offen. Der Career Service der ESCP Europe unterstützt die Studierenden mit Karriere-Workshops, individuellem Coaching und Job-Angeboten.

Julian Profanter

Bachelor
in Management

Studienbeginn 2016

Wann und warum hast du dich für deinen Studiengang entschieden?
Lange war ich auf der Suche nach dem richtigen Studiengang für mich. Dass es in Richtung BWL gehen soll, war mir von Anfang an klar. Dabei wollte ich auf keinen Fall auf geisteswissenschaftliche Fächer wie Geschichte und Sprachen verzichten, die mir essenziell für einen späteren Erfolg in der beruflichen Laufbahn schienen.

Als ich die Suche beinahe aufgegeben hatte, stieß ich im Frühjahr vergangenen Jahres durch Zufall auf das aktuelle Financial Times Ranking der Top-Business Schools in Europa. Ganz vorne mit dabei war eine mir bis dato unbekannte Universität: die ESCP Europe. Als ich mit der Recherche begann, fand ich schnell heraus, dass diese Business School genau das Richtige für mich ist. Mit dem Bachelor-Programm bietet die Hochschule ein besonderes Wirtschaftsstudium, in dem ich auch geisteswissenschaftliche Fächer belege und zudem zwei Fremdsprachen lerne.

Haben sich deine Erwartungen erfüllt?
Natürlich sieht der Alltag eines Studierenden anders aus, als man es sich zunächst vorstellt. Die Professoren gaben uns jedoch genug Zeit, uns an die neue Umgebung anzupassen, damit einem guten Start ins erste Studienjahr nichts im Wege stand. Die Fächer werden akademisch tiefgründig, aber trotzdem praxisorientiert unterrichtet. Besonders unser Kurs in Presentation, Discussion and Rhetoric Skills hat alle Erwartungen übertroffen! Ein Muss für jeden Neueinsteiger in die Businesswelt.

Wem würdest du das Studium empfehlen?
Der Bachelor in Management der ESCP Europe ist nicht für jeden geeignet. Bist du wissbegierig, flexibel und interessiert an anderen Kulturen? Dann verspreche ich dir, dass du dein Programm gefunden hast. Die internationalen Kommilitonen aus Nord- und Südamerika, Afrika, Europa und Asien machen die Zusammenarbeit in unserem Kurs herausfordernd, aber vor allem auch spannend und dynamisch. Darüber hinaus verfügt keine andere Business School über sechs Standorte in sechs verschiedenen Metropolen Europas und garantiert ein solch weitreichendes Netzwerk. Durch das Studium fühle ich mich auf meine zukünftige Karriere optimal vorbereitet.

Wirtschaft

ESCP Europe Berlin

ESCP EUROPE
BUSINESS SCHOOL

BERLIN | LONDON | MADRID | PARIS | TURIN | WARSAW

BACHELOR IN MANAGEMENT (B.Sc.)

3 Years
3 Countries
3 Languages

- General management programme
- International focus
- Humanities and language courses
- Multicultural study environment

escpeurope.de/bachelor

affiliated to
CCI PARIS ILE-DE-FRANCE

akkreditierter Studiengang
ACQUIN

FT FINANCIAL TIMES | **European Business Schools** Ranking 2016

Fachhochschule Wedel

Hochschultyp/Trägerschaft:
private Fachhochschule

Gründungsjahr: 1948

Zahl der Lehrenden: 25 Professoren

Zahl der Studiengänge: 11 Bachelor- und 6 Master-Studiengänge

Zahl der Studierenden: ca 1.300

Studiengebühren: ab 1.230 Euro (pro Semester)

Seit über 60 Jahren steht die Fachhochschule Wedel für ein interdisziplinäres und praxisnahes Studium in den Bereichen IT, Technik und Wirtschaft. Sie bietet ihren 1.300 Studierenden eine kreative Arbeitsatmosphäre. Dazu tragen kleine Arbeitsgruppen, ein reger Austausch mit den Professoren und ein enger Kontakt zur Wirtschaft bei.

Auf Veränderungen in der Wirtschaft reagiert die FH Wedel schnell. So entstanden in den letzten Jahren Studiengänge wie Computer Games Technology, E-Commerce oder IT-Engineering. Mit ihnen bildet die private Hochschule Experten für zukunftsweisende Bereiche aus.

Feldstraße 143
22880 Wedel
www.fh-wedel.de

Studierendensekretariat
+49 4103 8048-0
sekretariat@fh-wedel.de

Studienangebot für Abiturienten

Die Fachhochschule Wedel in der Metropolregion Hamburg bietet elf Bachelor-Studiengänge in der Informatik, den Ingenieur- und Wirtschaftswissenschaften an. Das Studium kann in Voll- oder Teilzeit absolviert werden. Zudem ist in allen Bachelor-Studiengängen ein duales Studium möglich. Der Abschluss ist der Bachelor of Science.

Solide Grundlagen zu vermitteln und gleichzeitig praxisorientiert zu lehren liegt den Dozenten besonders am Herzen. Dafür pflegt die Hochschule in allen Fachbereichen enge Beziehungen zur Wirtschaft. Unternehmensvertreter bringen ihre Expertise ein und bereichern Vorlesungen und Seminare durch Beispiele aus der Praxis. So ist garantiert, dass sich die Lehre inhaltlich an wirtschaftlichen Trends und den Anforderungen der Wirtschaft orientiert. Das Verhältnis zwischen Professoren, Dozenten und Studierenden ist durch ein persönliches Miteinander geprägt. Mehr als 30 Partneruniversitäten weltweit stehen den Studierenden für ein Auslandssemester zur Verfügung. Zu diesen zählen beispielsweise Hochschulen in den USA, Australien, Chile, Dänemark, Frankreich, Großbritannien, Spanien, Südafrika oder China. Bei den Studiengängen Betriebswirtschaftslehre und Wirtschaftsingenieurwesen ist ein Semester im Ausland fester Bestandteil des Curriculums. Durch das praxisorientierte Studium und die enge Vernetzung mit der Wirtschaft genießen die Studierenden und Absolventen der FH Wedel einen hervorragenden Ruf als hoch qualifizierte und engagierte Fach- und Führungskräfte.

Wie läuft das Studium ab? Welche Besonderheiten gibt es in Wedel?

Das Bachelor-Studium umfasst in Vollzeit sieben Semester. In den ersten Semestern wird solides Grundlagenwissen vermittelt. Ab dem dritten Semester kann je nach Studiengang eine Vertiefungsrichtung gewählt werden. Durch die Konzentration auf Kernkompetenzen erhalten Studierende in kürzester Zeit das Wissen und die Fähigkeiten, um sich optimal für die berufliche Entwicklung vorzubereiten. Das Bachelor-Studium schließt mit einem Praxissemester und der Thesis ab.

Besonders gute und engagierte Studierende haben an der FH Wedel die Chance auf ein Stipendium. Gemeinsam mit Kooperationsunternehmen und der Grohe Treuhandstiftung wurden spezielle Programme für die einzelnen Fachrichtungen entwickelt. Bewerbungen für die Stipendien sind nach Abschluss des ersten Semesters möglich. Wer sich für ein duales Studium entscheidet, kann sich in der Studienplatzbörse der FH Wedel bei den Kooperationspartnern für einen freien Studienplatz bewerben. Der Studienablauf im dualen Modell der FH Wedel ist klar strukturiert. Praxisblöcke und Vorlesungsphasen wechseln einander ab. Die Studierenden verbringen 16 Wochen an der Hochschule. In dieser Zeit besuchen sie Seminare, hören Vorlesungen und schreiben Prüfungen. Anschließend legen sie den zehnwöchigen Praxisblock im Unternehmen ein. Das sechste Semester ist ein Praxissemester, das die Studierenden komplett in ihrem Betrieb absolvieren. Auch im Abschlusssemester sind die Studierenden im Unternehmen und schreiben ihre Bachelor-Arbeit. Die Studiengebühren werden im dualen Studium vom Unternehmen getragen. Zusätzlich erhalten die Studierenden eine Ausbildungsvergütung.

Weiterführende Studienprogramme

Die Studienangebote an der FH Wedel sind konsekutiv und schließen an den Bachelor ein 3-semestriges Master-Studium an. Auch das Master-Studium kann in Voll- oder Teilzeit absolviert werden. Der Abschluss ist der Master of Science.

Nico Zimmermann

Technische Informatik (Bachelor)

Tech Consulting Manager

Wirtschaft
Technik

Fachhochschule Wedel

Wann und warum hast du dich für deinen Studiengang entschieden?
Mit dem Beginn der Oberstufe in der elften Klasse begann meine intensive Suche nach einem für mich passenden Studium. Als Inspiration halfen mir dabei sowohl Veranstaltungen wie Tage der offenen Tür als auch Messen wie z. B. die CeBIT. Mir wurde relativ schnell klar, dass mein Interesse an modernen Technologien den Schwerpunkt meiner späteren beruflichen Laufbahn bilden soll. Hochschul-Rankings waren zu der Zeit hoch im Kurs und halfen mir dabei, die Auswahl einzugrenzen. Die Fachhochschule Wedel punktete hier vor allem durch einen hohen Praxisbezug und einen guten Ruf in der Unternehmenswelt. Zudem gab es nur wenige Hochschulen, die einen Studiengang Technische Informatik als Schnittstelle zwischen Hardware und Software boten. Die Möglichkeit, das Verständnis für beide Welten zu vertiefen, war für mich besonders spannend. Andere Studiengänge wie beispielsweise Wirtschaftsinformatik waren ebenfalls bis zuletzt in der engeren Auswahl. Letztlich entschied ich mich jedoch dafür, zunächst die technischen Grundlagen in vollem Umfang zu lernen und anschließend betriebswirtschaftliche Themen bei Bedarf zu ergänzen. Nach intensiver Nachforschung stand damit für mich zu Beginn der zwölften Klasse fest, dass es ein Studium der Technischen Informatik an der Fachhochschule Wedel werden wird.

Haben sich deine Erwartungen erfüllt?
Rückblickend betrachtet hat sich das Studium als solides Fundament und damit als eine wertvolle Grundlage für mein späteres Berufsleben erwiesen. Der Praxisbezug und die Anforderungen, die an mich und meine Kommilitonen gestellt wurden, waren stets sehr hoch, sodass einem nie langweilig wurde und man sich an vielen Stellen im Studium regelrecht durchbeißen musste, um zu bestehen. Selbst die besten Studenten wurden hier regelmäßig an ihre Grenzen geführt. Ein reines Auswendiglernen war hier nicht genug. Ohne ein tieferes Verständnis der Inhalte, war ein Weiterkommen nicht möglich. Durch die kleinen Gruppen war der Kontakt zu den Professoren und Assistenten sehr gut und meine Erwartungen an das Studium wurden durch die hohe Qualität und die Verbindung von theoretischen Grundlagen mit Übungen zur praktischen Umsetzung absolut erfüllt.

Wem würdest du das Studium empfehlen?
Wer ein starkes Interesse an Hardware mitbringt und sich schon immer gefragt hat, wie beispielsweise Computer eigentlich funktionieren, bringt aus meiner Sicht die besten Voraussetzungen für ein Studium der Technischen Informatik mit. Nach dem Studium bieten sich allerdings durch die sehr solide Informatikausbildung auch andere Möglichkeiten, etwa im Bereich der Softwareentwicklung, sodass die Entscheidung für den Studiengang keinesfalls in einer Sackgasse endet, falls man im Studienverlauf feststellen sollte, dass das Interesse an Software überwiegt. In meinem Fall ist dies genau so passiert, wobei ich es trotz meiner Karriere im Software-Bereich nie bereut habe, auch ein vertieftes Verständnis der Elektrotechnik und Digitaltechnik, gepaart mit Ingenieurmathematik erworben zu haben.

fhwedel
UNIVERSITY OF APPLIED SCIENCES

Studieren an der Fachhochschule Wedel vor den Toren Hamburgs

» Dein Studium in Informatik, Technik oder Wirtschaft
» Start auch im Sommersemester
» Eigene Stipendienprogramme
» Duales Studium in allen Bachelor-Studiengängen möglich

» Betriebswirtschaftslehre
» Computer Games Technology
» E-Commerce
» Informatik
» IT-Engineering
» IT-Management, Consulting & Auditing
» Medieninformatik
» Smart Technology
» Technische Informatik
» Wirtschaftsinformatik
» Wirtschaftsingenieurwesen

www.fh-wedel.de

Fachhochschule Westküste

Hochschultyp/Trägerschaft: staatliche Fachhochschule

Gründungsjahr: 1993

Akkreditierung: AQAS, ZEvA, ACQUIN

Zahl der Studiengänge: 9 Bachelor- und 7 Master-Studiengänge

Zahl der Studierenden: ca. 1.750

Studiengebühren: keine, lediglich 65 Euro Semesterbeitrag

Die FHW ist die jüngste und modernste der öffentlichen Hochschulen Schleswig-Holsteins. Wir verstehen uns als innovativ, persönlich und dynamisch. Besonderes Merkmal der FHW und eines unserer Aushängeschilder ist die enge Begleitung und Beratung der Studierenden über das gesamte Studium hinweg. Individuelle Betreuung, überschaubare Lerngruppen und eine familiäre Atmosphäre definieren unser Selbstverständnis. Dozenten, die ihre Studierenden mit Namen kennen, sind an der FHW die Regel; überfüllte Hörsäle findet man dagegen eher selten.

Fritz-Thiedemann-Ring 20
25746 Heide
www.fh-westkueste.de

Sandra Klatte / Janin Damms
Studienberatung / Zulassung
+49 481 855-141/-133
beratung@fh-westkueste.de

Studienangebot für Abiturienten
Fachbereich Wirtschaft
- Betriebswirtschaft (B.A.)
- Triales Modell Betriebswirtschaft mit den Ausbildungsrichtungen Bank, Steuern und Industrie (B.A.)
- Immobilienwirtschaft (B.A.)
- International Tourism Management (B.A.)
- Wirtschaftspsychologie (B.A.)
- Wirtschaftsrecht (LL.B.)

Fachbereich Technik
- Elektrotechnik/Informationstechnik
- Management und Technik
- Umweltgerechte Gebäudesystemtechnik

Studienablauf und -inhalte
Unsere wirtschaftlichen Studiengänge umfassen sechs Semester und schließen entweder mit dem Bachelor of Arts oder dem Bachelor of Laws ab. Hierbei werden dir in den ersten beiden Semestern Grundlagen des jeweiligen Studienganges vermittelt. Ab dem dritten Fachsemester wählst du dann einen oder mehrere Schwerpunkte. So kannst du dein Studium bei uns individuell an deine Interessen anpassen. Da wir eine Fachhochschule sind und praxisorientiert lehren, wirst du im vierten Fachsemester ein Praxissemester einlegen, bei dem du erste Berufserfahrung sammelst. Dein Studium schließt du im sechsten Semester mit der Anfertigung der Bachelorarbeit ab.

Unsere Studiengänge in der Technik umfassen sieben Semester und schließen mit dem Bachelor of Science oder mit dem Bachelor of Engineering ab. In den ersten Semestern erlangst du die wichtigsten Grundlagen deines Studiengangs. Ab dem vierten Fachsemester wählst du einen Schwerpunkt, um sich mit Blick auf dein persönliches Berufsziel zu spezialisieren. Im fünften Fachsemester gehst du in ein Praxissemester, bevor du im siebten Semester dein Studium mit der Bachelorarbeit abschließt.

Da wir eine weltoffene Fachhochschule sind und Beziehungen zu Partnerhochschulen im Ausland pflegen, legen viele unserer Studierenden ein Auslandssemester ein.

Weiterführende Studienprogramme
Fachbereich Wirtschaft
- Green Energy (M.Sc.)
- International Tourism Management (M.A.)
- Wirtschaftspsychologie (M.Sc.)

Fachbereich Technik
- Automatisierungstechnik (M.Sc.)
- Mikroelektronische Systemtechnik (M.Sc.)

Christian Rödl
Wirtschaft und Recht
(Bachelor)

Wann und warum hast du dich für deinen Studiengang entschieden?
Nachdem ich eine kaufmännische Ausbildung und Weiterbildung absolviert hatte, entschied ich mich für ein Studium in Wirtschaft und Recht an der Fachhochschule Westküste in Heide und somit für den nächsten Schritt in Richtung Zukunft.

Aufgrund einer steigenden Anzahl von Regularien im (inter-)nationalen Wirtschaftssystem sah ich in diesem Studiengang eine optimale Schnittstelle zwischen Wirtschaft und Recht.

Ich entschied mich für dieses Studium, um die Wechselwirkungen beider Wissenschaftsgebiete nachvollziehen und das erworbene Wissen im Nachgang auch in meinen Berufsalltag implementieren zu können.

Haben sich deine Erwartungen erfüllt?
Kurz gesagt: Ja. Das Studium hatte für mich einen Mehrwert und optimierte meine didaktische und methodische Herangehensweise an komplexe Sachverhalte.

Angesichts der überschaubaren Größe der Hochschule fühlte ich mich von Anfang an integriert und lernte schnell interessante Kommilitonen, Professoren und Dozenten kennen, mit denen ich auch noch nach dem Studium Kontakt habe.

Wem würdest du das Studium empfehlen?
Das Studium in Wirtschaft und Recht empfehle ich allen, die sich sowohl für betriebswirtschaftliche als auch für rechtliche Grundlagen interessieren und später in einer Unternehmensberatung oder einer Handels- oder Wirtschaftsprüfungsgesellschaft arbeiten möchten. Auch wenn man noch nicht genau weiß, wohin die Reise gehen soll, ist im Rahmen der angebotenen Vertiefungsrichtungen für fast jeden etwas dabei.

Wirtschaft
Technik
Recht

Fachhochschule Westküste

FHW
Fachhochschule Westküste
Hochschule für Wirtschaft & Technik

Auf deiner Wellenlänge...

„...mit Studies aus aller Welt, spannenden Praxisprojekten und der Nordsee vor der Tür."

Jannis A., 6. Sem.,
International Tourism Management

Freie Universität Bozen

Hochschultyp/Trägerschaft:
öffentliche Hochschule

Gründungsjahr: 1997

Akkreditierung: staatlich

Zahl der Lehrenden: 115

Zahl der Studiengänge: 11 Bachelor-, 14 Master-, 6 Ph.D.-Programme

Zahl der Studierenden: 3.600, davon 17 Prozent aus dem Ausland

Studiengebühren pro Semester: 1.343,50 Euro

Die Freie Universität Bozen ist eine international ausgerichtete, mehrsprachige Universität. Wirtschaft, Design, Kommunikationswissenschaften, Informatik oder auch Ingenieurwesen werden in drei Sprachen – Deutsch, Italienisch und Englisch – gelehrt. Sie befindet sich an der Schnittstelle zwischen dem italienischen und dem deutschen Kulturraum und bietet ein ideales Studienumfeld in einer mehrsprachigen Region mit hervorragender Studierendenbetreuung und hohem Freizeitwert.

unibz
Freie Universität Bozen
Libera Università di Bolzano
Università Liedia de Bulsan

Universitätsplatz 1
I-39100 Bozen
www.unibz.it

Daniel Reiter
Studienberatung
+39 0471 012100
study@unibz.it

Studienangebot für Abiturienten und Fachabiturienten

Zu den dreisprachigen Bachelor-Studiengängen der Freien Universität Bozen können Bewerber zugelassen werden, die mindestens zwei der drei Unterrichtssprachen auf einem gehobenen mittleren Niveau (B2 nach dem Gemeinsamen Europäischen Referenzrahmen für Sprachen) nachweisen können. Die Zulassungsbedingungen sind von Studiengang zu Studiengang unterschiedlich. Sie sind im sogenannten Studienmanifest des jeweiligen Studienganges aufgeführt.

Die folgenden Bachelor-Studiengänge werden angeboten: Wirtschaftswissenschaften und Betriebsführung; Ökonomie und Sozialwissenschaften; Tourismus-, Sport- und Eventmanagement; Informatik; Agrarwissenschaften und Umweltmanagement; Industrie- und Maschineningenieurwesen; Kommunikations- und Kulturwissenschaften; Sozialarbeit; Sozialpädagogik; Design; Kunst.

Was es bedeutet, dreisprachig zu studieren

Das wesentliche Merkmal der Freien Universität Bozen ist die Dreisprachigkeit. Das bedeutet zum Beispiel, am Morgen eine Vorlesung in Volkswirtschaftslehre zu hören, anschließend zu einem Seminar über „Linguaggio e scrittura accademica" zu gehen und sich am Nachmittag mit dem Erasmus-Tutor auf Englisch über ein anstehendes Auslandssemester zu unterhalten. Studierende der unibz wechseln spielend von einer in die andere Sprache. Die Universität ist somit die ideale Umgebung, um kommunikative Kompetenzen zu erwerben, die in der heutigen Lebens- und Arbeitswelt unentbehrlich sind.

Das Sprachenzentrum begleitet Studierende auf ihrem persönlichen Lernweg mit kostenlosen Sprachkursen, damit sie in möglichst kurzer Zeit das Sprachniveau erreichen, das es ihnen ermöglicht, gewinnbringend an den Lehrveranstaltungen teilzunehmen.

Weiterführende Studienprogramme

Die unibz bietet derzeit vierzehn Master-Programme an, von denen sechs dreisprachig und acht ausschließlich auf Englisch unterrichtet werden: Ökonomie und Management des öffentlichen Sektors; Unternehmensführung und Innovation; Innovation in Forschung und Praxis Sozialer Arbeit; Musikologie; Ökosoziales Design; Bildungswissenschaften für den Primarbereich (fünf Jahre); Computer Science; Computational Logic; Software Engineering; Environmental Management of Mountain Areas; Energy Engineering; Industrial Mechanical Engineering; Horticultural Science; Viticulture, Enology and Wine Marketing.

Wirtschaft
Technik

Freie Universität Bozen

Helene Kummer

Design (Bachelor)

Wann und warum hast du dich für deinen Studiengang entschieden?
Nach meinem Abitur am Fichte-Gymnasium in Karlsruhe im Jahr 2013 habe ich ein Praktikum in Italien gemacht, das mein Interesse für die italienische Sprache und Kultur geweckt hat. Als ich mich im Internet nach gestalterischen Studiengängen umsah, die man auch mehrsprachig studieren kann, bin ich auf die Uni Bozen gestoßen. Mir war sofort klar, dass der Design-Bachelor der perfekte Studiengang für mich ist. Vor allem, da ich hier sowohl Produkt- als auch Grafikdesign studieren konnte und noch dazu in drei Sprachen.

Haben sich deine Erwartungen erfüllt?
Ja, voll und ganz. Die praktischen und theoretischen Kurse haben mir Hintergrundwissen und das nötige Know-how verliehen. Bei Soziologie auf Englisch musste man sein Hirn vielleicht ein bisschen anstrengen, konnte dafür aber beim Aktzeichnen abschalten. Es ist genau die richtige Mischung zwischen Lernen und Machen, Freiheit und Struktur. Während meines Studiums hatte ich zudem die Möglichkeit, ein Auslandssemester an der University of Arts and Design in Kyoto (Japan) zu absolvieren. Im März 2017 habe ich mein Designstudium erfolgreich abgeschlossen und bin derzeit dabei, mich an verschiedenen Universitäten für ein Master-Studium zu bewerben.

Wem würdest du das Studium weiterempfehlen?
Alle jenen, die noch nicht wissen, ob sie Grafik- oder Produktdesign studieren möchten und die einen guten Einblick in kreatives Gestalten bekommen möchten. Man sollte Lust am Sprachenlernen mitbringen und ein hohes Maß an kreativer Energie und Eigeninitiative. Die Uni Bozen ist keine Massenuniversität, weshalb Studierende, die das Persönliche, den direkten Kontakt zu und den ständigen Austausch mit den Lehrenden suchen, hier sicher eine gute Wahl treffen.

Wirtschaft
Technik

Freie Universität Bozen

FREIE UNIVERSITÄT BOZEN

DREISPRACHIG ZUM TRAUMJOB

UNIBZ-ABSOLVENTIN
Alexandra Seidel

ABSCHLUSS
Tourismus-, Sport-
und Eventmanagement

JOB
Account Manager
Booking.com, Freiburg

11 Bachelor
14 Master

Bewerbung ab
März 2018

#gotrilingual

unibz

Hochschule für Life Sciences FHNW

Hochschultyp/Trägerschaft:
Fachhochschule; öffentlich, kantonale Trägerschaft

Gründungsjahr: 2006

Zahl der Lehrenden: 60 interne und weitere externe Gastreferenten

Zahl der Studiengänge: 2 Bachelor-, 1 Master-, 1 Weiterbildungsprogramm

Zahl der Studierenden:
ca. 450 Studierende, davon ca. 30 Prozent aus dem Ausland

Studiengebühren pro Semester:
700 Schweizer Franken

Bei uns werden Fachleute am Schnittpunkt von Natur, Technik, Medizin und Umwelt, inmitten Europas größter Life-Science-Region, ausgebildet. Wir bieten ein Bachelor-Studium nach dem Abitur oder während des Berufs, ein Master-Studium für höhere Führungspositionen oder eine berufsbegleitende Weiterbildung, um Karriere und Beruf unter einen Hut zu bringen.

n|w Fachhochschule Nordwestschweiz
Hochschule für Life Sciences

Gründenstrasse 40
CH-4132 Muttenz
www.fhnw.ch/hls

Prof. Dr. Frank Pude
Leiter Aus- und Weiterbildung
+41 61 467-4284
info.lifesciences@fhnw.ch

Studienangebot für Abiturienten
Die Hochschule für Life Sciences FHNW in Muttenz bietet sechs Bachelor-Studienrichtungen an:
- Bioanalytik und Zellbiologie
- Chemie
- Medizininformatik
- Medizintechnik
- Pharmatechnologie
- Umwelttechnologie

Das Studium basiert auf naturwissenschaftlichen und technischen Grundlagen, der Ansatz ist ganzheitlich. Produkte, Technologien und Prozesse werden von der Entwicklung bis zur Markteinführung verfolgt.

Ein wesentlicher Teil der Ausbildung wird in praktische Projekte investiert. Durch die Zusammenarbeit mit der Life-Sciences-Industrie werden Studierende eins zu eins auf die reale Berufswelt vorbereitet. Die interdisziplinäre Ausrichtung des Studiums und die damit verbundenen Möglichkeiten zum Perspektivenwechsel befähigen sie zusätzlich, sich den Herausforderungen der Wissenschaft erfolgreich zu stellen.

Studienablauf und -inhalte
Das Bachelor-Studium basiert im ersten Studienjahr auf naturwissenschaftlichen und ingenieurtechnischen Grundlagen und wird durch Lehrangebote in Kommunikation und Unternehmertum ergänzt. Eine breite Fachkompetenz in den Schwerpunktgebieten und die gewählten Vertiefungsrichtungen stehen in den folgenden Semestern im Zentrum.

Zudem können Studierende am Forschungsseminar teilnehmen, das im Rahmen der Wahlfächer belegt werden kann und die Möglichkeit bietet, Kontakte mit Unternehmensvertretern zu knüpfen. Außerdem unterrichten viele Lehrpersonen aus Industrie und Praxis an der Hochschule für Life Sciences FHNW. Ein wichtiger Teil der Ausbildungszeit wird in Projektarbeiten und in die Bachelor-Thesis investiert. Diese bildet den Abschluss des Studiums und wird in der Industrie, an der Hochschule oder an externen Forschungsstätten im In- oder Ausland durchgeführt.

Technik

Hochschule für
Life Sciences FHNW

Yasmin Grether

Jahrgang 1990

Molecular Life Sciences (Bachelor)

Molecular Technologies (Master)

Wann und warum hast du dich für deinen Studiengang entschieden?
Schon während meines Abiturs habe ich Leistungskurse in Naturwissenschaften belegt. Da der Fokus meiner Abschlussprüfungen automatisch auf diesem Bereich lag, war es für mich ganz klar, ein naturwissenschaftliches Studium zu beginnen. Nach dem Abitur habe ich erst ein Jahr Lebensmittelchemie studiert. Hier stellte ich schnell fest, dass ich ein sehr viel größeres Interesse an Biologie habe. Da ein Studium an der FH dafür bekannt ist, den Studenten nach ihrem Abschluss einen guten Einstieg in die Industrie-Arbeitswelt zu ermöglichen, fiel meine Wahl auf den Studiengang Molecular Life Sciences/Bioanalytik an der FHNW. Die Praxisnähe mit drei Monaten Bachelor- und acht Monaten Master-Arbeit war ein großes Plus.

Haben sich deine Erwartungen erfüllt?
Mein Ziel war ein akademischer Abschluss mit viel Praxisnähe. Während des Studiums waren viele Praktika mit verschiedenen Schwerpunkten (je nach Vertiefung) Pflicht. Diese Praktika ermöglichen auch Studenten mit wenig oder keiner Praxiserfahrung einen vertieften Einblick in den Laboralltag. Begleitend zu den Vorlesungen ermöglichen die Praktika zudem die Theorie praktisch umzusetzen, was den Lerneffekt stark verbessert. Durch diese Praxiserfahrung, zusammen mit den Semester-, Bachelor- und Master-Arbeiten wurde meine Erwartung erfüllt.

Wem würdest du das Studium empfehlen?
Das Studium ist sehr geeignet für Studenten, die bereits eine Berufsausbildung haben und diese durch ein Studium aufwerten wollen, um ihre Berufs- sowie Aufstiegsmöglichkeiten zu verbessern. Für Abiturienten ohne Berufsausbildung empfehle ich unbedingt das Master-Studium nach Beendigung des Bachelors. Die acht Monate Master-Arbeit waren sehr spannend und haben meine Laborerfahrungen stark verbessert. Generell kann ich das Studium denjenigen weiterempfehlen, die nicht nur theoretisches Wissen vermittelt bekommen wollen, sondern auch von der Möglichkeit profitieren möchten, bereits früh im Studium praktische Erfahrungen zu sammeln.

Technik

Hochschule für
Life Sciences FHNW

n|w Fachhochschule Nordwestschweiz
Hochschule für Life Sciences

KANN MAN MIT MIR DIE WELT RETTEN?

Ja, hier.

Mach den Bachelor in Life Sciences FHNW wenn du im Schnittpunkt von Natur, Technik, Medizin und Umwelt an zukunftsweisenden Projekten mitarbeiten willst.

Jetzt anmelden zum nächsten Infotag: www.ja-hier.ch. Oder besuche uns an unserem Stand auf der Messe.

Hochschule für Technik Stuttgart

Hochschultyp/Trägerschaft:
Hochschule für Angewandte Wissenschaften (HAW), staatlich

Gründungsjahr: 1832

Akkreditierung: alle Studiengänge sind akkreditiert

Zahl der Lehrenden: über 125 Professoren, über 400 Lehrbeauftragte

Zahl der Studiengänge: 30

Zahl der Studierenden: 4.000

Studiengebühren pro Semester: keine

Tradition und Innovation – das charakterisiert die Hochschule für Technik Stuttgart. Die Tradition der Lehre reicht bis ins Jahr 1832 zurück und wird beständig weiterentwickelt. Heute werden die Studienbereiche Architektur und Gestaltung, Bauingenieurwesen, Bauphysik, Informatik, Mathematik, Vermessung und Wirtschaft gelehrt. Dazu gehören zahlreiche innovative Studiengänge, neue Inhalte und Lehrformen, ein aktiver Medieneinsatz sowie eine moderne Infrastruktur.

Hochschule für Technik Stuttgart

Schellingstraße 24
70174 Stuttgart
www.hft-stuttgart.de

Doris Pelzer, Bernd Sikler,
Angelika Jachmann, Elsbeth Schwarz
Studierendensekretariat
+49 711 8926-2662
studsek.vw@hft-stuttgart.de

Studienangebot für Abiturienten

Neben klassischen Berufsfeldern wie Architektur, Innenarchitektur, Bauingenieurwesen, Betriebswirtschaft, Informatik, Vermessung und Geoinformatik sowie angewandte Mathematik bietet die HFT Stuttgart bundesweit als einzige Hochschule die Bachelor-Studiengänge Bauphysik und Informationslogistik an. Während sich die Bauphysik mit den technischen Grundlagen von Behaglichkeit und Energieeffizienz beschäftigt und eng mit der angewandten Forschung der Hochschule verknüpft ist, geht es in der Informationslogistik um das Bereitstellen von Informationen zum richtigen Zeitpunkt und am richtigen Ort. Neu entwickelt wurden außerdem die Bachelor-Studiengänge KlimaEngineering, Wirtschaftsinformatik, Infrastrukturmanagement, Wirtschaftsingenieurwesen (Bau und Immobilien) sowie Wirtschaftspsychologie.

Im Gestaltungsbereich ist die HFT Stuttgart die einzige Hochschule in Baden-Württemberg, die Innenarchitektur-Studiengänge anbietet. Studieninteressierte, die überlegen, sich für Wirtschaftspsychologie einzuschreiben, finden dieses Studienfach als Bachelor- und Master-Studiengang – an einer staatlichen Hochschule – nur hier in Stuttgart an der Hochschule für Technik.

Studienablauf und -inhalte

An der HFT Stuttgart wird praxisnah und in kleinen Gruppen ausgebildet. Über 125 Professoren unterrichten 4.000 Studierende, unterstützt von über 350 Lehrbeauftragten.

Anwendungsbezogene Projektaufgaben, Teamfähigkeit, interdisziplinäres Arbeiten und Fremdsprachen spielen im Studium eine entscheidende Rolle. Praktische Studienprojekte in Zusammenarbeit mit Firmen und Büros oder ein Auslandsstudium an einer der über 70 Partnerhochschulen weltweit sind in die Studiengänge integriert. Das Bachelor-Master-System der HFT Stuttgart bietet individuelle Ausbildungswege, die Absolventen haben beste Berufschancen. Dies bestätigen regelmäßige Studien des Statistischen Landesamtes.

Weiterführende Studienprogramme

Aufbauende Master-Studiengänge in Voll- oder Teilzeit schließen an die grundständigen Studienangebote an und eröffnen unter anderem den Zugang zum höheren Dienst. Daneben bietet die HFT Stuttgart aber auch noch weitere Master-Studiengänge wie Stadtplanung und Sustainable Energy Competence (SENCE), international ausgerichtete wie Project Management und Interior Architectural Design (IMIAD) sowie die englischsprachigen Master-Studiengänge Photogrammetry and Geoinformatics und Software Technology.

Wirtschaft
Technik

Hochschule für
Technik Stuttgart

Toni Willkommen

Jahrgang 1988

Master General Management, Master International Business Administration

Wann und warum hast du dich für deinen Studiengang entschieden?

Zum Ende meines Bachelor-Studiums war mir bewusst, dass ich meinen Master direkt im Anschluss absolvieren möchte. Auf der Suche nach internationalen und praxisorientierten Studiengängen bin ich auf die HFT Stuttgart aufmerksam geworden. Deren Master-Studium General Management bietet nicht nur ein fundiertes Modulangebot betriebswirtschaftlicher Kernfächer und relevanter Schlüsselqualifikationen, sondern ermöglicht es den Studenten, einen integrierten Doppelabschluss mit der Napier University Edinburgh zu erlangen. Das hat mich überzeugt!

Haben sich deine Erwartungen erfüllt?

Wie erhofft hat das Studium mir die Möglichkeit geboten, einen tieferen Einblick in die Kernfächer der BWL zu erlangen. Das Studienangebot wurde weiterhin ergänzt durch Sprachunterricht (Englisch/Spanisch) und die Vermittlung interkultureller Kompetenzen. Integrierte Planspiele, Unternehmensbesuche oder Gastvorträge machen das Studium an der HFT Stuttgart sehr praxisnah und das vorgesehene Pflichtpraktikum ermöglicht die (inter-)nationale Vernetzung mit Unternehmen und verhilft zu anschließenden Abschlussarbeiten. Kleine Studiengruppen, die enge Zusammenarbeit zwischen Studierenden und Lehrenden sowie die zentrale Lage in Stuttgart machten das Studieren sehr angenehm. Die hervorragende Kooperation mit Edinburgh rundet ein gelungenes Master-Studium ab.

Wem würdest du das Studium empfehlen?

Wie der Name des Studiengangs andeutet, ist er hinsichtlich des Modulspektrums sehr breit und generalistisch aufgestellt. Von daher empfehle ich es vor allem den Studenten, die einen Rundumblick wollen. Der zeitliche Aufbau des Studiums erlaubt es aber, nebenbei spezifische Praxiserfahrung zu sammeln. Der ideale General-Management-Student bringt zudem ein Interesse am wirtschaftlichen und politischen Geschehen, gute Sprachkenntnisse sowie die Bereitschaft zur Arbeit in multikulturellen Teams mit.

Wirtschaft
Technik

Hochschule für Technik Stuttgart

Infos zu allen Studienbereichen direkt am Stand

Architektur
Bauingenieurwesen
Bauphysik
Informatik

Innenarchitektur
Mathematik
Vermessung
Wirtschaft

www.hft-stuttgart.de

Hochschule für Technik Stuttgart

Hochschule für Wirtschaft und Umwelt Nürtingen-Geislingen, Fakultät Wirtschaft und Recht

Hochschultyp/Trägerschaft: staatliche Hochschule, Fakultät Wirtschaft und Recht

Gründungsjahr: 1988

Akkreditierung: Systemakkreditierung

Zahl der Lehrenden: 53 Professoren, ca. 160 Lehrbeauftragte

Zahl der Studiengänge: 11 Vollzeit- und 10 berufsbegleitende Studiengänge

Zahl der Studierenden: 2.100, davon 15 Prozent aus dem Ausland

Studiengebühren pro Semester: keine für Bachelor- und Master-Studiengänge, für berufsbegleitende Studienprogramme in unterschiedlicher Höhe

Die HfWU ist seit 2013 systemakkreditiert. Studiengänge in exzellenter Qualiät – was regelmäßige Spitzenpositionen in Rankings belegen –, intensive Betreuung sowie der Anspruch, in Forschung und Lehre einen Beitrag zur nachhaltigen Entwicklung von Wirtschaft, Umwelt und Gesellschaft zu leisten, sind die Markenzeichen. Die branchenbezogenen betriebswirtschaftlichen und wirtschaftsjuristischen Studiengänge bieten beste Voraussetzungen für einen erfolgreichen Einstieg ins Berufsleben.

Parkstraße 4
73312 Geislingen an der Steige
www.hfwu.de/fwr

Jessica Lubzyk
Studienberatung
+49 7331 7154096
jessica.lubzyk@hfwu.de

Studienangebot für Abiturienten
Bachelor-Studiengänge
- Automobilwirtschaft (B.A.)
- Energie- und Ressourcenmanagement (B.A.)
- Gesundheits- und Tourismusmanagement (B.A.)
- Immobilienwirtschaft (B.Sc.)
- Nachhaltiges Produktmanagement (B.A.)
- Wirtschaftsrecht (LL.B.)

Berufsbegleitende Bachelor-Programme
- Automobilwirtschaft (B.A.) – Start WiSe 2017/2018
- Betriebswirtschaft (B.A.)
- Gesundheits- und Tourismusmanagement (B.A.)
- Wirtschaftspsychologie (B.Sc.) – Start WiSe 2017/2018

Studienablauf und -inhalte
- breit angelegtes betriebswirtschaftliches oder wirtschaftsjuristisches Grundlagenstudium
- mit direktem Branchenbezug
- praktisches Studiensemester mit intensiver Betreuung im In- oder Ausland
- Im Vertiefungsstudium wählen die Studierenden ihre Studieninhalte aus 17 studiengangsübergreifenden Vertiefungsprogrammen, von denen einige komplett in englischer Sprache angeboten werden. Dies stärkt die Interdisziplinarität, verwirklicht die von Studierenden geforderte akademische Wahlfreiheit und schafft den Gestaltungsspielraum für eine erfolgreiche Umsetzung des Profils „Wirtschaft und Umwelt".

Detaillierte Informationen zu den Studienangeboten der Fakultät Wirtschaft und Recht findest du unter www.hfwu.de/fwr.

Weiterführende Studienangebote
Master-Studiengänge
- Automotive Management (M.A.)
- Immobilienmanagement (M.Sc.)
- Sustainable Mobilities (M.Sc.)
- Unternehmensführung (M.Sc.)
- Unternehmensrestrukturierung und Insolvenzmanagement (LL.M.)

Berufsbegleitende Master-Programme
- Automotive Management (M.A.)
- Internationales Projektmanagement und projektorientierte Unternehmensführung (MBA)
- Verkehrs-, Straf- und Versicherungsrecht (LL.M.)
- Unternehmensführung (MBA)
- Trend- und Nachhaltigkeitsmanagement (MBA)
- Wirtschaftspsychologie & Leadership (M.Sc.) – Start SoSe 2018

Wirtschaft

Recht

Hochschule für Wirtschaft und Umwelt Nürtingen-Geislingen

Ines Kehl

Jahrgang 1990

Energie- und Ressourcenmanagement (Bachelor)

Wann und warum hast du dich für deinen Studiengang entschieden?

Während der letzten zwei Schuljahre im Gymnasium habe ich mich für mein Studium entschieden. Themen wie nachhaltiger Energie- und Ressourceneinsatz haben schon zu diesem Zeitpunkt mein Interesse geweckt. Der Ansatz, sich nicht nur auf die technische Betrachtungsweise der Themengebiete zu konzentrieren, sondern gleichermaßen die betriebswirtschaftliche Sichtweise miteinzubeziehen, hat mich überzeugt.

Haben sich deine Erwartungen erfüllt?

Meine Erwartungen haben sich voll erfüllt. Im Grundstudium konnte ich sowohl im Ressourcen- wie auch im Energiebereich umfangreiche Kenntnisse erlangen. Das zugehörige Praxissemester hat gezeigt, wie wichtig eine Verknüpfung der betriebswirtschaftlichen und technischen Sichtweisen in diesem Bereich sind. Ebenso ist das Angebot der Vertiefungsmodule für das sechste und siebte Semester sehr gut abgestimmt mit dem vorausgehenden Grundstudium und bietet den Studierenden eine optimale Vorbereitung für einen erfolgreichen Berufseinstieg oder die Aufnahme eines Master-Studiums.

Wem würdest du das Studium empfehlen?

Studieninteressierten, die sich für umweltrelevante Aspekte begeistern und den bisherigen Umgang mit unseren Ressourcen und dem derzeitigen Energieversorgungssystem kritisch hinterfragen. Der Studiengang ist geeignet für zukünftige Studierende, die sich vorstellen können, später einmal im Ver- oder Entsorgungsbereich zu arbeiten. Auch wer seine Zukunft im Umweltbereich sieht und Fachwissen über nachhaltiges Wirtschaften, den effizienten Umgang mit Ressourcen und Reserven aufbauen und vertiefen möchte, wird mit Energie- und Ressourcenmanagement wohl nicht enttäuscht werden.

Wirtschaft

Recht

Hochschule für Wirtschaft und Umwelt Nürtingen-Geislingen

Hochschule für Wirtschaft und Umwelt Nürtingen-Geislingen

IN GEISLINGEN STUDIEREN
Studienangebote der Fakultät Wirtschaft und Recht

Bachelorstudiengänge
- Automobilwirtschaft (B.A.)
- Energie- und Ressourcenmanagement (B.A.)
- Gesundheits- und Tourismusmanagement (B.A.)
- Immobilienwirtschaft (B.Sc.)
- Nachhaltiges Produktmanagement (B.A.)
- Wirtschaftsrecht (LL.B.)

Masterstudiengänge
- Automotive Management (M.A.)
- Immobilienmanagement (M.Sc.)
- Sustainable Mobilities (M.Sc.)
- Unternehmensführung (M.Sc.)
- Unternehmensrestrukturierung und Insolvenzmanagement (LL.M.)

Berufsbegleitende Programme
- Betriebswirtschaft (B.A.)
- Gesundheits- und Tourismusmanagement (B.A.)
- Automotive Management (M.A.)
- Internationales Projektmanagement (MBA)
- Verkehrs-, Straf- und Versicherungsrecht (LL.M.)
- Unternehmensführung (MBA)
- Trend- und Nachhaltigkeitsmanagement (MBA)

Hochschule für Wirtschaft und Umwelt Nürtingen-Geislingen • Parkstraße 4 • D-73312 Geislingen an der Steige
Jessica Lubzyk, Studienberatung • Tel. +49 7331 7154096 • jessica.lubzyk@hfwu.de • www.hfwu.de

Hochschule Karlsruhe
Technik und Wirtschaft

Hochschultyp/Trägerschaft:
Hochschule für Angewandte Wissenschaften (HAW), staatlich

Gründungsjahr: 1878

Akkreditierung: alle Studiengänge sind akkreditiert

Zahl der Lehrenden: 209 Professoren und 437 Lehrbeauftragte

Zahl der Studiengänge: 43

Zahl der Studierenden: 8.200

Studiengebühren (pro Semester): 147,70 Euro

Internationalität und Forschungsstärke zeichnen die Hochschule Karlsruhe – Technik und Wirtschaft aus. Absolventen profitieren beim Einstieg ins Berufsleben von hervorragenden Wirtschaftskontakten und dem Renommee der Hochschule. Als eine der größten Hochschulen für Angewandte Wissenschaften in Baden-Württemberg bieten wir Studieninteressierten ein breites Spektrum von technisch-ingenieurwissenschaftlichen Studiengängen, über Informatik- und Wirtschaftsstudiengängen bis hin zu Mediendisziplinen.

**Hochschule Karlsruhe
Technik und Wirtschaft**
UNIVERSITY OF APPLIED SCIENCES
Näher dran.

Moltkestraße 30
76133 Karlsruhe
www.hs-karlsruhe.de

Annette Radke
Studienberaterin
+49 721 925-1088
annette.radke@hs-karlsruhe.de

Studienangebot für Abiturienten

Das Fächerangebot der Hochschule Karlsruhe ist technisch und wirtschaftswissenschaftlich geprägt und deckt klassische Disziplinen wie Bauingenieurwesen, Elektrotechnik, Informatik oder Maschinenbau genauso ab wie weniger bekannte, darunter KulturMediaTechnologie, Mechatronik oder Verkehrssystemmanagement. Ein hoher Anteil an praktischen Übungen und spannende Studienarbeiten sorgen für einen abwechslungsreichen, anwendungsorientierten Studienverlauf.

Aufgrund der guten Auslandskontakte der Hochschule verfügen 40 Prozent der Bachelorstudiengänge über internationale Studienvarianten, bei denen ein Auslandsaufenthalt fester Bestandteil ist. Darüber hinaus steht dir natürlich in jedem Studiengang die Möglichkeit offen, ein Auslandssemester beziehungsweise ein Praxissemesters im Ausland zu absolvieren.

Studienablauf und -inhalte

Ein Bachelor-Studiengang dauert in der Regel sieben Semester, aufgeteilt in Grund- und Hauptstudium. Während ein Großteil des Stundenplans vor allem in den ersten Semestern vorgegeben ist, kannst du in den höheren Semestern oft zwischen verschiedenen Vertiefungsrichtungen wählen und dich so auf besondere Interessensgebiete spezialisieren. Gegen Ende des Studiums, meistens im fünften Semester, findet das Praktische Studiensemester statt. Zahlreiche Unternehmenskontakte der Hochschule helfen bei der Suche nach einem geeigneten Platz. Oftmals lernen die Studierenden während dieser Tätigkeit auch schon ihren künftigen Arbeitgeber kennen. Du schließt dein Studium mit einer Bachelorthesis ab, einer wissenschaftlichen Arbeit, die in der Regel auch in einem Unternehmen angefertigt wird.

Bevor du dich für einen Studiengang entscheidest, ist es ratsam, dir die Inhalte – also welche Fächer in welchem Semester gelehrt werden – genau anzusehen. Diese Information findest du in den sogenannten Modulhandbüchern oder in den Studien- und Prüfungsordnungen, die es zu jedem Studiengang auf unserer Homepage gibt.

Weiterführende Studienprogramme

Zu allen Bachelor-Studiengängen bietet die Hochschule entsprechende Master-Studiengänge an. Die Möglichkeit, das grundständige Erststudium wissenschaftlich zu vertiefen, besteht also für alle Fachrichtungen. In vielen Fällen sind Master-Studierende parallel auch als akademische Mitarbeiter an der Hochschule in Teilzeit beschäftigt und arbeiten aktiv in aktuellen Forschungsprojekten mit. Auch eine Fortführung des Studiums in Richtung Promotion und damit in der Forschung ist möglich, momentan noch in Kooperation mit Universitäten.

Studieninhalte und Hochschule kennenlernen

Mit Studierenden oder Professoren ins Gespräch zu kommen, ist für viele bei der Studienwahl hilfreich. Hierzu hast du bei unseren beiden Campustagen im Mai und November Gelegenheit. Neben Laborführungen kannst du dabei auch an Ständen und in Vorträgen alle wichtigen Infos zur Hochschule mitnehmen. Wer es lieber etwas praktischer angeht, kann eine Schnuppervorlesung oder – noch intensiver – das Probestudium in den Herbstferien besuchen. Alles Infos dazu auf www.hs-karlsruhe.de/schueler-campus.

Wirtschaft
Technik

Hochschule
Karlsruhe
Technik und
Wirtschaft

Johannes Philipp

Jahrgang 1992

Elektrotechnik – Sensorik (Bachelor)

Wann und warum hast du dich für deinen Studiengang entschieden?
Ich hatte schon immer Interesse an technischen oder naturwissenschaftlichen Fragestellungen. In meiner Schulzeit an einem allgemeinbildenden Gymnasium habe ich mich auch darüber hinaus in freiwilligen Praktika breit informiert. Wichtige Einblicke und nachhaltige Eindrücke vermittelten mir mein Praktikum bei einer Messtechnikfirma sowie der unterrichtsbegleitende Seminarkurs „Schüler-Ingenieur-Akademie". Wegen der weiten Verbreitung und dem großen Anwendungsgebiet elektrotechnischer Geräte fiel meine Studienwahl zunächst auf Elektrotechnik – Informationstechnik. An der Hochschule Karlsruhe lernte ich dann im ersten Semester jedoch die Fachrichtung Elektrotechnik – Sensorik kennen. An der Sensorsystemtechnik begeistert mich besonders die Verbindung von Naturwissenschaften wie Biologie oder Chemie mit physikalischen Prinzipien zur Umwandlung und Messung mithilfe der Elektrotechnik. Dies erschien mir die abwechslungsreichere und zukunftsweisendere Mischung, sodass ich anfangs schnell nochmal das Studienfach wechselte.

Haben sich deine Erwartungen erfüllt?
Obwohl ich es zu Anfang schwierig fand, die Grundlagen der Elektrotechnik zu erlernen, bereue ich meine Entscheidung nicht. Die in den Vorlesungen behandelten Themen können in diversen spannenden Laborübungen gleich ausprobiert und direkt angewandt werden. Erlebt man die Relevanz der Theorie, fällt das Lernen gleich viel leichter und Erfolgserlebnisse stellen sich schnell ein. Dass sich bereits früh etliche Firmen für gute Studenten interessieren, motiviert zusätzlich und bietet beiden Seiten lukrative Vorteile. Im Verlauf des Studiums gibt es viele verschiedene Möglichkeiten, sich gemäß den eigenen Interessen durch Themenwahl und Wahlfächer passend zu spezialisieren. All dies kommt mir sehr entgegen und gefällt mir gut.

Wem würdest du das Studium empfehlen?
Wer Spaß an der breiten Anwendung von Naturwissenschaft in Verbindung mit Elektrotechnik hat, für den kann dies ebenfalls ein ausgezeichnetes Studium sein. Damit stehen dir später viele Möglichkeiten in der Entwicklung, Forschung, Planung, Produktion oder im Verkauf und Vertrieb offen.

Wirtschaft
Technik

Hochschule Karlsruhe Technik und Wirtschaft

Hochschule Karlsruhe
Technik und Wirtschaft
UNIVERSITY OF APPLIED SCIENCES

Näher dran.

Die Balance halten. Nicht nur in der Mechatronik.

Theorie und Praxis an der Hochschule Karlsruhe – Technik und Wirtschaft

- Architektur und Bauwesen
- Elektro- und Informationstechnik
- Informatik und Wirtschaftsinformatik
- Informationsmanagement und Medien
- Maschinenbau und Mechatronik
- Wirtschaftswissenschaften

www.hs-karlsruhe.de/studieninteressierte

IE University

Type of university: international

Year of establishment: 2006

Educational accreditation:
private official University accredited by the Spanish Authorities

Number of study programmes:
9 undergraduate programmes,
3 dual degrees

Number of students: 2.500
(100 different nationalities, 65 % coming from outside of Spain)

Tuition fees: starts from 19.800 Euro per year approx. (depends on the degree)

IE University is for students who approach learning as a way of life, and who are open to the world and to the transformative role of higher education. You will find a supportive community where students and faculty interact together in the learning process. With its rich diversity, international outlook, and entrepreneurial spirit, IE University is committed to educating professionals and experts who will make a difference in society.

ie UNIVERSITY
Driving Innovation

Cardenal Zúñiga 12
40003 Segovia, Spain
María de Molina, 31 Bis.
28006 Madrid, Spain
www.ie.edu/university

Student office
+34 915 689-600
university@ie.edu

Bachelor programmes for high school graduates
- Bachelor in Architecture
- Bachelor in Design
- Bachelor of Laws
- Bachelor in Politics, Law and Economics
- Bachelor in Communication
- Bachelor in Business Administration
- Bachelor in Psychology
- Bachelor in International Relations
- Bachelor in Information Systems Management
- Dual Degree in Business Administration + International Relations
- Dual Degree in Business Administration + Laws
- Dual Degree in Laws + International Relations

Studying at IE University
A transformational experience that will enhance your unique value and enable you to play a leading role in shaping the world.

The unique learning environment at IE University is built upon the bringing together of a personalized, student-centric community, within an open environment that embraces a rich diversity of individuals, ideas and approaches. Each year over 100 nationalities are represented on its campuses in Segovia and Madrid, with over 65 percent of its students coming from outside of Spain.

IE University is recognized for its quality in teaching and learning which counts it among the world's top universities. In addition, its undergraduate programs are recognized by the most prestigious associations in their respective fields.

With a humanistic approach, entrepreneurial spirit, innovative vision, and focus on academic rigor, IE University is committed to educating professionals and experts who will make a difference in society.

We combine theory with practice from the moment you start your studies. You will take what you learn in class and apply it to real life cases and when managing your own projects. Each year students can choose a range of internship options, working on campus, in Spain and around the globe, and acquire an impressive set of skills and professional experiences that make them highly sought after when they graduate.

If you want an inspiring and challenging education that will shape who you are and who you will become, IE University will broaden your horizons, connect you to the world, and guide you on the unique path needed to achieve your goals.

Wirtschaft
Technik
Recht

IE University

Svea Freiberg
Born in 1993
Business Administration

Why did you choose this course of studies?
When my gap year came to an end I approached my choice of university very strategically. I studied the ZEIT Hochschulranking but I just couldn't find any point of difference between the many universities I read about. From friends, I knew that Business Administration in particular would be approached rather theoretically and would take on a dry course of study. Yet I really wanted to learn how to successfully raise and manage a business. When I met a girl from my hometown studying at IE University, I felt inspired to learn more about it and signed up for an open day. After all, studying in Spain would certainly be a culturally and personally enriching experience. The day I was introduced to the international community where everyone was so welcoming and shared the same enthusiasm as me, I opened up to the idea of studying abroad. Acquiring all the business knowledge I need while having the opportunity to prepare myself for my future international career was just the perfect option for me.

Were your expectations fulfilled?
Looking back after four years of study, I realize what an amazing transformation I went through. Even though I was never shy to be myself, I learnt to actively approach people no matter what their background is, and pursue opportunities that will help build my personal and professional profile. I relentlessly applied to many internships and completed two, one at the United Nations University in Burges, Belgium, and another one at a management consultancy in Germany. Being around ambitious people at IE pushed me to be the best version of me as well. Moreover, the amount of projects that I have done for class, from creating an econometric model to consulting a company on its IT plan, have surely laid a strong basis for me to be able to successfully enter the professional world. The involvement in the vast amount of start-up activities at IE and seeing that there is always someone to support you on a project also showed me that there is hardly anything I cannot achieve with hard work and dedication.

To whom would you recommend the study programme?
I would advise anyone looking to broaden his or her horizons, leave cultural norms and limits behind and experience how we can use our differences as advantages, to come to IE. If you wish to combine this curiosity and positivity with an eagerness to learn, go the extra mile, and take all the lessons one can get from the university experience, IE will be the right place for you to fulfil these ambitions. The eco-system at IE enables you to found your own clubs, get support for your start-ups, assistance in landing the internship/job you want and much more. And even if you have not fully figured out your path yet, just like I hadn't when I started my studies, at IE you will meet professors, fellow students and other mentors that will give the guidance needed to find the right direction for you. If you want to work in consulting, finance or marketing in the future or even start your own company, you have yet another reason to consider IE your first choice.

Wirtschaft
Technik
Recht

IE University

ie UNIVERSITY
Driving Innovation

1st in Spain | **8th** in Europe | **25th** Worldwide

Global Employability University Ranking,
Times Higher Education 2016

At IE University we enable you to discover your full potential and enhance your unique value in an international environment that will broaden your horizons and connect you to the world. Our campuses in Madrid and Segovia, Spain, offer bachelor degrees in English that integrate a broad range of teaching approaches and personalized options that allow you to shape your own education according to your professional aspirations. At IE University you will develop the outlook and skills you need to map your own path to success on a global scale.

BACHELOR IN ARCHITECTURE	BACHELOR IN POLITICS, LAW AND ECONOMICS	DUAL DEGREE IN BUSINESS ADMINISTRATION + LAWS
BACHELOR OF LAWS (LLB)	BACHELOR IN BUSINESS ADMINISTRATION (BBA)	DUAL DEGREE IN BBA + INTERNATIONAL RELATIONS
BACHELOR IN PSYCHOLOGY	BACHELOR IN INTERNATIONAL RELATIONS	DUAL DEGREE IN LAWS + INTERNATIONAL RELATIONS
BACHELOR IN DESIGN	BACHELOR IN INFORMATION SYSTEMS MANAGEMENT	
BACHELOR IN COMMUNICATION		

CAMPUS MADRID/SEGOVIA.SPAIN | TEL +34 915 689 620 / +34 921 412 410 | UNIVERSITY@IE.EDU

WWW.IE.EDU/UNIVERSITY

ISM International School of Management

Hochschultyp/Trägerschaft: private Hochschule in gemeinnütziger Trägerschaft, staatlich anerkannt

Gründungsjahr: 1990

Akkreditierung: Wissenschaftsrat, FIBAA, Akkreditierungsrat

Zahl der Lehrenden: 455 Hochschullehrer

Zahl der Studiengänge: 8 Vollzeit-Bachelor; 3 duale Bachelor-Studiengänge und 4 berufsbegleitende Bachelor-Programme; 11 Master-Studiengänge und 5 berufsbegleitende Master-Programme

Studiengebühren pro Bachelor-Semester: 4.980 bis 5.580 Euro, je nach Campus und Studiengang

Die International School of Management (ISM) – eine private, staatlich anerkannte Hochschule mit Standorten in Dortmund, Frankfurt am Main, München, Hamburg, Köln und Stuttgart – bildet seit 1990 Nachwuchskräfte im Management für die globale Wirtschaft aus. Internationalität, Praxisorientierung und ein kompaktes Studium gehören ebenso zu den Erfolgsfaktoren der ISM wie die Vermittlung fachlicher und sozialer Kompetenzen sowie eine persönliche Atmosphäre.

ISM
INTERNATIONAL SCHOOL OF MANAGEMENT

Anne Staljan (Campus Dortmund)
+49 231 97513943
anne.staljan@ism.de

Melanie Reinmuth (Campus Frankfurt)
+49 69 6605936743
melanie.reinmuth@ism.de

Barbara Zinck (Campus München)
+49 89 200035043
barbara.zinck@ism.de

Marie Gerken (Campus Hamburg)
+49 40 319933943
marie.gerken@ism.de

Sarah Immig (Campus Köln)
+49 221 27099543
sarah.immig@ism.de

Verena Przybyla (Campus Stuttgart)
+49 711 518962170
verena.przybyla@ism.de

Studienangebot der ISM für Abiturienten

Das Studienangebot der ISM umfasst die acht Vollzeit-Bachelor-Studiengänge International Management, Marketing & Communications Management, Tourism & Event Management, Finance & Management, Psychology & Management, Global Brand & Fashion Management, Business Law und International Sports Management. Alle Studiengänge sind kompakt strukturiert und zeichnen sich durch einen hohen Praxisbezug aus. In Workshops, Beratungsprojekten oder im Praktikum werden konkrete Fragestellungen der Wirtschaft angegangen und gelöst. Davon profitieren nicht nur die Studierenden, sondern auch die Unternehmen, deren reale Problemstellungen in Projekten bearbeitet werden. Kleine Unterrichtsgruppen fördern zudem eine persönliche Atmosphäre und den direkten Dialog mit den Dozenten. Gleichzeitig unterstützen verschiedene Lehrmethoden die anwendungsbezogene Vermittlung von fachlichen und sozialen Kompetenzen.

Studienablauf und -inhalte

Studierende werden im Rahmen des Bachelor-Studiums auf anspruchsvolle Tätigkeiten in der internationalen Wirtschaft vorbereitet. Während in den ersten drei Semestern allgemeine betriebswirtschaftliche Inhalte dominieren, werden in den höheren Semestern verstärkt die jeweiligen Studiengangsspezifika unterrichtet. In allen Bachelor-Studiengängen sind ein bis zwei Auslandssemester integriert. Darüber hinaus trainieren die Studierenden zwei Fremdsprachen, wodurch sie auf das Arbeiten im internationalen Umfeld optimal vorbereitet werden. Studierende des B.Sc. International Management haben zudem mit dem English Trail die Option, ihr Studium komplett auf Englisch zu absolvieren. Praktische Erfahrungen sammeln die Studierenden im Rahmen ihrer Praktika – insgesamt 20 Wochen absolvieren sie während des ISM-Studiums, mindestens zehn davon im Ausland.

Berufsbegleitend studieren

Die ISM bietet den berufsbegleitenden Bachelor Business Administration für Studierende an, die parallel zur Berufstätigkeit oder zur Ausbildung ihr fachliches Know-how im Studium erweitern und direkt im Unternehmen anwenden möchten. Zur Wahl stehen vier Spezialisierungen: International Management, Finance, Logistik Management und Sales & Brand Management.

Dual Studieren

An den Standorten Köln und Dortmund bietet die ISM duale Studienprogramme für Studierende an, die gleichzeitig mit ihrem Studium ihre berufliche Karriere starten möchten. Beim Dualen Studium wechseln sich drei Monate Vorlesungszeit mit Praxisphasen von drei Monaten im Unternehmen ab. Studierende können aus drei Studienrichtungen wählen: International Management, Logistik Management oder Marketing & Communications. Integriert ist entweder eine IHK-Ausbildung oder ein Langzeitpraktikum über die gesamte Studiendauer hinweg.

Infos zur Bewerbung

Für die Aufnahme des Studiums ist die allgemeine Hochschulreife oder die Fachhochschulreife erforderlich, genauso wie die Teilnahme an einem Auswahlverfahren. Um die Entscheidung für den passenden Studiengang zu erleichtern, bietet die ISM verschiedene Informationsveranstaltungen und persönliche Beratungsgespräche an. Nähere Informationen unter www.ism.de.

Pascal N. Niklas
Jahrgang 1993
International Management (Bachelor)

Wann und warum hast du dich für deinen Studiengang entschieden?
Schon während meiner Schullaufbahn habe ich mein besonderes Interesse für die Betriebswirtschaft entdeckt. Mir war immer wichtig, mein Studium mit dem Faktor Internationalität zu verbinden. Durch die fortwährende Globalisierung entstehen in vielen Unternehmen internationale Aufgabenfelder, für die ich mit einem entsprechenden Studium eine solide Basis schaffen wollte. Besonderen Wert habe ich bei meiner Suche auch auf einen hohen Praxisbezug gelegt. Informationsveranstaltungen und Studienmessen gaben mir zusätzliche Hilfestellung bei der Studiengangs- und Hochschulwahl, sodass ich mich noch während meines Abiturs für ein Studium an der ISM entschieden habe.

Haben sich deine Erwartungen erfüllt?
Das Studium war geprägt durch die Kombination aus Praxiserfahrungen, Auslandsaufenthalten, intensiven Vorlesungs- und Seminarveranstaltungen in kleinen Gruppen. Die Möglichkeit, Eigeninitiative in studentischen Organisationen zu zeigen, bildet ein wertvolles Erfahrungs- und Wissenspaket für spätere Herausforderungen im Job. Darüber hinaus runden zusätzliche Sprach- und Softwarekurse das Profil jedes Studierenden ab. Meine Entscheidung für das Studium International Management an der ISM bereue ich bis heute nicht.

Wem würdest du das Studium empfehlen?
Engagierten Schülern, die ein besonderes Interesse an wirtschaftlichen Zusammenhängen haben und Begeisterung für die Arbeit in einem internationalen Umfeld mitbringen. Ebenso Abiturienten, für die der Praxisbezug ihres Studiums von großer Bedeutung ist und die Wert darauf legen, sich in kleinen Gruppen intensiv mit Vorlesungen und Dozenten auseinanderzusetzen. Gut aufgehoben an der ISM ist auch, wer seinen Horizont durch zusätzliche Kursangebote in verschiedensten Bereichen erweitern möchte.

Wirtschaft

ISM International School of Management

ISM
INTERNATIONAL SCHOOL OF MANAGEMENT

INTERNATIONAL. INDIVIDUAL. INSPIRING.

LÄUFT.

DANIEL MÜLLER, GESCHÄFTSFÜHRER, MOTEL ONE, ISM ABSOLVENT 2003

Studium an einer der besten Wirtschaftshochschulen in Deutschland.
Bachelor, Master, MBA, in Vollzeit, berufsbegleitend oder dual.
Mehr Infos unter: **www.ism.de**

Dortmund · Frankfurt/Main · München · Hamburg · Köln · Stuttgart

Kühne Logistics University – KLU

Hochschultyp/Trägerschaft: wissenschaftliche Hochschule, Kühne-Stiftung

Gründungsjahr: 2010

Akkreditierung: FIBAA

Zahl der Lehrenden: 23 Professoren, plus (inter-)nationale Dozenten aus der Wirtschaft

Zahl der Studiengänge: 1 Bachelor-, 4 Master- und 1 MBA-Programm

Zahl der Studierenden: ca. 275, davon 50% ausländische Studierende aus 35 Ländern

Studiengebühren (pro Semester): 4.980 Euro (Standard Track); 5.680 Euro (Intensive Track)

Die KLU ist eine Hochschule mit sehr persönlicher Betreuung und familiärer Atmosphäre. Im aktuellen CHE-Hochschulranking erreicht die KLU in allen Hauptkriterien die Höchstbewertung. Der Campus liegt inmitten der Hafen-City. Teilnehmer des Karrierenetzwerkes von e-fellows.net und Besucher der Startschuss Abi Veranstaltungen können sich um ein Teilstipendium bewerben. Voraussetzung für die Stipendienbewerbung ist ein Abitur-Durchschnitt von 2,0 oder besser. Studieninteressierte haben die Möglichkeit, an Schnupperstudientagen teilzunehmen, die regelmäßig stattfinden.

Großer Grasbrook 17
20457 Hamburg
www.the-klu.org

Nicole Martinetti
Student Recruitment & Marketing
+49 40 328707-160
study@the-klu.org

Studienangebot für Abiturienten

Das Bachelor-Programm der Kühne Logistics University (KLU) vermittelt fundierte betriebswirtschaftliche Grundlagen und bereitet Studierende auf eine internationale Karriere im Management vor. Um das Studium optimal zu individualisieren, wählt der Studierende eine der vier Vertiefungen aus. Angeboten werden International Management, Sustainable Management, Supply Chain Management und Management Information Systems. Ein Praktikum und ein Auslandssemester an einer Partnerhochschule sind in den Studienablauf integriert. Die Unterrichtssprache ist Englisch.

KLU-Studierende profitieren von allen Vorteilen eines Studiums an einer privaten Hochschule: Unterricht in Kleingruppen, überzeugendes Betreuungsverhältnis von Studierenden pro Professor, unkomplizierter Zugriff auf das Kontakt- und Firmennetzwerk der Hochschule, moderne Lerninfrastruktur und umfassende Dienstleistungen durch das Hochschulmanagement.

Studienablauf und -inhalte

Das Bachelor in Business Administration Programm an der KLU startet jedes Jahr im September. Zum Lehrplan gehören Kurse aus BWL und VWL. Die Bachelor-Studierenden an der KLU haben die Möglichkeit, eine weitere Fremd- oder Programmiersprache zu erlernen oder zu vertiefen. Die Vermittlung von Persönlichkeitskompetenzen ist ebenfalls fester Bestandteil des Studienablaufes. Stark leistungsorientierte Studierende können ein Intensivstudium mit höherem Arbeitspensum und einem weiteren Praktikum belegen. Mit den zusätzlich erworbenen Credits besteht die Möglichkeit zu einem verkürzten Master-Studium.

Alle Studierenden an der KLU durchlaufen studienbegleitend ein strukturiertes Workshop- und Coaching-Programm, das bei Berufsfindung und -einstieg unterstützt. Die Mitarbeiter des International Office ebnen den Weg ins Auslandssemester und das Program Management sorgt für einen reibungslosen Ablauf des Studiums und der täglichen Lehrveranstaltungen. Direkt nach der Zulassung nimmt das Student Services Team Kontakt auf, um gemeinsam alle organisatorischen Vorbereitungen für den Studienstart zu treffen. Alle Studierenden werden über das komplette Studium hinweg optimal betreut und können sich voll auf ihr Studium konzentrieren. Das Bachelor-Programm an der KLU wurde für den Studienbeginn in 2018 weiterentwickelt. KLU-Studierende erwerben durch die oben genannten vier Profile Kompetenzen, die in der Wirtschaft in den kommenden Jahren stark nachgefragt sein werden.

Weiterführende Studienprogramme

Zu den weiterführenden Studiengängen an der KLU gehören ein Master in Management und ein Master in Global Logistics and Supply Chain Management. Beide Studienprogramme zeichnen sich durch internationale Studierende, herausragende Professoren, ein sehr gutes Betreuungsverhältnis und ausgezeichnete Unternehmenskontakte aus. Des Weiteren wird in Kooperation mit dem International Maritime Law Institute in Malta ein Kombinationsprogramm mit den Themenschwerpunkten Maritimes Recht und Maritime Logistik angeboten. Schließlich kooperiert die KLU mit der University in Tennessee und der Tongji Hochschule in Shanghai. Gemeinsam wird ein Supply Chain Master Programm auf drei Kontinenten durchgeführt. Dabei werden die Studierende aus den USA, aus China und aus Deutschland im Klassenverbund in Knoxville, Shanghai und Hamburg unterrichtet.

Rieke Schnepel

Bachelor in Management (Class of 2017)

Wann und warum hast du dich für deinen Studiengang entschieden?
Seit dem Abitur habe ich mich für den Studiengang Internationales Management interessiert. Er schafft eine gute Grundbasis, um sich später weiter zu spezialisieren. Für mich persönlich war die Wahl des Studienganges stark von der Universität abhängig. Ich wollte in jedem Fall an einer englischsprachigen, internationalen Universität mit familiärem Umfeld studieren.

Beim Studienprogramm der KLU hat mich besonders die optionale Spezialisierung in Logistik bzw. Supply Chain Management interessiert. Mich faszinieren die organisatorischen Aspekte und Abläufe, die für ein reibungsloses Ineinandergreifen in internationalen Lieferketten sorgen. In der elften Klasse habe ich ein Praktikum in dem Bereich absolviert, um mein Interesse zu überprüfen. Im Dezember habe ich mich dann an der KLU beworben. Damit konnte ich auch noch den Frühbucherrabatt in Anspruch nehmen.

Haben sich deine Erwartungen erfüllt?
Meine Erwartungen an das Studium waren hoch. Die KLU betreut ihre Studenten sehr individuell. Der enge Kontakt zwischen Professoren und Studenten führt zu einer Atmosphäre, in der man sich schnell wohlfühlt. In den ersten vier Semestern hätte ich mir mehr logistikspezifische Vorlesungen und Inhalte gewünscht. Diese wurden hauptsächlich erst nach der Spezialisierung im fünften Semester gelehrt. Obwohl die Universität noch recht jung ist, hat sie ein starkes und wachsendes Netzwerk in Wirtschaft und Wissenschaft, wovon alle Studierenden profitieren können. Hier wurden meine Erwartungen übertroffen.

Wem würdest du das Studium weiterempfehlen?
Das neue Bachelor in Business Administration Studium würde ich allen empfehlen, die ein anspruchsvolles Studium mit klassischen Vorlesungen, Fallstudien, Gruppenarbeiten und Bezug zur Praxis suchen. Ein generelles Interesse an wirtschaftlichen Zusammenhängen sollte man natürlich mitbringen. Man sollte eher der analytische Typ sein und strukturiert denken können. Ansonsten hilft eine offene Persönlichkeit und Neugier im Umgang mit fremden Kulturen, zum Beispiel während des Auslandssemesters.

Wirtschaft

Kühne Logistics University – KLU

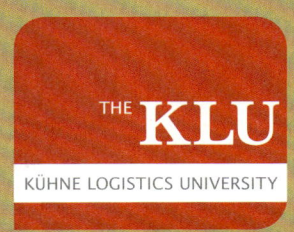

E-FELLOWS SCHOLARSHIP

THE KLU — KÜHNE LOGISTICS UNIVERSITY

SMART HIGH SCHOOL STUDENTS DESERVE OUTSTANDING EDUCATIONS

Kühne Logistics University is offering a 50 % scholarship on tuition fees for the BSc in Business Administration program to fellows of the e-fellows.net career network. Applicants are chosen on the basis of strong academic achievement in high school (GPA less than or equal to 2.0).

Our BSc in Business Administration program at KLU is the gateway to exciting, international careers in a variety of management fields.

KÜHNE LOGISTICS UNIVERSITY
Wissenschaftliche Hochschule für Logistik und Unternehmensführung
Großer Grasbrook 17 | Hamburg HafenCity | Germany
+49 40 328707-160 | study@the-klu.org | www.the-klu.org

50 % SCHOLARSHIP ON TUITION

Rechtswissenschaftliche Fakultät der Universität zu Köln

Hochschultyp/Trägerschaft: staatliche Universität

Gründungsjahr: 1388

Akkreditierung: Die binationalen und viele der Master-Studiengänge der rechtswissenschaftlichen Fakultät sind akkreditiert.

Zahl der Lehrenden: 40 Professoren an der rechtswissenschaftlichen Fakultät

Zahl der Studiengänge: 10 an der rechtswissenschaftlichen Fakultät

Zahl der Studierenden: ca. 5.000 an der rechtswissenschaftlichen Fakultät, davon ca. 500 aus dem Ausland

Studiengebühren: keine

Die Rechtswissenschaftliche Fakultät der Universität zu Köln ist eine der größten und traditionsreichsten Deutschlands. Sie steht seit jeher für vielseitige, stets aktuelle, praxisorientierte und international hervorragend vernetzte Forschung und Lehre. Wer hier studiert, wird bestens auf den facettenreichen Arbeitsmarkt vorbereitet!

KLUGE KÖPFE KOMMEN NACH KÖLN!
Rechtswissenschaftliche Fakultät der Universität zu Köln

Albertus-Magnus-Platz
50923 Köln
www.jura.uni-koeln.de

Silvia Povedano Peramato, LL.M. oec.
Leiterin des Studien- und Karriereberatungszentrums der Rechtswissenschaftlichen Fakultät (StudKBZ Jura)
+49 221 470-1732
jura-studienberatung@uni-koeln.de

Studienangebot für Abiturienten
- Rechtswissenschaft (Abschluss Erste Juristische Prüfung) mit der Möglichkeit, aus 14 Schwerpunktbereichen zu wählen und ein Certificate in United States' Law zu erwerben
- binationale, anteilig im Ausland stattfindende Bachelor-Programme Rechtswissenschaft (Deutsch-Französisch, Englisch-Deutsch, Deutsch-Türkisch, Deutsch-Italienisch)

Wie läuft das Studium ab? Welche Besonderheiten gibt es in Köln?

Das Studium der Rechtswissenschaft gliedert sich in Grund- und Hauptstudium. Ziel ist die erste Prüfung, die aus einem universitären und einem staatlichen Teil besteht. Auch unsere binationalen Programme können dich zur ersten Prüfung führen.

Während das Grundstudium in die Pflichtfächer Zivil-, Straf- und öffentliches Recht nebst ihrer internationalen, wirtschaftlichen und politischen Bezüge einführt, vertieft und ergänzt das Hauptstudium diese Bereiche und bereitet dich auf die staatliche Pflichtfachprüfung vor. Hervorzuheben ist hier der Große Examens- und Klausurenkurs, der dir eine exzellente kostenfreie Vorbereitung auf den staatlichen Pflichtfachteil ermöglicht. Im Hauptstudium wählst du außerdem einen unserer 14 Schwerpunktbereiche und setzt dich intensiv mit ihm auseinander.

In Vorlesungen werden Rechtsgebiete systematisch und anhand von Fallbeispielen dargestellt. Sie werden von engagierten und renommierten Professoren oder (vor allem im Schwerpunktbereich) von hervorragenden Spezialisten aus der Praxis gehalten. Vorlesungsbegleitend werden im Grundstudium Arbeitsgemeinschaften angeboten. Hier wird der Vorlesungsstoff in Kleingruppen fallbezogen im wichtigen juristischen Gutachtenstil eingeübt. Später im Studium wirst du in Seminaren, die solide Grundkenntnisse voraussetzen, in das wissenschaftliche Arbeiten eingeführt. Mit fremdsprachigen fachspezifischen Veranstaltungen oder einem Aufenthalt an einer unserer über 50 ausländischen Partnerhochschulen kannst du nicht nur den geforderten Schein erwerben, sondern dich auch für die immer stärker internationalisierte Arbeitswelt fit machen. Deinen Weg ins Ausland unterstützt unser ZIB Jura. Zusatzqualifikationen vor Ort kannst du auch über unser englischsprachiges Certificate in United States' Law oder in Veranstaltungen des CENTRAL, in denen du für deine spätere berufliche Tätigkeit notwendige Fähigkeiten (zum Beispiel Rhetorik) entwickelst, erlangen. Erwähnt seien auch eine Vielzahl zum Teil englischsprachiger Moot Courts, simulierte Gerichtsverhandlungen, auf die sich Teams verschiedener Universitäten in langer Arbeit vorbereiten. Studierende unserer Fakultät belegen in diesen Wettbewerben regelmäßig Spitzenplätze.

Bei nahezu allen Fragen zu Studium und Beruf kannst du dich übrigens immer, also auch jetzt schon, an unser StudKBZ Jura wenden. Wir freuen uns auf dich!

Recht

Rechtswissenschaftliche Fakultät der Universität zu Köln

Lukas Roggenbach

Jahrgang 1990

Rechtswissenschaft
(Erste Juristische Prüfung)

Wann und warum hast du dich für deinen Studiengang entschieden?
Für das Jurastudium habe ich mich erst kurz vor dem Ende der Bewerbungsfristen entscheiden können. Da ich bis zu diesem Zeitpunkt noch keine genaue Vorstellung vom Fach hatte, fiel mir die Entscheidung anfangs schwer. Erste Einblicke in das weite Feld der Berufsmöglichkeiten für Juristen konnten mich dann aber schnell überzeugen, dem Fach eine Chance zu geben und das Studium auf mich zukommen zu lassen. In Köln gefiel mir vor allem das über den reinen Pflichtfachstoff hinausreichende, breit gefächerte Angebot. Dadurch hoffte ich, mir einen möglichst umfangreichen Eindruck von sämtlichen Bereichen der Rechtswissenschaft verschaffen zu können.

Haben sich deine Erwartungen erfüllt?
Ich habe das Studium der Rechtswissenschaft ohne große Erwartungen und Vorurteile begonnen, sodass diese nur übertroffen werden konnten. Insbesondere aber konnte ich in Köln den erhofften Einblick in die Materie erlangen. Neben dem Certificate of United States' Law konnte ich eine große Auswahl an Schlüsselqualifikationen erwerben. Leider hat es nicht noch für einen zusätzlichen Moot Court gereicht, den ich gerne noch untergebracht hätte. Besonders hat mir die Möglichkeit gefallen, internationale Aspekte in das Studium zu integrieren.

Glücklicherweise hat sich auch das Vorurteil, so große Universitäten seien äußerst unpersönlich, nicht bewahrheitet. Im Gegenteil empfand ich es als befreiend, dass von den Kölner Studierenden eigenständiges und selbstverantwortliches Arbeiten verlangt, dieses aber auch gefördert wird. Für alle Hürden, die ich nicht selber zu nehmen wusste, fand ich einen Ansprechpartner. Und Köln ist eine tolle Stadt!

Wem würdest du das Studium empfehlen?
Das Studium der Rechtswissenschaft an der Universität zu Köln kann ich jedem empfehlen, der sich für wirtschaftliche Zusammenhänge, tagesaktuelles Geschehen und politische sowie gesellschaftliche Fragestellungen interessiert.

Vor allem sollte man einen Hang zu problemorientiertem Arbeiten und Freude an logisch strukturierter Argumentation haben. Da die Hauptarbeit des Jurastudenten in der Anfertigung und Verarbeitung von Texten besteht, sollte man auch eine sprachliche Affinität aufweisen.

Recht

Rechtswissenschaftliche Fakultät der Universität zu Köln

Universität zu Köln
Rechtswissenschaftliche Fakultät

- Hervorragendes Angebot an Schwerpunktbereichen
- Praxisorientierte Ausbildung
- International ausgerichtete Studiengänge
- Anregendes Umfeld
- Einfacher Einstieg dank Info-Paket, Propädeutikum, Einführungswoche und Tutorenprogramm für Erstsemester

- Rechtswissenschaft mit Abschluss erste Prüfung
- Deutsch-Französischer Bachelorstudiengang Rechtswissenschaft, Köln/Paris I (Panthéon-Sorbonne)
- Bachelorstudiengang im deutschen und englischen Recht, University College London/Köln
- Deutsch-Türkischer Bachelorstudiengang Rechtswissenschaft, Köln/Istanbul Kemerburgaz Üniversitesi
- Deutsch-Italienischer Bachelorstudiengang Rechtswissenschaft, Florenz/Köln

www.jura.uni-koeln.de

WHU – Otto Beisheim School of Management

Hochschultyp/Trägerschaft:
private Hochschule im Universitätsrang

Gründungsjahr: 1984

Akkreditierung: FIBAA, EQUIS, AACSB

Zahl der Lehrenden: 52 Professoren, 80 nationale und internationale Gastdozenten aus der Wirtschaft

Zahl der Studiengänge: 2 Bachelor-, 3 Master-, diverse MBA- und Promotions-Programme

Zahl der Studierenden: 930 im Bachelor und Master, davon ca. 25 Prozent internationale zzgl. Austauschstudierende

Studiengebühren pro Semester:
6.150 Euro

Die WHU – Otto Beisheim School of Management in Vallendar ist eine der führenden, international ausgerichteten privaten Wirtschaftshochschulen, die bei nationalen und internationalen Rankings kontinuierlich Spitzenplätze belegt. Seit ihrer Gründung ist die WHU Vorbild für zukunftsorientierte Forschung und Lehre auf dem Gebiet der Betriebswirtschaft.

Burgplatz 2
56179 Vallendar
www.whu.edu

Wolfgang Staus
Associate Director Marketing & Admission
+49 261 6509-513
bachelor@whu.edu

Studienangebot der WHU für Abiturienten
- Internationale BWL/Management (B.Sc., bilinguales Studium, zu Beginn vorwiegend auf Deutsch, später vollständig auf Englisch)
- International Business Administration (B.Sc., Studium von Beginn an vollständig auf Englisch)

Studienablauf und -inhalte
Mit dem Bachelor-of-Science-Programm bietet die WHU einen akademisch anspruchsvollen, generalistischen, international ausgerichteten und praxisbezogenen Studiengang. Er eignet sich insbesondere für qualifizierte und leistungsorientierte Schüler, die später Führungsaufgaben in der Wirtschaft übernehmen wollen. Gefordert und gefördert werden Sachkompetenz, Problemlösungskompetenz, Teamfähigkeit, interkulturelle Kompetenz und ethisch verantwortliches Denken und Handeln.

Optimale Studienbedingungen mit kleinen Vorlesungsgrößen ermöglichen einen Abschluss in der vorgegebenen Zeit von sechs Semestern.

Neben dem regulären Studienprogramm, welches 180 ECTS beinhaltet, haben die Studierenden die Möglichkeit, optionale Zusatzkurse aus verschiedenen Bereichen zu wählen. So können Studierende beispielsweise in Kooperation mit der Bucerius Law School ein Zertifikat im Bereich Wirtschaftsrecht erwerben oder eine weitere Sprache lernen.

Jeder Studierende geht während des Studiums mehrfach ins Ausland: Ein Semester studiert man an einer der rund 200 Partnerhochschulen, und mindestens eines der beiden berufsbezogenen mehrwöchigen Praktika verbringt man ebenfalls im Ausland.

Infos zur Bewerbung
Voraussetzungen für das Bachelor-Programm:
- allgemeine Hochschulreife oder vergleichbarer nationaler oder internationaler Schulabschluss
- sehr gute Englischkenntnisse (Nachweis erforderlich, siehe www.whu.edu/sprachkenntnisse)
- abgeschlossene Berufsausbildung oder ein mindestens sechswöchiges kaufmännisches Praktikum, welches auch in zwei Abschnitte geteilt werden kann und bis Studienbeginn absolviert werden muss

Das Auswahlverfahren an der WHU besteht aus zwei Stufen: Die Vorauswahl erfolgt anhand der Zeugnisnote beziehungsweise von Persönlichkeitsmerkmalen. Die Endauswahlrunde besteht aus einem Vortrag mit anschließender Diskussion, zwei Einzelgesprächen, einer Gruppendiskussion und einer Problemlösungsaufgabe. Bewerbungsschluss ist der 15. Mai jedes Jahres, das Abiturzeugnis kann nachgereicht werden. Studienbeginn ist Ende August. Die Bewerbungsunterlagen stehen unter www.whu.edu/bsc zur Verfügung.

Wirtschaft

Kiara Sweeney
Internationale Betriebswirtschaftslehre (Bachelor)

Wann und warum hast du dich für deinen Studiengang entschieden?
Da meine Mutter aus den Niederlanden und mein Vater aus den USA stammt, ich selbst jedoch in Deutschland aufgewachsen bin, stand für mich somit bereits früh fest, dass ich in der Zukunft gerne in einem internationalen Arbeitsumfeld arbeiten will. Mein Interesse an Wirtschaft nahm besonders in den Jahren vor dem Abitur stark zu. Der Studiengang International Business Administration an der WHU erschien mir als die perfekte Möglichkeit, um meine Interessen zu vertiefen und durch den breit gefächerten und international ausgerichteten Studiengang die optimale Vorbereitung für eine Karriere mit wirtschaftlichem Hintergrund zu erhalten. Die vielseitigen Vertiefungsmodule, Praktikumsmöglichkeiten und das Auslandssemester bieten mir die Gelegenheit durch eine Vielzahl unterschiedlicher Erfahrungen persönlich zu wachsen und mich dabei beruflich gezielt zu orientieren.

Haben sich deine Erwartungen erfüllt?
Ich bin mit meiner Wahl sehr zufrieden und sowohl der Studiengang als auch die WHU erfüllen meine Erwartungen. Die WHU bietet mir ein umfassendes Studium, welches ausgesprochen vielfältig ist und mich durch abwechslungsreiche Aufgaben herausfordert. Das Studium ist interessant, anspruchsvoll und zeitintensiv, aber auch der Spaß kommt nicht zu kurz. Eine Vielzahl von Initiativen bietet die Möglichkeit sich basierend auf den eigenen Interessen zu engagieren – gleichgültig, ob in der Start-up-Szene, in der Finanzwelt oder im sportlichen, politischen oder sozialen Bereich. An der WHU schätze ich besonders den Zusammenhalt und die Hilfsbereitschaft unter den Studierenden und Alumni. Die famliäre Atmosphäre, auch als WHU-Spirit bekannt, ist mitverantwortlich für eine unvergessliche Studienzeit.

Wem würdest du das Studium empfehlen?
Das Studium kann ich Studieninteressierten empfehlen, die sich für Teamarbeit begeistern können, Interesse an wirtschaftlichen Zusammenhängen haben, offen für Herausforderungen sind, ein gewisses Maß an Ehrgeiz mitbringen, gerne Verantwortung übernehmen und Initiative zeigen. Das Studium setzt interkulturelle Kompetenz, Belastbarkeit und Flexibilität voraus und ist besonders dann die richtige Wahl, wenn man plant, anschließend in einem internationalen, vielseitigen und faszinierenden Arbeitsumfeld zu arbeiten.

Wirtschaft

WHU – Otto Beisheim School of Management

Studieren mit den besten Perspektiven

WHU – Otto Beisheim School of Management

Bachelor in Internationaler BWL/Management (BSc)

- Studium in mehreren Ländern
- Unterrichtssprache Englisch oder Deutsch/Englisch
- Studienbegleitende Praktika im In- und Ausland
- Exzellente Lehre und Forschung, engagierte Studierende
- Persönliche Atmosphäre, hervorragende Betreuung
- Unser Netzwerk: rund 200 Partnerhochschulen, über 160 Partnerunternehmen, über 3.500 organisierte Alumni

Erleben Sie die WHU! Termine und Programm von Schnuppertagen unter: www.whu.edu/schnuppertage

Excellence in Management Education

SYSTEMAKKREDITIERT nach Akkreditierungsrat durch FIBAA

AACSB ACCREDITED
EFMD EQUIS ACCREDITED
FIBAA ACCREDITED PROGRAMME PREMIUM

WHU – Otto Beisheim School of Management
Burgplatz 2, 56179 Vallendar, Germany
Wolfgang Staus, Tel. +49 261 6509-513
bachelor@whu.edu, **www.whu.edu/bsc**

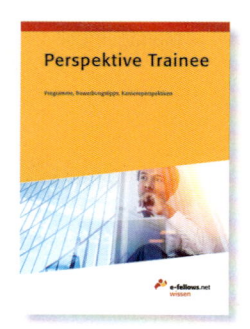

Perspektive Trainee

Aktuelle Ausgabe: Perspektive Trainee 2018
ISBN (Print): 978-3-946706-13-7
ISBN (E-Book): 978-3-946706-14-4

Zielgruppe: Studierende aller Fachrichtungen
Inhalt: Das Buch liefert einen Überblick über Trainee-Programme als attraktive Alternative zum Direkteinstieg: Welche Programme gibt es, was sollten sie bieten, und welche Karriereperspektiven bestehen danach? Darüber hinaus geben (ehemalige) Trainees ihre persönlichen Eindrücke wieder, und Unternehmen präsentieren ihre Programme.
Nächster Erscheinungstermin: Oktober 2018

Perspektive Unternehmensberatung

Aktuelle Ausgabe: Perspektive Unternehmensberatung 2018
ISBN (Print): 978-3-946706-01-4
ISBN (E-Book): 978-3-946706-02-1

Zielgruppe: Studierende aller Fachrichtungen
Inhalt: Das Expertenbuch liefert Antworten auf wichtige Fragen rund um den Beruf des Unternehmensberaters. Wie gestaltet sich die Work-Life-Balance, welche Arten von Beratungen gibt es, und vor allem: Wie absolviert man Bewerbungsgespräche und Fallstudien erfolgreich? Studenten und Consultants berichten von ihren Erfahrungen, und Beratungen stellen sich als Arbeitgeber vor.
Nächster Erscheinungstermin: Oktober 2018

Perspektiven für Informatiker

Aktuelle Ausgabe: Perspektiven für Informatiker 2018
ISBN (Print): 978-3-946706-04-5
ISBN (E-Book): 978-3-946706-05-2

Zielgruppe: Informatiker, Mathematiker und IT-Affine
Inhalt: Das IT-Studium ist abgeschlossen, die Jobmöglichkeiten sind nahezu unbegrenzt, doch wie geht es jetzt weiter? Dieses Buch liefert praxisnahe Antworten: Informatiker aus verschiedenen Branchen schildern ihren Arbeitsalltag und stellen Projekte vor, die für ihren Beruf typisch sind. Alumni von e-fellows.net berichten von ihrem beruflichen Werdegang und Experten geben Tipps zu Einstieg und Bewerbung.
Nächster Erscheinungstermin: Oktober 2018

Der LL.M.

Aktuelle Ausgabe: Der LL.M. 2017
ISBN (Print): 9978-3-941144-95-8
ISBN (E-Book): 978-3-941144-96-5

Zielgruppe: Studierende, Doktoranden und Referendare der Rechtswissenschaften
Inhalt: Ist der LL.M. die richtige Wahl? Das Buch hilft bei der Entscheidung und der Suche nach dem geeigneten LL.M.-Studium. Persönliche Erfahrungsberichte und Praxistipps für die Bewerbung an Unis und für Stipendien helfen dem Leser bei der Planung des Studiums. Namhafte Hochschulen- und große Kanzleien stellen ihre Angebote für Juristen vor.

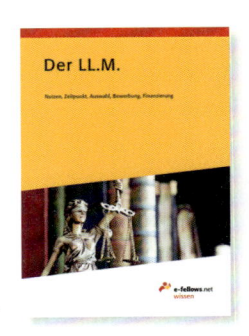

Perspektive Investment Banking & Asset Management

Aktuelle Ausgabe: Perspektive Investment Banking & Asset Management
ISBN (Print): 978-3-941144-20-0

Zielgruppe: Wirtschaftswissenschaftler
Inhalt: Das Buch bietet umfassende Informationen zu Berufsbildern, Bewerbung und Karrierechancen im Investment Banking und im Asset Management. Stipendiaten und Alumni von e-fellows.net berichten von ihren Erfahrungen und geben Tipps für die erfolgreiche Bewerbung. Player aus beiden Branchen stellen ihre Praktikums- und Einstiegsprogramme vor.

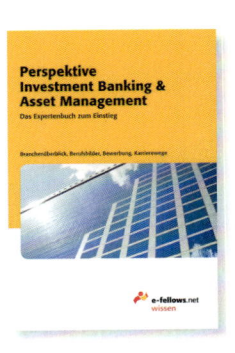

Perspektive Patentanwalt

Aktuelle Ausgabe: Perspektive Patentanwalt
ISBN (Print): 978-3-941144-29-3
ISBN (E-Book): 978-3-941144-34-7

Zielgruppe: Naturwissenschaftler und Ingenieure
Inhalt: Was verbirgt sich hinter dem Beruf des Patentanwalts? Wer kann überhaupt Patentanwalt werden, und wie läuft die Ausbildung ab? Das Buch liefert Antworten auf diese Fragen. (Werdende) Patentanwälte berichten von ihren Erfahrungen, und Patentanwaltskanzleien zeigen auf, welche Perspektiven sie Naturwissenschaftlern und Ingenieuren bieten.

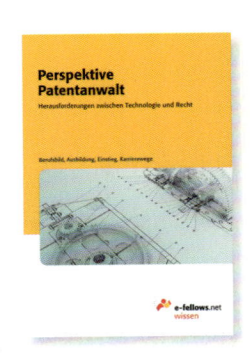